RALF HEINSOHN

MOTORRAD GESPANNE

RALF HEINSOHN

MOTORRAD GESPANNE

Moby Dick Verlag

Die Deutsche Bibliothek - CIP-Einheitsaufnahme
Heinsohn, Ralf:
Motorradgespanne / Ralf Heinsohn. - 2., vollst. überarb. Aufl.
- Kiel : Moby Dick, 1995
ISBN 3-89595-003-3

2., vollständig überarbeitete Auflage
ISBN 3-89595-003-3

Einbandgestaltung: Buchholz/Hinsch/Hensinger, Hamburg
Titelfoto: Martin Franitza
Illustrationen: vom Autor, soweit nicht anders angegeben
Druck: Hans Kock Buch- und Offsetdruck GmbH, Bielefeld

Inhalt

Über dieses Buch

Es hätte nahegelegen, dieses Buch in Form eines Katalogs zu schreiben. Dennoch wurde mit Absicht eine andere, allgemeine Form gewählt. Sie gewährleistet, daß der Text auch nach Jahren noch als zuverlässiger Ratgeber und Nachschlagewerk seinem Besitzer Dienste leisten kann, wenn Kataloge schon längst überholt sind.
Der Spaß am Lesen steht im Vordergrund. »Motorradgespanne« ist ein Durchlesebuch, angereichert mit Zitaten, Geschichten und Anekdoten rund um das Gespann.
Trotzdem kann auch derjenige, der Hilfe bei der Kaufentscheidung sucht, in diesem Buch wertvolle Informationen finden. Es wurde versucht, jeweils nicht nur einzelne Fahrzeuge zu beschreiben, sondern vielmehr technische Lösungen im Gesamtzusammenhang vorzustellen.
Bewußt wurden nicht die Motorräder in den Mittelpunkt der Betrachtung gestellt. Erstens dreht sich unter Gespannfahrern ohnehin alles um »das Boot«. Zweitens sind Gespann Enthusiasten meist keine Newcomer im Motorradbereich. Man muß ihnen daher nichts über die Stärken oder Schwächen irgendeines Modells erzählen.

Fotos
Die meisten Fotos, soweit nicht besonders gekennzeichnet, stammen vom Verfasser oder seiner Ehefrau Susanne Heinsohn. Meist entstanden sie unterwegs oder auf Veranstaltungen für Motorradgespanne. Es handelt sich demnach in aller Regel um Alltagsgespanne, wie sie heute tatsächlich gefahren werden, und nicht um Testfahrzeuge oder Spezialmaschinen.

Haftungsausschluß
Der gesamte Inhalt dieses Buchs wurde nach bestem Wissen des Autors zusammengetragen. Technische Änderungen an Fahrzeugen dürfen stets nur von ausgewiesenen Fachleuten vorgenommen werden und sind der gesetzlich vorgeschriebenen technischen Abnahme zu unterziehen. Fahrübungen mit Gespannen sollten stets auf abgesperrtem Gelände, niemals im öffentlichen Straßenverkehr und in jedem Fall unter fachkundiger Anleitung absolviert werden. Alle technischen Änderungen und Fahrübungen erfolgen auf eigene Gefahr.

Danksagungen

Dieses Buch wäre ohne Peter Schmidl aus Hamburg niemals zustande gekommen. Vor einigen Jahren, als Gespannfahren nicht so selbstverständlich war wie heute, hat Peter mir sein Guzzi-V7 Gespann mit Steib TR 500 leihweise zur Verfügung gestellt. Da Peter auch als Autor einer Studie (im Auftrag der Bundesanstalt für Straßenwesen) über die Soziologie der Motorradclubs in Erscheinung getreten ist, lag es nahe, ihn um einige Beiträge für dieses Buch zu bitten. Dazu gehört auch das komplette Kapitel »For Childrens Fun – Jumbo-Run«.

Zeichnungen
Ralf Habermann aus Hamburg erstellte alle Zeichnungen in diesem Buch. Dafür gebührt ihm ein besonderes Lob, zumal er kein Gespannfahrer ist. Er gibt sich nach wie vor mit seiner Enduro zufrieden.

Weitere Beiträge

Darüber hinaus möchte ich allen Freunden und Bekannten danken, die in irgendeiner Form einen Beitrag zum Gelingen dieses Buchs geleistet haben: Klaus Bartelt (Moby Dick Verlag), Günter Baumgartner (Abteilung Straßenwacht, Fuhrpark und Ausrüstung des ADAC), Günter Dornwaß (Leipzig), Rudolf Duft (ehemals Exportleiter Jeaniel), Peter Horn (Iserlohn), Lutz Emich (ehemaliger Werksleiter Werk 4 des VEB MZ), Roger Flechsig (Detmold), Kraftfahrt-Bundesamt (Flensburg), Herrn und Frau Lohse (Schätzendorf), Karl-Heinz Maaß (Bönningstedt), Meike Madsen (Barmstedt), Polizeihistorische Sammlung beim Polizeipräsidium Berlin, Deutsches Postmuseum (Frankfurt/Main), Rainer Roßdeutscher (Bad Lausick), Peter Sauer (Karby), Herrn Schilling (Verkehrsstaffel Mitte der Hamburger Polizei), Steffen Schönhammer (Norderstedt), Christian Stein (MuZ), Horst Ullrich (Kefenrod), Remco Winkelhuis (EML), Konstantin Winkler (Geesthacht) sowie den Firmen Reichler GmbH (HBJ-Gespann), Mailhammer Motorräder, Heidenwag + Krauter GmbH (Troikagespann), Fritz W. Egli, Carell Fahrzeugbau GmbH und AR-MEC.

Über den Autor

Der Autor Ralf Heinsohn, »Baujahr« 1958, ist seit vielen Jahren nicht nur einfacher Motorradfahrer, sondern Gespannenthusiast.
Zur Zeit beherbergt seine Garage zwei Motorräder mit Beiwagen: neben einem modernen BMW-Vierzylinder-Gespann steht friedlich ein über zwanzig Jahre alter italienischer Einzylinder mit Steib-Seitenwagen.
Hauptberuflich leitet er die Abteilung »Publishing and Documentation« in einem deutschen Teilunternehmen der internationalen Olympus-Gruppe. Bis 1989 betätigte er sich außerdem als Herausgeber des regionalen norddeutschen Motorradmagazins »Kurve«. 1987 veröffentlichte er »Das andere Motorradbuch«, sowie 1988 ein Computertaschenbuch. 1990 erschien die erste Auflage von »Motorradgespanne«.

Vom Reiz des Gespanns

Du bist dabei, dir Zugang zu einem der letzten exklusiven Männerorden hierzulande zu verschaffen. Du wirst ein Abenteuer bestehen, das dir so kein Auto oder Motorrad bieten kann und das sich im Laufe der Jahre nur steigern wird und jeden Morgen aufs neue beginnt. Dich wird eine männliche Aura umgeben, von der prinzipiell als Raser angesehene Solopiloten nicht einmal träumen können.
Wolfgang Wiesner in: Droge Motorrad, München 1985

Jeder weiß, daß Motorradfahren Spaß macht. »Freiheit auf zwei Rädern« heißt der Slogan, und ungezählte junge wie junggebliebene Leute träumen davon, die Faszination des Motorradfahrens zu genießen. Geschwindigkeit, Beschleunigung, Schräglagen, Körperbeherrschung, unmittelbarer Kontakt zur Umwelt und die Faszination der Technik sind einige Stichworte, die immer wieder von Motorradfahrern genannt werden.

Was treibt einen halbwegs intelligenten Menschen dazu, ein drittes Rad an ein Motorrad anzuschrauben und es dadurch eines erheblichen Teils seiner Faszination zu berauben? Mit Seitenwagen verliert das Motorrad an Wendigkeit, seine Geschwindigkeit sinkt, ja, es wird gar so breit wie ein Auto.

Spaß auf drei Rädern

Es gibt Leute, die werden niemals verstehen, was am Gespannfahren reizvoll ist. Für sie ist dieses Buch zweifellos nicht geschrieben. Doch was macht nun wirklich den Spaß am Gespannfahren aus?

Ist es die veränderte Fahrweise des asymmetrischen Gefährts, das rechtsherum anders fährt als linksherum und einen dabei (anders als die albernen Schräglagen der Solofahrer) manchmal schneller als gewünscht an die Grenzen der Schwerkraft führt?

Ist es der Kraftsport an der Lenkstange, die man (anders als beim Solofahren, wo man ein Motorrad durch Gewichtsverlagerung gleichsam spielerisch lenkt) durch Drücken und Ziehen in die gewünschte Richtung zwingt?

Ist es der bewußte Verzicht auf Höchstgeschwindigkeiten und Beschleunigungsorgien, die den Gespannfahrer über den Dingen schweben und zu den eigentlichen Werten des Motorradfahrens finden läßt?

Ist es das unverwechselbare Image, das jedem Gespannfahrer ohne eigenes Zutun anhaftet und ihn zum erklärten Liebling von Passanten jeden Alters werden läßt; seien es nun Kinder, alte Leute oder etablierte Mittvierziger?

Ist es die Möglichkeit, auch bei widrigsten Umweltverhältnissen, zum Beispiel bei Eis und Schnee, noch unterwegs sein zu können?

Oder ist es die rein praktische Überlegung, daß ein Gespann Kindern und Gepäck schlicht bessere Transportmöglichkeiten bietet?

Seitenwagen, Beiwagen, ein einrädriges Fahrzeug zur Personen- oder Lastenbeförderung, das an Krafträder (Motorräder, seltener Motorroller) seitlich angeschlossen wird. Er besteht meist aus einem Rohrrahmen und einem ungefedert aufgesetzten bootsförmigen Aufbau zur Personenbeförderung oder einem Kasten- oder Pritschenaufbau für den Lastentransport. Das Seitenwagenrad ist gegen den Rahmen mit Blatt-, Schrauben-, Torsions- oder Gummifedern abgefedert ... Der Anschluß des S.s erfolgt mit drei oder vier Kugelschnellverschlüssen oder Schraubverbindungen am Rahmen des Kraftrads, bei Rechtsfahrordnung meist auf der rechten Seite des Kraftrads. Brockhaus ABC Naturwissenschaft und Technik, Leipzig 1968

Es gibt viele gute Gründe, auf drei Rädern Spaß zu haben. Kein Wunder also, daß Motorradgespanne in den letzten Jahren immer mehr Freunde finden, nachdem sie in den siebziger Jahren fast völlig von unseren Straßen verschwunden waren.

Leidenschaft

Freilich, als ob es sie gereute, so knapp nur Auskunft gegeben zu haben, reichte die junge Frau eine Erklärung nach: »Ich habe die Wohnung gewechselt, weil ich nicht mehr aushalte, was mein Mann jeden Sonntagmorgen mit mir macht.«

Sie schien sich noch einmal zu zügeln, und ich wollte sie bitten, uns nicht mit Einzelheiten in Verlegenheit zu bringen, aber heraus mußte aus ihr, was sie vermutlich viel zu lange ausgehalten hatte. »Es ist meines Mannes Leidenschaft«, sagte sie, »am Sonntag mit dem Beiwagenkrad um die Kiesgrube zu jagen. Im Laufe der Jahre ist scharf am Grubenrand ein Pfad entstanden. Den haben wir dort in den Sand gedrückt, mein Mann auf der Maschine und ich im Beiwagen. Zuerst kam es meinem Mann nur auf das Tempo an. Aber dann wollte er mit Vorderrad und Hinterrad Spur auf dem Lande halten, und ich sollte über dem Abgrund neben ihm schweben. (...) so durch die Luft ist gar nicht lustig, aber mein Mann will nun einmal auf zwei Rädern um die Kuhle. (...) Ich habe zu meinem Mann gesagt, gegen Natur und Fliehkraft kann er nicht an, aber er sagt, das will er sehen. Wir sind schon viermal in die Grube gefallen. Es reicht.«

H. Kant in: Bronzezeit, Berlin 1986

Was ist ein Gespann?

Es gibt vielerlei Gespanne: Pferdegespanne zum Beispiel, darunter Einspänner, Zweispänner, Vierspänner und andere. Man spricht auch von Wohnwagengespannen, und außerdem gibt es – selbstverständlich – Motorradgespanne. Diese Aufzählung beweist, daß der Begriff Gespann an sich sehr schwammig ist. Exakter ist schon die Bezeichnung Motorradgespanne oder Seitenwagengespanne.

Der Seitenwagen ist schließlich eigentlich auch das Charakteristische des Gespanns. Durch seitliches Anhängen eines einrädrigen Vehikels wird aus dem zweirädrigen Motorrad das dreirädrige Motorrad mit Seitenwagen, sprich: ein Seitenwagengespann.

Ursprünglich konnte dieser Seitenwagen nicht nur an das Motorrad angehängt, sondern auch ebenso leicht wieder abgekoppelt werden. Heute ist das nicht mehr in allen Fällen möglich. Moderne Motorradgespanne mit Schwingengabel und Autobereifung dürfen nicht mehr als Solomaschine gefahren werden. Es ist deshalb vorgeschlagen worden, den Begriff Motorrad mit Seitenwagen für die klassischen, trennbaren und wechselweise fahrbaren Kombinationen zu benutzen, während der Begriff Gespann für moderne, untrennbare Kombinationen reserviert sein soll.

Ob dies sinnvoll ist, mag einmal dahingestellt sein. Zumindest sollte man dann von Motorradgespannen reden, denn der Begriff Gespann allein ist, wie oben bewiesen, zu schwammig. Trotzdem ist die Redewendung »ein Gespann fahren« mittlerweile zum festen Bestandteil der Benzingespräche geworden. Nur ältere Fahrensleute behaupten noch: »Ich fahre Seitenwagen.«

Rein rechtlich gesehen existieren gemäß Straßenverkehrszulassungsordnung (StVZO) nur Beiwagen. Auch moderne Gespanne heißen in den Fahrzeugpapieren »Kraftrad mit Beiwagen«.

Bemerkenswert ist, daß das Straßenverkehrsrecht den Beiwagen rechtlich generell nur als Anhängsel eines Kraftrads ansieht. Motorradgespanne gelten deshalb stets nur als Krafträder und sind damit, trotz der drei Räder, juristisch gesehen einspurige Fahrzeuge.

Moderne Motorradgespanne sind heute als technische Einheit konstruiert. Im Straßenrennsport ist dies schon seit einigen Jahren der Fall, während sich im öffentlichen Verkehr solche Fahrzeuge mit einheitlichem Rahmen, Achsschenkellenkung und allen erdenklichen Finessen nur zögerlich durchsetzen. Hier noch von Motorrädern mit Seitenwagen sprechen zu wollen, ist widersinnig, und der Begriff Motorradgespanne scheint für derartige Fahrzeuge allemal sinnvoller.
Zusammenfassend kann man zur Begriffsklärung sagen: juristisch gibt es gemäß StVZO nur »Krafträder mit Beiwagen«, konstruktiv gesehen sollte man zwischen den klassischen, wechselweise fahrbaren Motorrädern mit Seitenwagen und den modernen, untrennbaren Motorradgespannen unterscheiden.

Idefix, der gespannfahrende Hund von Roger Flechsig schert sich nicht um Kreiselkräfte (Foto: Flechsig)

Fahrphysik

Ein Motorrad mit Seitenwagen fährt sich anders als ein Solomotorrad. Dies ist eine Binsenweisheit und mittlerweile wohl Allgemeinwissen in der Motorradszene. Doch warum ist das so? Um diese Frage theoretisch näher zu untersuchen, soll zunächst einmal das Fahrverhalten eines Solomotorrads vom physikalischen Standpunkt her beleuchtet werden.

Solomotorrad

An sich dürfte ein zweirädriges Solomotorrad überhaupt nicht fahren. Während der Fahrt müßte es doch ebenso umkippen wie im Stand. Wie kann eine scheinbar unmögliche Sache doch funktionieren?
Jeder Körper hat ein sogenanntes Trägheitsmoment, was bedeutet, daß er in dem Zustand verharren will, in dem er gerade ist. Soll dieser Zustand geändert werden, wird Kraft benötigt. Dreht sich nun ein Rad, so entsteht durch die Rotation und das Trägheitsmoment des Rads ein Drehimpuls. Dieser ist immer bestrebt, seinen Zustand beizubehalten; bei der Geradeausfahrt bleibt das Rad demnach immer senkrecht zur Straße.
Fährt nun unser Solomotorrad los, so sorgen der Drehimpuls des Vorder- und Hinterrads, auch Kreiselkräfte genannt, für eine dynamische Stabilität. Allerdings treten diese Kreiselkräfte erst ab 20 Stundenkilometer in solch einer Größe auf, daß sie für genügend Stabilität sorgen. Unterhalb dieser Geschwindigkeit muß der Fahrer seine Maschine ausbalancieren.
Unser Solofahrer hat nun die Geradeausfahrt im Griff und wagt sich in seine erste Rechtskurve. Lenker nach links ziehen und sich nach rechts legen. Dies passiert schon vollkommen unbewußt, ohne nachzudenken. Ursache hierfür ist mal wieder der Drehimpuls der Räder, speziell des Vorderrads: Wirkt über den Lenker auf den Drehimpuls des Vorderrads eine Kraft, so will der Drehimpuls seinen Zustand beibehalten, er reagiert also genau entgegengesetzt und zieht damit das Vorderrad nach rechts.
Nun zieht unser Solofahrer in idealer Schräglage durch die Kurve, was bedeuten muß, daß alle auftretenden Kräfte im Gleichgewicht stehen müssen, sonst würde die Solomaschine im Graben liegen. Durch das Einlenken in die Kurve entsteht eine Zentrifugalkraft, die den Biker nach außen

zieht. Diese kompensiert er durch Schräglage. Wie groß die Kräfte werden können, kann man im Stand testen, indem man eine Solomaschine einfach mal zur Seite kippt. Das Gewicht nimmt mit steigender Schräglage beachtliche Werte an.

Wichtig ist die Tatsache, daß die erforderliche Schräglage unabhängig vom Gewicht der Maschine und des Fahrers ist, aber vom Quadrat der Geschwindigkeit abhängt. Allerdings hängt die Belastung für Fahrwerk und Reifen natürlich vom Gewicht ab. Dazu ein Beispiel: Zwei Solomotorräder fahren eine Kurve mit einem Radius von 50 Metern, das eine mit 50 Stundenkilometern, das andere mit 70 Stundenkilometern. Die erste Maschine kommt mit einer Schräglage von 20 Grad aus, die zweite ist dagegen schon an ihrer Grenze von 40 Grad.
Dipl.Phys. Hermann Meyer

Autofahren
Es liegt auf der Hand, daß ein Motorrad mit Seitenwagen nicht so fahren kann wie eine Solomaschine, denn mit einem dritten Rad lassen sich keine Schräglagen fahren. Eine Kompensation der Fliehkraft durch die Schräglage fällt demnach aus.
Wie steht es denn damit bei vierrädrigen Fahrzeugen, die doch die Fliehkraft ebenfalls anders kompensieren müssen? Man muß nur einmal sehr weich gefederten Kraftwagen, zum Beispiel der klassischen Ente 2 CV, bei schneller Kurvenfahrt zusehen, um feststellen zu können, daß auch Autos sehr wohl eine Schräglage aufweisen können.
Nur besteht hier der fundamentale Unterschied, daß diese Schräglage natürlich nicht bewußt vom Fahrer eingeleitet wird, sondern vielmehr eine bloße Reaktion der Fahrzeugmasse auf die Fliehkraft ist. Ein vierrädriges Fahrzeug neigt sich deshalb in Richtung der Fliehkraft, also zur Kurvenaußenseite.
Damit ein Auto nun nicht in jeder erstbesten Kurve umkippt, muß prinzipiell der Schwerpunkt des Autos möglichst niedrig liegen. Sportwagen sind deshalb flach und haben sehr wenig Bodenfreiheit. Fahrer der in Mode gekommenen Geländewagen wissen dagegen, daß die Grenzen ihres hochbeinigen Gefährts in Kurven rasch erreicht sind.
Die Einleitung einer Kurvenfahrt, sprich: das Lenken, erfolgt beim Auto natürlich ebenfalls anders als bei einem Solomotorrad. Feinsinnige Tricks wie die kaum merkliche Verlagerung des Körpergewichts sind beim Steuern eines Autos nicht gefragt. Die Richtungsänderung erfolgt hier, indem man am Lenkrad dreht. Diese Drehbewegung wird über eine Mechanik auf die Vorderräder übertragen, sie sorgt dort für den gewünschten Lenkeinschlag. Das Fahrzeug wird durch den veränderten Einschlag der Vorderräder gezwungen, dieser Richtung zu folgen.
Fahrwerksysteme und die richtige Reifenmischung sorgen dafür, daß der Kraftschluß zwischen Vorderrädern und Straße erhalten bleibt, denn das auch hier vorhandene Trägheitsmoment versucht natürlich, das Auto weiter geradeaus zu bewegen. Daher ist der Fahrer gezwungen, sein Lenkrad ständig in der Hand zu behalten. Ließe er das Lenkrad los, würde das Fahrzeug von allein wieder geradeaus fahren. Ausgeklügelte Lenkungsgetriebe und sogar hydraulische Lenkhilfen sorgen dafür, daß die vom Autofahrer aufzuwendenden Lenkkräfte nicht zu groß werden.
Die meisten Kurvenunfälle von Autos passieren nicht, weil die Fliehkraft das Auto umkippen läßt. Die Kippneigung moderner PKW ist wegen ihres niedrigen Schwerpunkts sehr gering. Eher schon kommt urplötzlich der Kraftschluß zwischen gelenkten Vorderrädern und der Straße abhanden, zum Beispiel bei rutschiger Straße. Das zu schnelle Auto rast dann unlenkbar geradeaus in den Straßengraben.

Gespannfahren

Prinzipiell gelten für Motorräder mit Seitenwagen die gleichen fahrphysikalischen Grundlagen wie für Autos. Wegen des dritten Rads kann auch hier der Fahrer die bei Kurvenfahrt auftretenden Fliehkräfte nicht durch Schräglagen kompensieren. Auch kann der Gespannfahrer sein Fahrzeug nicht durch feinsinnige Balanceakte steuern, er muß seinen Lenker mit purer Kraft in die gewünschte Richtung drehen.

Wenn nun ein Motorrad mit Seitenwagen sich trotzdem nicht wie ein Auto fährt, so hat das zwei Ursachen.

Eine dieser Ursachen ist die Entwicklung der Fahrzeugtechnik. Vergleicht man Autos aus den zwanziger und dreißiger Jahren mit modernen PKW, so liegen Welten dazwischen. Setzt man sich dagegen auf Motorradgespanne von damals und heute, so meint man zuweilen, die Zeit sei stehengeblieben.

Der zweite Punkt, der ein Gespann vom Auto unterscheidet, ist sein asymmetrischer Aufbau. Er bedingt, daß sich ein Motorrad mit Seitenwagen linksherum anders fährt als rechtsherum. Wie kommt das?

Ein geradeaus fahrendes Gespann erfordert, eine glatte Straße und optimale Rahmengeometrie vorausgesetzt, zunächst keine oder kaum Lenkkräfte vom Fahrer. Trotzdem treten schon bei bloßer Geradeausfahrt natürlich enorme Querkräfte auf, weil in der Regel lediglich das Motorrad angetrieben ist, der Seitenwagen rollt als bloßes Anhängsel mit und zieht das Motorrad natürlich zur Seite. Diese durch den Seitenwagen bedingten Querkräfte lassen sich aber durch die entsprechende Rahmengeometrie bedingt neutralisieren und sollen deshalb an dieser Stelle zum besseren Verständnis erst einmal außer acht gelassen werden.

Rechtskurve

Nun möchte der Gespannfahrer eine Rechtskurve fahren. Dazu muß das Vorderrad des Motorrads nach rechts eingeschlagen werden. Je nach Fahrzeuggewicht und -geometrie sind hier unterschiedlich große Körperkräfte erforderlich, damit er den Lenker einschlagen kann. Anders als beim Auto gibt es hier keine Lenkgetriebe oder gar hydraulische Hilfen, die einem diese Arbeit abnehmen. Daher ist die Wirkung des Lenkereinschlags auch ohne Übersetzung direkt und unmittelbar in der Richtungsänderung spürbar.

Normalerweise befindet sich bei einem deutschen Gespann auf der rechten Seite der Beiwagen. Das Beiwagenrad läuft nun bei einer Rechtskurve auf der Kurveninnenseite, während das angetriebene Hinterrad der Maschine auf der Kurvenaußenseite rollt. Bei einem Auto sorgt in diesem Fall das Differentialgetriebe dafür, daß unterschiedliche Geschwindigkeiten der Räder bei Kurvenfahrt ausgeglichen werden. Den gleichen Effekt erzielt der Gespannfahrer, indem er in der Rechtskurve leicht Gas gibt und damit quasi um den Seitenwagen herumfährt.

Während der Fahrt in der Rechtskurve versucht die Zentrifugalkraft natürlich, das Gefährt aus der Kurve herauszutragen. Mit steigender Kurvengeschwindigkeit steigt die Zentrifugalkraft an. Der Gespannfahrer hat das Pech, daß sein Schwerpunkt anders als beim Auto recht hoch liegt. In erster Linie hängt dies vom Raddurchmesser ab. Klassische Gespanne mit 18-Zoll-Rädern haben einen recht hohen Schwerpunkt.

Zunächst wird die Hinterradfederung am Motorrad nachgeben, das Motorrad »geht in die Knie«. Dadurch verlagert sich der Schwerpunkt zwar etwas nach unten, bei steigender Geschwindigkeit reicht aber auch dies nicht mehr aus. Nun hebt das Seitenwagenrad vom Boden ab, das Boot »kommt hoch«, und das Motorrad neigt sich auf die Kurvenaußenseite, also wieder genau umgekehrt zur Schräglage der Solomotorräder.

Jetzt heißt es für den Fahrer, rasch zu handeln, sonst ist die Fuhre verloren. Kurzes Bremsen kann die Geschwindigkeit soweit

Jetzt geht nämlich der Tanz erst richtig los, und du bist seine euphorisierende Wirkung noch nicht gewöhnt. Sind Ängste und Hemmungen weggefallen und die Genußsensoren freigelegt, wirst du schnell verwöhnt und willst mehr biomentales Feuerwerk; die am Körper zerrenden Kurvenfliehkräfte irgendwo zwischen Geknechtet- und Gestreicheltwerden. Der unter dem Hintern wegrutschende Antriebsreifen in gedrifteten Linkskehren. Das Runterdrücken durch Rüberlehnen beim Rechtsschwenk.
W. Wiesner in: Droge Motorrad, München 1985

verringern, daß der Seitenwagen wieder herunterkommt. Fahrer und Beifahrer können sich aber auch in Richtung Kurveninnenseite beugen, für einen Gewichtsausgleich sorgen und dadurch den Schwerpunkt auf die Kurveninnenseite verlagern.
In jedem Fall ist es zweckmäßig, Beifahrer und Gepäck zunächst immer im Seitenwagen unterzubringen, um den Schwerpunkt des Gespanns soweit wie möglich nach rechts zu verlagern. Sonst bedingt die Konstruktion, daß sich der Schwerpunkt durch das schwere Motorrad immer mehr auf der linken Hälfte des Gespanns befindet.
Bei Alleinfahrten mit leerem Seitenwagen sollte man aus Sicherheitsgründen stets Ballast im Seitenwagen mitführen. Dazu werden manchmal Sandsäcke empfohlen, besser sind aber wassergefüllte Kanister, die sich leicht füllen und entleeren lassen. Es gibt aber auch Leute, die legen einige Hantelscheiben unter den Seitenwagensitz – sicher die platzsparendste Lösung.

Linkskurve

Nachdem der Gespannfahrer die Rechtskurve erfolgreich gemeistert hat, drückt er den Lenker frohen Mutes nach links, in der Annahme, schlimmer könne es kaum kommen.
Tatsächlich passiert in der Linkskurve zunächst kaum etwas. Der Schwerpunkt des Gespanns befindet sich immer auf seiten des Motorrads, und das Motorrad wird doch wohl kaum hochkommen, oder? Es kommt bei modernen Gespannen kaum hoch, doch wenn es in einem der seltenen Fälle bei hoher Geschwindigkeit aufsteigt, dann geht alles sehr schnell. Das Hinterrad hebt ab, und der Seitenwagen kippt nach vorn über die Seitenwagenschnauze. Ein schwerer Unfall mit Überschlag ist die unvermeidliche Folge. Das Fatale an diesem Geschehen ist, daß es sich zuvor, anders als beim Hochkommen des Seitenwagens in der Rechtskurve, nicht ankündigt. Dem Fahrer bleibt kaum Zeit, zu reagieren.
Die Neigung eines Gespanns, in Linkskurven über die Seitenwagenschnauze abzukippen, läßt sich durch die Rahmengeometrie beeinflussen. Moderne Gespanne mit 15-Zoll-Rädern oder noch kleineren Raddurchmessern neigen kaum dazu. Statt dessen versagt eher der Kraftschluß zwischen Hinterrad und Straße, das Gespann driftet um die Ecke.
Doch auch wenn das Gespann in der Linkskurve hübsch auf der Straße bleibt, muß der Gespannpilot wieder die unterschiedliche Geschwindigkeit der Räder auf der Kurveninnen- und Außenseite ausgleichen. In diesem Fall kann er sich die Kurvenfahrt dadurch erleichtern, daß er Gas wegnimmt. Vorausgesetzt, er fährt einen Viertakter mit ausreichender Bremswirkung des Motors, versucht nun der schnellere Seitenwagen, das Motorrad außen zu überholen.

Die Klosterbrüder

Nach einer Weile gemütlichen Plauderns fragte Wilfried mich mit einem besonderen Unterton in der Stimme, ob ich eben mal mit auf eine kleine Reise in seine Vergangenheit kommen wolle. Mein fragender Blick wurde mit einem hintergründigen Lächeln erwidert. Neugierig und unsicher zugleich stimmte ich zu. Wir fuhren ein Stück über das leicht hügelige Land Westflanderns auf kleinen Straßen durch Felder und Dörfer. Nach einer Weile bogen wir in ein Waldstück ab. Nach wenigen hundert Metern endete die Straße in einer großen Lichtung, und vor uns lag ein großes Benediktinerkloster mit Klostergarten und Pilgerschänke. Hier kehrten wir ein.
Wilfried erzählte, daß er hier in die Schule gegangen sei und noch immer guten Kontakt zum Kloster pflege. Wir unterhielten uns dementsprechend auch über religiöse Themen. Schließlich fragte er mich, ob ich Lust hätte, das Kloster zu besichtigen. Warum

nicht, dachte ich. Schon äußerlich wirkte die Klosteranlage recht vielfältig und interessant. Und ob ich Interesse hätte, mit Mönchen aus dem Kloster zu sprechen, fragte er. Auf Exerzitien war ich eigentlich nicht eingestellt. Mein fragender Blick begegnete wiederum dem verschmitzten Lächeln von Wilfried. Zögernd stimmte ich zu.

An der Klosterpforte hörte ich, daß Wilfried um die Audienz beim Prior des Klosters bat und nach einem weiteren Mönch fragte. Wilfried schien einen guten Draht zur Chefetage des Klosters zu haben, denn ohne Voranmeldung wurde uns beschieden, wir sollten schon mal im Audienzzimmer Platz nehmen. Jetzt wurde mir etwas unwohl bei dem Gedanken, ob ich wohl ein geeigneter Gesprächspartner sein könne, abgesehen von meinen mangelhaften flämischen Sprachkenntnissen. Wilfried hatte wohl meine Gedanken erraten, denn er erklärte ungefragt, die beiden Patres würden sehr gut Deutsch sprechen und sich über die Gesprächsmöglichkeit mit mir freuen. Während ich krampfhaft zu erinnern versuchte, mit welchen Themen sich die Kirchen bei uns in Deutschland in letzter Zeit öffentlich beschäftigt hatten, ging die Tür auf, und vor uns stand der Prior des Klosters - in einer Motorradlederkombi. Dahinter erschien Pater Franziskus in Jeans und T-Shirt und ölverschmierten Händen. Alle drei lachten über mein verdutztes Gesicht und erklärten mir, daß die beiden Mönche morgen auch bei der Jumbofahrt mitfahren würden, jeder mit seinem Gespann. Damit waren die Gesprächsthemen natürlich kein Problem mehr. Guzzi hin und BMW her, Jumbofahrt und Nächstenliebe, Sozialpolitik und Religion wurden die Hauptpunkte des Rundgesprächs. Es war ein Motorradgespräch, wie ich es noch nicht erlebt hatte.

Nach einer Weile erinnerte Pater Franziskus an den Klosterrundgang. Wir besichtigten die Kirche, das Refektorium, den Garten und gingen schließlich durch den Gemüsegarten in Richtung Ausgang. Plötzlich öffnete Pater Franziskus die Türe eines Geräteschuppens und sagte: hier stehen unsere Maschinen. In pietätvollem Schwarz standen da zwei BMW-Gespanne. An dem einen hatte er gerade Öl gewechselt. »Es steht nirgendwo geschrieben, daß wir Mönche zum Zwecke der Nächstenliebe nicht auch ein Motorrad benutzen dürften«, sagte Pater Franziskus schmunzelnd. »Aber der Abt sieht das ein wenig anders«, fügte er noch hinzu. Lachend verabschiedet er und der Prior uns herzlich an der Klosterpforte: »Bis morgen zur Jumbofahrt. Wir haben die Startnummern 15 und 16.«

Peter Schmidl

Geschichte des Gespanns

Du wirst dich mit vielen Männern der vorhergehenden Generation anfreunden, sie werden abgegriffene Fotos aus ihren Brieftaschen holen, die sie auf ihrem BMW-R-75 oder RS-69- oder Zündapp-KS-601-Gespann zeigen. Euer gegenseitiger Respekt wird wachsen, und du wirst so nach und nach die Geschichte und die Legenden der Motorradgespanne aus erster Hand erfahren.
W. Wiesner in: Droge Motorrad, München 1985

Die Geschichte der Motorradgespanne aufzuschreiben hieße, die gesamte Motorradgeschichte nachzuzeichnen. Trotzdem ist die Geschichte der Seitenwagen so spannend, daß sie an dieser Stelle in Streiflichtern behandelt werden soll. Vom bloßen Transportfahrzeug über Lastesel, Sportgeräte und die heutigen Hobbyfahrzeuge bis hin zum Militärfahrzeug – Motorradgespanne waren und sind für fast jeden Zweck geeignet.

Der Platz an der Seite

L' idée du side car est française. Der Seitenwagen ist eine französische Erfindung. So warb ein französischer Seitenwagenhersteller. Tatsächlich hatte der Franzose Bertoux 1893 die Idee, einen Seitenwagen an ein Fahrrad anzuschließen.
Um die Jahrhundertwende waren allerorts Erfinder bemüht, die Mitnahme eines Passagiers auf Zweirädern zu erleichtern. Eine damals übliche Lösung war der Vorsteckwagen. Diese zweirädrigen Fahrzeuge ersetzten dann Gabel nebst Vorderrad und boten mit einem eigenen Sitz dem Passagier eine halbwegs bequeme Reisemöglichkeit. Der Weisheit letzter Schluß waren die Vorsteckwagen allerdings nicht. Die Lenkeigenschaften dieser Vehikel wurden durch den Vorsteckwagen nicht eben verbessert, und der Fahrer konnte schlecht die Straße einsehen. Das hintere Antriebsrad lief in der Mitte zwischen den beiden Vorderrädern, wo auf der Straße damals üblicherweise die Pferde trabten und den Weg aufwühlten.
Offiziell gebührt die Ehre, den Seitenwagen erfunden zu haben, zwei Engländern: die Brüder Graham ließen sich am 29. April 1903 darauf unter der Nummer 331593 ein Patent erteilen. So ein Seitenwagengespann hatte gegenüber den Vorsteckwagen den Vorteil, mit allen Rädern in den Wagenspuren zu laufen, und blieb daher unbehelligt von der Trabspur der Pferde. Darüberhinaus saß der Seitenwagenpassagier nun neben dem Fahrer, was als kommunikativer galt.

D-Rad

Motorräder und Seitenwagen gewannen vor und nach dem ersten Weltkrieg rasch viele Freunde. In Deutschland genoß das D-Rad-Gespann besondere Popularität. D-Rad war die Marke der Deutschen Industrie-Werke in Spandau, die vor dem ersten Weltkrieg Waffen und Munition herstellten.
Nach dem Abkommen von Versailles mußte sich die Firmenleitung eine neue Produktpalette zulegen, und die Wahl fiel auf den Bau von Motorrädern. Der erste eigene Motor, nach dem Boxerprinzip konstruiert und in den Modellen M 23 sowie M 24 längs zur Fahrtrichtung eingebaut, war nicht ausgereift und hatte einen schlechten Ruf.

(Fotos: Dornwaß)

Danach wandte man sich dem Bau von Blockmotoren zu und integrierte das Getriebe im Motorblock. Mit dem Blockmotor galten D-Räder als robuste »Bauernmotorräder«, die wegen ihrer schlechten Federung den Beinamen »Spandauer Springbock« bekamen. Die Weltwirtschaftskrise der dreißiger Jahre traf auch die Deutschen Industriewerke, und so fand, nach der Fusion mit NSU, die Geschichte der Marke D-Rad 1934 ihr Ende.

Von Berlin nach Kairo

Schon immer war es mein heißester Wunsch gewesen, mit einem Motorrad eine Weltreise zu unternehmen. Meine Absicht war, nicht nur eine Gewaltleistungsprüfung für eine deutsche Maschine durchzusetzen, sondern daneben vor allen Dingen zu zeigen, was ein sportlich durchtrainierter und gestählter Körper selbst zu leisten vermag.

Im Herbst des Jahres 1927 regte ich bei den Deutschen Industriewerken Berlin-Spandau eine Motorradfernfahrt an. Ende November bekam ich dann den ehrenvollen Auftrag, mit einer normalen Serienmaschine der Fabrikation erwähnter Firma eine derartige große Fahrt durchzuführen. (...)

In der vierten Morgenstunde, als wir ungefähr die Höhe erreicht hatten, wurden wir von einem hellen Schein aus der Ferne geblendet. Eine Stunde später kamen wir auf eine große Sandfläche. Da gewahrten wir am Horizont eine lange Reihe Lichter, die die Nähe des Suezkanales verrieten. Die Hoffnung, schon in den nächsten Morgenstunden den Kanal erreichen zu können, gab uns wieder frischen Mut.

Wir verspürten trotz der sich sehr bemerkbar machenden Erschöpfung ein neues Kraftgefühl, und so versuchten wir denn schneller vorwärtszukommen. Es dauerte aber nicht lange, da lockerte sich der Untergrund wieder, und auf einmal saßen wir mit der Maschine und dem Seitenwagen wiederum im Sande fest. Nun verspürten wir erst recht die Anstrengungen der Nacht und die starke Ermüdung. Kaum vermochten wir uns noch aufrecht zu halten, geschweige denn noch Arbeit zu leisten. Zudem wurde der Wasservorrat bedenklich knapp. Durch das Heulen des Motors und das Krachen der Auspuffgase angelockt, kamen uns plötzlich Gestalten entgegen. Bei ihrem Näherkommen erkannten wir in ihnen Araber, die dazu bestimmt waren, eine Straße anzulegen. (...) Der Kommandant dieser Straßenarbeiter stellte mir von seinen Leuten liebenswürdigerweise einige zur Verfügung, damit sie uns auf einen besseren Weg bringen sollten. (...) Aber kaum hatten wir etwas festeren Boden bekommen, streckten meine Retter mir schon ihre Hände nach dem versprochenen Bakschisch entgegen und waren nach seinem Empfang schnell verschwunden.

Nun sahen wir in weiter Ferne Suez liegen, und der Kanal schimmerte wie ein schmales, graublaues Band zu uns herüber. Aber so leicht sollte es uns doch noch nicht werden, die restlichen 45 Wegkilometer zurückzulegen. Noch oftmals blieben wir im Sande stecken, und oftmals mußte ich die Hilfe uns entgegenkommender neuer Wegarbeiter in Anspruch nehmen. (...) Zuletzt entschlossen wir uns, das Fahrzeug auseinanderzunehmen, um doch noch an das Ziel zu gelangen, und das, nachdem wir seit 36 Stunden nicht mehr geschlafen hatten. Der Seitenwagen wurde von Dr. Spohr durch den Sand geschleppt, während ich mich mit der Maschine herumbalgte. Wurde der Weg wieder einmal besser, schlossen wir den Seitenwagen wieder an, um ihn noch mindestens sechsmal wieder abzumontieren.

Alfred Gäbelmann in: Von Berlin nach Kairo, Mit dem Motorrad durch die Wüste Sinai, Leipzig 1928

(Foto: Gäbelmann)

Rennen 1927

Der Motorradrennsport entwickelte sich erst später, und so hatten sich in den verschiede-

(Fotos: Gäbelmann)

nen Städten Motorradclubs gebildet, u.a. auch in dem kleinen Städtchen Hohenstein-Ernstthal. An diesen Ort grenzt in wunderschöner Gegend ein kleiner Berg, der Badberg, und die Motorradsportler des Clubs von Hohenstein-Ernstthal entschlossen sich, (...) ein Motorradrennen aufzuziehen. Dieses Rennen wurde am 26.5.1927 unter dem Namen 1. Badberg-Viereck-Rennen gestartet. (...) Ich fuhr, um die Strecke kennenzulernen, einige verhaltene Runden, dann aber drehte ich zwei Runden und verlangte von der Maschine alles, was drinnen war. Das mußte meiner englischen Rudge wohl aber nicht gefallen haben, denn der Schnaps, den ich fuhr, war wahrscheinlich etwas zu trocken; der Motor wurde sehr heiß. Und was passierte am anderen Tag? Nachdem wir, mein Freund und ich, in der Nacht abwechselnd an der Maschine gewacht hatten, nahm ich am Sonntag, dem 26.5.1927, beim Morgengrauen das Training auf und war als erster auf der Rennstrecke. Aber schon in der zweiten Runde war es passiert: ein Ansaugventil war am Motor abgerissen, ich mußte bauen. Die Rudge hat bekanntlich als Einzy-

lindermotor zwei Ansaug- und zwei Auspuffventile. Da nun in zwei Stunden die Rennstrecke für das Training gesperrt und für das Rennen freigegeben würde, für mich aber keine Möglichkeit bestand, ein englisches Rudge-Ansaugventil zu beschaffen, entschloß ich mich, das Rennen mit einem Ansaugventil zu fahren. Ich baute den Zylinderkopf ab und entfernte das abgebrochene Ventil. Nun galt es, die Ansaugventilführung dichtzumachen. Aber wie? An der Strecke parkte ein alter Hanomag-Zweisitzer-Personenwagen. Die Insassen, welche, um einen guten Platz in der Sicht für das Rennen zu haben, dort übernachtet hatten, fragte ich nach einem alten Hanomag-Ventil, denn ich wußte, daß der Ventiltellersitz und -schaft in meinen Rudge-Motor paßte. Ich bekam bereitwilligst ein Ventil, ein neues Sägeblatt hatte ich bei mir. Mein Freund hatte inzwischen mit alter Putzwolle, Benzin und Holz ein Feuer angemacht. In diesem glühte ich

Sportlicher Juwel-Seitenwagen mit Schleifenrahmen und weit ausgeschnittenem Einstieg (Werkfoto)

Dieser Reiseseitenwagen der Marke Dessauer verfügte über einen Kindernotsitz im Kofferraum (Werkfoto)

Der Schleifenrahmen dieses Seitenwagens von Swan-Ajax diente gleichzeitig als Reservetank, (Werkfoto)

Ein zweisitziger Reiseseitenwagen von Dessauer (Werkfoto)

den Schaft des Hanomag-Ventils aus, um es weich zu machen, ließ es erkalten und sägte den Schaft auf bestimmte Länge ab, baute das Ventil in meinen Rudge-Motor ein und vernietete dasselbe von oben, baute den Motor wieder zusammen, und ab ging die Post. Ein Kipphebel lief dadurch leer. Es arbeitete nur ein Ansaugventil. (...) Da nun der Motor nur mit einem Ventil arbeitete, konnte ich niemals die Zeit erreichen, die ich von meiner Maschine gewöhnt war. Das aber noch nicht genug. Bei der vorletzten Runde fing mein Vorderrad wieder an zu pendeln, und ich mußte mit der Geschwindigkeit weit heruntergehen. Besonders beim Bergabfahren war es gefährlich, was sich natürlich beim Endresultat bemerkbar machte, denn ich war sonst ganz andere Zeiten von meiner Maschine gewöhnt, aber es langte trotzdem noch zum Sieg. (...)

Ein sportlicher Seitenwagen von Dessauer (Werkfoto)

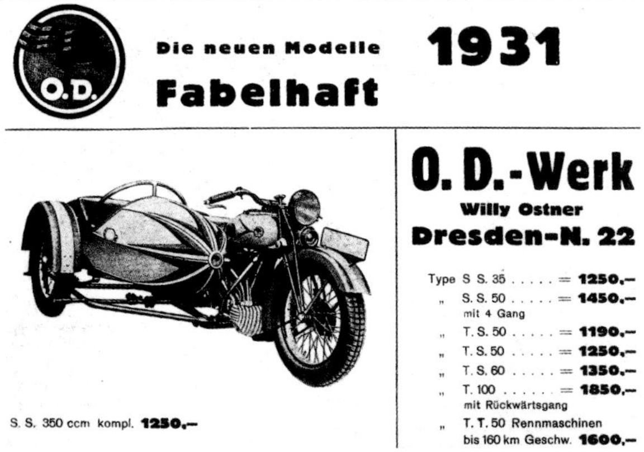

Da nun durch Unfälle mit tödlichem Ausgang keine Siegerehrung stattfand, wurden die Sieger einzeln in einem Saal beglückwünscht und ausgezeichnet. Ich bekam damals einen Kranz mit Schleife und 50 DM. Vorgesehen waren für den Sieger der Senior-Seitenwagen 75 DM und eine gespendete Lederjacke. Der damalige Sportleiter (...) fand diesen Preis zu hoch und sagte: »Du hast keine guten Zeiten gefahren!« Er behielt 25 DM und die Lederjacke zurück. Ich sagte ihm nur, das sei unfair, ging und rüstete mich zur Heimfahrt.

aus: 30 Jahre Sachsenring, Festschrift, Hohenstein-Ernstthal 1957

Gespanne ziehen in den Krieg

Wie jede technische Neuerung entdeckten Militärs auch das Motorradgespann rasch für ihre Zwecke. Bot so ein Seitenwagen doch die phantastische Möglichkeit, selbst leichte Maschinengewehre per Motorrad zu transportieren. Motorradgespanne galten als schnelle und leicht bewegliche Motorfahrzeuge, die stets in vorderster Linie zu finden waren. In schwierigem Gelände waren Motorradgespanne den damaligen Kraftwagen weit überlegen.

Alle Nationen mit Zweiradproduktion bauten stets auch Motorräder mit Seitenwagen für den Militärbedarf.

In Belgien waren es die Marken Saroléa, FN, Gillet und Gnome & Rhone, die Militärmaschinen lieferten und Versuche mit angetriebenen Seitenwagenrädern anstellten.

Im Vereinigten Königreich fabrizierten während des ersten Weltkriegs Clyno, Royal Enfield, Matchless, Scott und Douglas Motorräder und Gespanne. Im zweiten Weltkrieg war es die Norton Big 4, deren Seitenwagenrad über eine Kupplung am Hinterradantrieb bei Bedarf zuschaltbar war.

Anders als in Deutschland sahen Engländer und Amerikaner keine große militärische Zukunft für Motorradgespanne. Bei gleichem Fertigungsaufwand erschienen vierradgetriebene Kraftwagen universeller einsetzbar. *»Häufig wird gesagt, daß jeder Dummkopf rasch lernt, auf vier Rädern zu fahren, aber um auf der Stelle mit den Schwierigkeiten eines Gespanns fertigzuwerden, braucht es mehr«,* schreibt Jo Axon in »Our Sidecars«. Mit anderen Worten: Beinahe jeder Soldat kann Auto fahren, manche fahren Motorrad, aber Gespann fahren überfordert die Masse der Uniformierten.

In Deutschland lieferten BMW, DKW, NSU, Triumph, Victoria und Zündapp Motorräder an Reichswehr und Wehrmacht. In den dreißiger Jahren galt es für BMW auch nicht als ehrenrührig, sich des Rüstungsengagements in der Werbung zu rühmen.

Seitenwagenantrieb

Höhepunkt der technischen Entwicklung bei den Militärgespannen waren die beiden Wehrmachtsgespanne R75 von BMW und KS750 von Zündapp. BMW lieferte 16.500 Stück und Zündapp 18.635 dieser »Kriegselefanten«. Tatsächlich waren diese Gespanne die einzigen Maschinen, bei denen das Problem des Seitenwagenantriebs auf befriedigende Weise (und mit der unvermeidlichen deutschen Gründlichkeit) gelöst wurde. Generell ist ein angetriebenes Seitenwagenrad in schwerem Gelände der beste Weg, für weiteren Vortrieb zu sorgen. Bei einfachen Gespannen kommt immer irgendwann der Punkt, an dem das Seitenwagenrad festhängt und das Hinterrad durchdreht. Nun kann man Hinterrad und Seitenwagenrad nicht einfach koppeln, ein Differentialgetriebe wie beim Auto muß her, damit Kurvenfahrten möglich werden. Denn bekanntlich drehen sich bei Kurvenfahrten kurveninnere und -äußere Räder unterschiedlich schnell. Darüber hinaus liegt die Achse des Seitenwagenrads nicht in einer Linie mit der Hinterradachse, sondern läuft aus Gründen der Fahrzeuggeometrie ein wenig vor.

Die Lösung dieses Problems brachte der Hinterradantrieb mit Ausgleichsgetriebe, welches das Drehmoment von der Kardanwelle entsprechend auf Hinter- und Seitenwagenrad verteilte. Dieses Getriebe wurde nur für die Zündapp KS 750 entwickelt und dann auch in der BMW verwendet, was sich, wegen des anderen Vorlaufs des BMW-Gespanns, in mangelnder Geradeausfahrt geäußert haben soll.

Ansonsten verfügte die BMW über eine Tauchgabel und die Zündapp über eine Trapezgabel. Unterschiede gab es auch im Schaltgetriebe. Mit 4.50-16 erhielten beide Gespanne die gleiche Bereifung wie der

BMW R 75 Wehrmachtsgespann heute

Ausgleichsgetriebe für den Seitenwagenantrieb am BMW-Wehrmachtsgespann (Zeichnung: BMW)

KdF-Wagen, der spätere VW Käfer. Beide Gespanne wurden durch einen 750-cm^3-Boxermotor angetrieben.

Boxermotoren waren damals keine Domäne von BMW, wie überhaupt im Zusammenhang mit dem Wehrmachtsgespann jedermann immer sofort an die BMW R 75 denkt, während der Name Zündapp völlig zu Unrecht in Vergessenheit geraten ist.

Seitenwagenantrieb bei Dnepr MT 16

Wegen ihrer guten Verkehrseigenschaften haben die Seitenwagengefährte für Spezialanwendungszwecke große Verbreitung gefunden. So dienen sie heute der Post im Bestellverkehr, aber auch im Telegraphenbaudienst für schnell bewegliche Störungsabhilfe durch Leitungspatrouillen. Ähnliche Ausrüstungen haben auch Gaswerke. Die Feuerwehr benutzt Seitenwagen besonders für Einmannbeförderung, dann aber auch zur Gerätebeförderung für kleinere Gemeinden im Überlandverkehr. Ebenso findet der Seitenwagen im Sanitätsdienst kleinerer Gemeinden Verwendung.
P. Wolfram in: Die Motorfahrzeuge, ihre Konstruktion, ihr Betrieb und ihre Behandlung, Nordhausen (um 1930)

Nach dem Krieg
Später wurden in Deutschland keine Gespanne mit angetriebenem Seitenwagen mehr gebaut. Die wenigen übriggebliebenen Exemplare sind zu gesuchten und teuren Sammlerstücken geworden. Fünfzig Jahre nach dem Überfall reisen die ehemals besiegten Deutschen in die Länder der Sieger nach Osten und kaufen dort gegen begehrte Westmark die Überbleibsel des Feldzugs auf. Für Polen, Russen und Ungarn war so ein Wehrmachtsgespann viele Jahre treuer Begleiter im täglichen Gebrauch.
In der Sowjetunion nahm man sich schon vor dem Kriege die BMW R 71 zum Vorbild für ein M-72 genanntes Eigenprodukt. Ab 1942 wurde die M-72 an die Sowjetarmee ausgeliefert. Noch heute entstehen im ukrainischen Kiew Gespanne mit Boxermotor. Die MT 16 mit angetriebenem Seitenwagenrad und die MT12 ohne Seitenwagenantrieb werden seit Jahren von regelmäßig wechselnden Importeuren nach Deutschland geholt. Die äußerliche Ähnlichkeit mit BMW-Motorrädern verleitet immer wieder ahnungslose Gemüter zum Kauf. Die archaische Technik ist nicht für Vollgasfahrten auf bundesdeutschen Autobahnen geeignet und kann nur versierten Schraubern empfohlen werden.
In der westlichen Welt kreierte Doug Bingham, amerikanischer Watsonian-Importeur und Konstrukteur bei der Firma Side Stride Inc. in Kalifornien, einen faltbaren Seitenwagen für Militärzwecke. An eine 250er Enduro von Kawasaki geschraubt, führte er die Erfindung 1986 der US-Army vor – offenbar ohne Erfolg.

Gespanne als Nutzfahrzeuge

Nicht nur Militärs entdeckten das Motorradgespann. Im zivilen Bereich versahen und versehen Gespanne unermüdlich ihren Dienst. Seitenwagentaxis waren in den zwanziger Jahren kein ungewöhnlicher Anblick in den Städten. Schon 1919 stellte das französische Rote Kreuz Seitenwagen für den Krankentransport in Dienst. Bei Stoye in Leipzig wurde ein Sanitätsseitenwagen vorgestellt. Einige Feuerwehren verfügten über Gespanne als Löschfahrzeuge, und selbstverständlich setzte die Polizei Gespanne ein, nicht nur im Streifendienst.

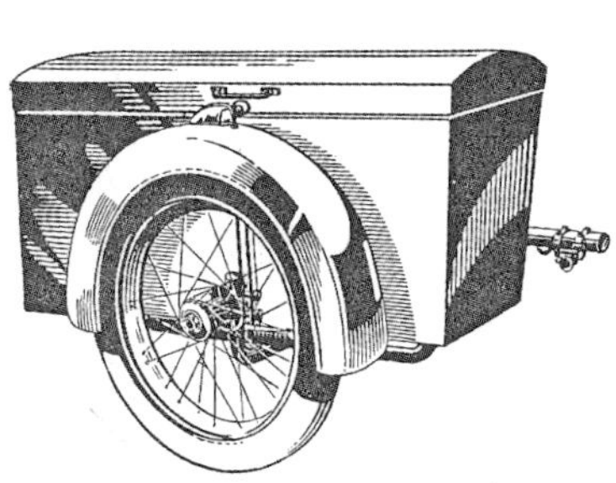

Stoye-Lastenseitenwagen (1937)

Zündapp-Gespann im Streifendienst bei der Berliner Polizei (Foto: Polizeipräsident Berlin, Polizeihistorische Sammlung)

Der MZ-Lastenseitenwagen im Jahre 1969 an einer ES 250/2 (Foto: MZ)

Lastenseitenwagen waren stets ein fester Bestandteil in der Produktpalette der Seitenwagenfabriken. Steib baute in den fünfziger Jahren Lastenseitenwagen. Bei MZ wurden in Leipzig noch bis 1990 Lastenseitenwagen produziert. Heute finden sie sich noch im Programm des englischen Herstellers Squire. Seit 1992 bietet auch Peter Sauer aus dem norddeutschen Karby einen Lastenseitenwagen an. Er ließ sich dabei von der Erkenntnis leiten, daß eine große Zahl von Gespannen meist ohne Beifahrer bewegt wird ...

Postdienst

Schon die Reichspost setzte Motorräder mit Lastenseitenwagen für die Paketzustellung ein. In den fünfziger Jahren plante die Deutsche Bundespost die Anschaffung neuer Fahrzeuge für die Eilzustellung. Den Planern schwebte einer der damals aktuellen Motorroller mit Lastenseitenwagen vor. Es ging um einen Bedarf von etwa 1500 Rollern, ein lukrativer Auftrag.

Vorher verlangte die Bundespost aber den Beweis der Zuverlässigkeit der Roller, auch unter Winterbedingungen. Die Nürnberger Zündapp-Werke schickten deshalb drei Gespanne aus dem Zündapp Roller Bella, an den über einen Einrohranschluß ein 200-cm^3- Steib-Seitenwagen gehängt war, bei der 12. ADAC-Wintersternfahrt vom 7.-9. Januar 1955 an den Start. Von der Konkurrenz waren Messerschmidt und Heinkel am Start.

Gerhart Lohse und Else Rissmann aus Hamburg gewannen mit ihrem Zündapp-Gespann als Klassensieger eine Goldmedaille. Zündapp erhielt daraufhin den Postauftrag, und Bella-Gespanne versahen bis weit in die sechziger Jahre hinein ihren Dienst bei der Eilzustellung.

Zustellung von Eilpaketen mit einem Zündapp-Gespann der Reichspost, 1942 (Foto: Bundespostmuseum, Frankfurt)

Lohse/Rissmann auf ihrem Zündapp-Rollergespann während der 12. ADAC-Wintersternfahrt 1955 (Foto: Lohse)

Zündapp-Rollergespann in der Postausführung (Foto: Bundespost-museum, Frankfurt).

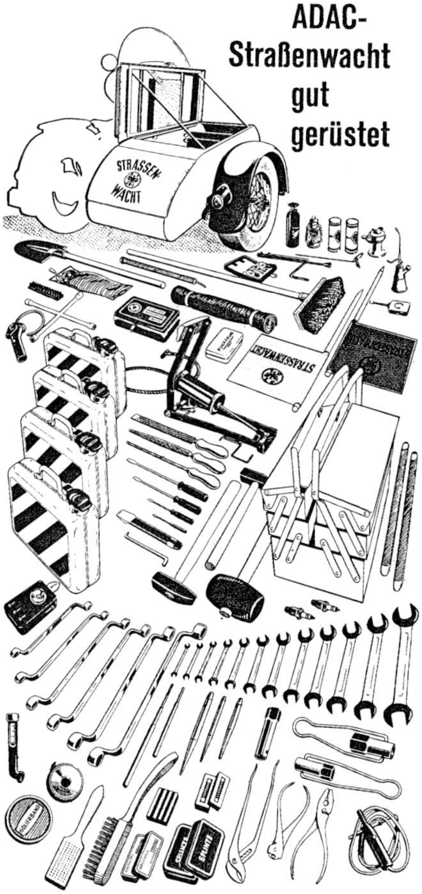

Umfangreich: Der Inhalt der ADAC-Straßenwacht-Gespanne (Zeichnung: ADAC-Motorwelt).

Auf Straßenwacht

Wie unseren Mitgliedern bekannt ist, haben Präsidium und Verwaltungsrat in der Herbstsitzung in Frankfurt die Schaffung der ADAC-Straßenwacht beschlossen. Inzwischen wurden die vorbereitenden Arbeiten so vorangetrieben, daß dem geschäftsführenden Präsidium bei der zu Anfang Dezember in München abgehaltenen Arbeitstagung die erste vollständig ausgerüstete Beiwagenmaschine vorgeführt werden konnte. Zu Ausbildungszwecken werden nun für die Straßenwachtmänner laufend weitere Maschinen beschafft, und schon bei der Internationalen ADAC-Wintersternfahrt werden die Teilnehmer und Gäste diese Schulmaschinen im Einsatz sehen. Die ersten Maschinen sind im Raume von München erprobt worden, da die Technische Abteilung der ADAC-Hauptverwaltung gerade aus den Erfahrungen der ersten Wochen lernen will. Bei der großen Aufgabe, die der ADAC mit der Schaffung der Straßenwacht in Angriff genommen hat, ist gründliche Erprobung

unter verschiedenen Einsatzbedingungen erforderlich.
Neben den Maschinen selbst und der im Seitenwagen mitgeführten Ausrüstung kommt auch einer zweckmäßigen Bekleidung der Straßenwachtmänner Bedeutung zu, so daß es jedem verständlich ist, daß man mit aller Sorgfalt an die Auslese und Vorbereitung der Männer herangeht, die auf den deutschen Straßen die ständig bereiten Helfer für unsere Mitglieder und alle Straßenbenutzer sein sollen. Gerade in den Wintermonaten lassen sich viele Erfahrungen sammeln. Denken wir nur daran, wie dankbar wir alle für eine rechtzeitige Vorwarnung bei Nebel und Glatteis auf der Straße selbst sein werden.
Für die Erste Hilfe bei Unfällen führt der Seitenwagen eine mit dem Roten Kreuz entwickelte Ausrüstung mit. Angefangen mit dem schon im Freiwilligen Kameradschaftsdienst bewährten Verbandskasten über den mit allen erdenklichen Mitteln ausgestatteten Werkzeugkasten ist auch daran gedacht, daß Benzin, Dieselöl, Gemisch und Wasser (in handlichen Kanistern mitgeführt) schon für manchen Kraftfahrer willkommene Hilfe bedeuten können. Nicht vergessen sind die Warnzeichen, die bei einem Unfall oder einer größeren Panne die nach- oder entgegenkommenden Fahrzeuge rechtzeitig auf die Gefahrenstelle hinweisen. Alle Kraftfahrer werden diese erweiterte Hilfeleistung auf unseren Straßen begrüßen.
aus: ADAC Motorwelt 1/1954

Renaissance

Nach dem wiedererwachten Motorradboom Mitte der siebziger Jahre brauchte es noch etwa zehn Jahre, bis diese Entwicklung auch auf den Gespannsektor übergriff. Alten Gespannhasen mag der Grund dafür auf der Hand liegen: die rechte Einsicht kommt manchem Motorradfahrer eben erst spät, wenn er jeden Blödsinn mitgemacht hat, sich durch vordergründige technische Gags nicht mehr beeindrucken läßt und endlich nach der »wahren, einzig richtigen« Form des Motorradfahrens sucht. Der exklusive Klub der Einsichtigen ist allerdings klein, er macht gerade ein Prozent der Motorradfahrer aus. Seit 1986 gibt es wieder mehr als eine Million zugelassene Motorräder und seit 1990 wieder mehr als zehntausend zugelassene Gespanne.
Bis die Creme der neu heranwachsenden Zweiradzunft reif genug fürs Dreirad war, hielten einige wenige Aufrechte das Dreiradfähnchen eifrig in die Höhe. Mit der Zeit wurden es immer mehr und immer mehr ...

Der Traum vom Büffelgespann

Das Büffelgespann beschäftigte die Gemüter in den sechziger Jahren recht heftig. Rückblickend betrachtet mutet die gesamte Diskussion den jüngeren Gespannfahrer schon recht seltsam an.
So wie die auslaufenden Boxer-BMW R 100 heute in den Schaufenstern der Vertragshändler steht, mit 1000 cm^3 Hubraum und 60 PS, wäre sie wohl so recht nach dem Geschmack der Büffelfreunde gewesen. Die träumten von einer Gespannmaschine mit viel Hubraum und genügend, aber nicht

»Gespanne kommen wieder« – diesen Satz hörte man des öfteren im zurückliegenden Jahr. Ob nun Motorräder mit Seitenwagen tatsächlich wieder groß im Kommen sind, wage ich zum jetzigen Zeitpunkt noch zu bezweifeln. Es wäre denkbar, daß das alte Bild vom Gespann als Nottransportmittel – und dieses Image ist noch in den breitesten Bevölkerungsschichten gegenwärtig, langsam doch im Verblassen begriffen ist, ähnlich, wie sich dies bereits vor Jahren im Zuge des heute noch andauernden Booms fürs Zweirad schlechthin zugetragen hat.
Norbert Bauer in »Das Motorrad« 12/75

übermäßig viel Leistung. Durchzug mußte dagegen vorhanden sein. Heute würde man das am besten mit dem beliebten Spruch »Hubraum statt Spoiler« zusammenfassen. Eine solche Gespannmaschine sollte es ermöglichen, im schneller werdenden Autoverkehr mithalten zu können.

Diese Forderung erscheint heute nicht unbillig, wo man doch ganz andere Motorräder fährt, mit bis zu 1,5 Litern Hubraum oder über 130 PS. Nun traten aber Spezialisten auf und behaupteten, ein derartig motorisiertes Gespann sei schlichtweg unfahrbar. Wegen der hohen Motorleistung und vor allem des irrsinnig großen Drehmoments eines solchen Büffels sei damit zu rechnen, daß ein solches Gespann jeden Dreh am Gasgriff mit einem gewaltigen Rechtsschlenker quittieren würde.

Heute klingt diese Begründung so unglaubwürdig, daß man sich unwillkürlich fragt, ob tatsächlich ernstlich jemand in dieser Weise argumentiert hat. Tatsächlich wurde namentlich bei BMW diese Meinung vertreten. »Klacks« trat dann den Gegenbeweis an, als er ein Münch-Gespann mit dem 1200-cm^3-NSU-Automotor fuhr. Mehr als zwanzig Jahre später gilt die Vierzylinder-BMW K 100 mit ihren 90 PS manchem Gespannpiloten auf einer 135-PS-Yamaha FJ 1200 schon als hoffnungslos untermotorisiert.

Die Kunststoffära beginnt

Als niemand mehr so recht an eine Zukunft des Motorrads mit Seitenwagen glauben wollte – man lebte in den frühen sechziger Jahren, das Wirtschaftswunder stand in voller Blüte, jedermann träumte von den eigenen vier (nicht drei) Rädern – da beschlossen zwei unverdrossene süddeutsche Gespannfahrer, den »neuen Seitenwagen« zu bauen. Joachim Penz und Hans Schmelzer entwickelten den Clipper-Seitenwagen.

Eine wichtige Rolle spielte das Motiv, dem unübersehbaren Komfort des Autos etwas gleichartiges, wenn nicht sogar Besseres entgegenzusetzen. 1963 hatte die Zeitschrift »Motorrad« deshalb entschieden gefordert: »Wir brauchen einen neuen Seitenwagen!« Daraufhin startete eine Fragebogenaktion, mit dem Ziel, herauszufinden, was der Gespannfahrer eigentlich wollte.

Das Ergebnis war recht eindeutig und auch vom heutigen Standpunkt aus gesehen nicht überraschend. In der Reihenfolge der Nennung lasen sich die Forderungen so: mehr Gepäckraum, Kunststoffkarosserie, in die Karosserie integrierter Kotflügel, offene Form, gebremster Seitenwagen und bessere Federung (um nur die wichtigsten Punkte zu nennen).

Heraus kam schließlich 1967 ein Seitenwagen, der nicht nur in Detaillösungen, sondern auch im Gesamtkonzept für damalige Verhältnisse außerordentlich revolutionär war. Am ehesten erinnert noch der Stahlrohrrahmen an den Rahmen des 1962 erschienenen MZ-Superelastik-Seitenwagens, dies aber auch nur in Ansätzen. Der Rahmen war H-förmig ausgeführt und bestand aus dem langen maschinenseitigen Anschlußrohr, einem kräftigen Querrohr und einem weiteren äußeren Längsrohr zur Abstützung der Karosserie.

Um endlich einen angemessenen Seitenwagen für PS-starke, gut gefederte, moderne Motorräder zu haben, wurde (ebenfalls wie beim MZ-Seitenwagen) vom damals noch gültigen Prinzip der federnd aufgehängten Seitenwagenkarosse erstmals abgewichen. Ziel sollte es sein, die ungefederten Massen, die in Form des schaukelnden Boots nichts als Unruhe in das Gespannfahrwerk bringen, so gering wie möglich zu halten. Das gelang mittels einer Drehstabfederung, die raumsparend im kräftig dimensionierten Rahmenquerrohr untergebracht wurde.

Wie beim MZ-Seitenwagen sorgte ein Querstabilisator dafür, daß die Kurvenneigung des Seitenwagens sich nicht allzu negativ auswirkte. Dieser Querstabilisator war noch dazu einstellbar.

Clipper-Seitenwagen erfüllen in restauriertem Zustand auch heute noch ihren Zweck

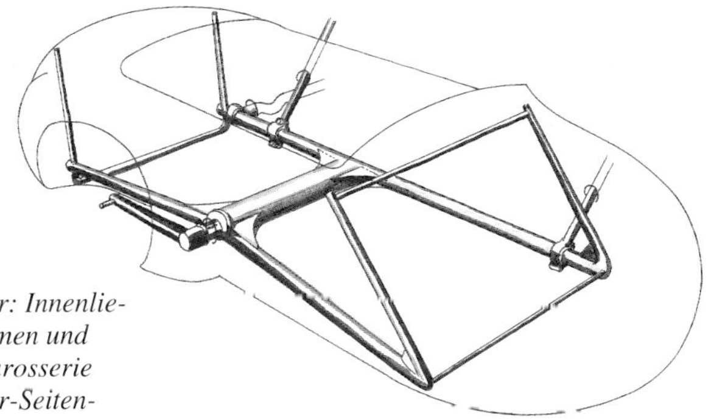

Revolutionär: Innenliegender Rahmen und Kunststoffkarosserie beim Clipper-Seitenwagen

Für die Verzögerung war eine hydraulisch betätigte Scheibenbremse verantwortlich. Das gesamte Seitenwagenfahrwerk war erstmalig innerhalb der Karosserie untergebracht und dadurch vor Witterungseinflüssen geschützt. An den Übergängen der Rahmenrohre zum Motorrad sorgten Gummidichtungen dafür, daß kein Wasser eintrat. Um den Rahmen herum schloß sich die Karosserie, die aus zwei Teilen zusammengeschraubt wurde. Die Karosserieteile bestanden nicht mehr, wie bis dahin üblich, aus Stahlblech, sondern aus glasfaserverstärktem Polyester. Das Material hat für den Käufer den Vorteil, daß es niemals rostet.

Für den Hersteller war die Verwendung von Polyester eine fertigungstechnische Notwendigkeit. Maschinen und Werkzeuge für die Bearbeitung von Karosserieblechen hätten so große Investitionen erfordert, daß eine außerordentlich große Anzahl der Seitenwagen hätte verkauft werden müssen, damit sich die Aufwendungen amortisieren. So konnte Steib vielleicht noch zu Beginn der fünfziger Jahre kalkulieren, doch zehn Jahre später waren Seitenwagen nur noch in geringen Stückzahlen abzusetzen. Es war daher unabdingbar, von einer industriellen Produktionsweise wieder auf handwerkliche Techniken überzugehen.

Bis heute gilt diese Maxime für nahezu alle Seitenwagenhersteller. Die Polyesterharz-Technik eignet sich für eine handwerkliche Verarbeitung bei geringen Stückzahlen und hoher Flexibilität in der Formgebung hervorragend.

Penz und Schmelzer steckten viel Arbeit auch in Details der Karosserie. Obwohl der Seitenwagen in seinen Ausmaßen einen Steib TR 500 nicht übertraf, erwies er sich innen als überaus geräumig. Das Volumen des Kofferraums betrug immerhin 110 Liter. Um Platz zu gewinnen, war der Kotflügel Bestandteil der Karosserie geworden.

Die Scheibe war so angewinkelt, daß der Insasse möglichst wenig Zugluft im Gesicht und im Nacken verspürte. Vor Luftwirbeln schützten ihn darüber hinaus Seitenscheiben aus Plexiglas. Die Hauptscheibe war dagegen nicht aus Plexiglas, sondern aus Zweischichten-Sicherheitsglas. Auf Wunsch war sogar ein Scheibenwischer erhältlich.

Andere Zubehörteile, wie Aschenbecher, Leselampe und Zeituhr, erwiesen sich ebenfalls als nützliche Details. Mehr Komfort für den Insassen bot die abschließbare Tür, die es ermöglichte, das Fahrzeug ohne Turnübungen zu besteigen. Der Sitz erhielt eine extra hohe Rückenlehne, und seine Sitztiefe war so üppig bemessen, daß auch die Oberschenkel ausreichend abgestützt wurden.

Über zehn Jahre lang wurde der Clipper-Seitenwagen hergestellt. Manche seiner Konstruktionsmerkmale sind Bestandteil jedes modernen Seitenwagens geworden: die

GfK-Karosserie, der integrierte Kotflügel, die Scheibenbremse und ein bequemer Sitz. Wie bei allen revolutionären Konstruktionen konnten sich andere Lösungen nicht durchsetzen.
Eines muß man dem Clipper aber zubilligen: hier wurde erstmals der Passagier nicht als bloßes Frachtgut behandelt, sondern ein Seitenwagen um den Insassen herum entworfen. Dieser Komfortaspekt wurde erst in den achtziger Jahren dank der französischen Hersteller wieder ein bestimmendes Thema.

Seitenwagen aus Leipzig

Vor dem Zweiten Weltkrieg teilten zwei Seitenwagenhersteller 70 Prozent des deutschen Markts unter sich auf. Das waren die Firmen Steib in Nürnberg und Stoye in Leipzig. Der Markterfolg des Automobils und der damit verbundene Rückgang im Seitenwagenverkauf zwangen Anfang der sechziger Jahre die Firma Steib, die Seitenwagenproduktion einzustellen.
Vierzig Jahren real existierendem Sozialismus ist es zu verdanken, daß der zweite der großen deutschen Seitenwagenhersteller, Stoye, bis in die neunziger Jahre überleben konnte, auch wenn der Markenname Stoye lange vergessen schien. Seitenwagen aus Leipzig kennt der Motorradfahrer heute als MZ-Seitenwagen.
Mitten in der Messestadt Leipzig, in der Lindenthaler Straße, lag das Werksgelände, das zuletzt als »Werk 4" des «VEB Motorradwerks Zschopau" firmierte. Das Motorradwerk gehörte zum »IFA Kombinat für Zweiradfahrzeuge Suhl«.
Werksleiter Emich führte uns im Frühjahr 1990 durch das für eine Seitenwagenfabrik vergleichsweise ausgedehnte Gelände und schien sichtlich bemüht, sich für diese und jene scheinbare Unzulänglichkeit zu entschuldigen. Der gute Mann hatte noch keinen Seitenwagenhersteller im westlichen Teil Deutschlands besucht, sonst hätte er gewußt, daß wir von den Ausmaßen des Leipziger Werks beeindruckt waren. 1700 Seitenwagen produzierten die Leipziger im Jahr, und damit dürften sie der größte (oder zweitgrößte, da wir nicht wissen, wieviele Seitenwagen für Dnepr in Kiew produziert werden oder wurden?) Europas, vielleicht sogar der ganzen Welt gewesen sein.
Wegen ihrer geringen Stückzahlen an Seitenwagen sind die westlichen Hersteller auf glasfaserverstärktes Polyesterharz als Material für ihre Karosserien angewiesen, Blech wäre viel zu teuer. Trotzdem hätte Werksleiter Emich seine Seitenwagen auch gern aus GfK produziert, nur wurden die dafür notwendigen Investitionen in Berlin niemals genehmigt.
Statt dessen entstanden die MZ-Seitenwagen noch wie zur Blütezeit der Seitenwagen. In einer riesigen Presse wurden Stahlbleche über Gummiformen in das gewünschte Aussehen geprägt. Werksleiter Emich bezeichnete die Presse als antik, und tatsächlich ließ sich ihr Alter vom äußeren Anschein nur so beschreiben.
Seit der Vorstellung des Superelastik-Seitenwagens im Jahre 1962 blieben die Formen stets gleich. Leider nutzten sie sich stark ab, weshalb die Rundungen der fertigen Bleche immer wieder mühsam per Hand nachzuarbeiten waren. Schon vor einigen Jahren war der heute noch sehr beliebte geschwungene Seitenwagenkotflügel durch eine stillose Einheitsausführung ersetzt worden, denn die Gummiformen waren verbraucht.
Leider konnten wir diese Presse nicht in Aktion sehen, denn tags zuvor war gerade die Herstellung von Teilen für das Modell Superelastik beendet worden, um das jährliche Kontingent Lastenseitenwagen zu produzieren. Immerhin machen diese Badewannen mit Holzboden einen erheblichen Anteil der Gesamtproduktion aus: 400 Stück pro Jahr. Erstaunen rief bei den Leipzigern die Tatsache hervor, daß wir dieses Lastenboot auch aus dem Westen kannten, obwohl es offizi-

ell niemals in die Bundesrepublik exportiert wurde.
Ohne Schweißnähte wurden die Blechteile zur endgültigen Karosserie zusammengefügt. Die Ränder wurden dazu in Profilschienen geschoben und diese zusammengepreßt - fertig war das Boot. Uns erschien diese Verbindungstechnik verblüffend einfach. Lediglich im Bereich des Bodenblechs wurden Punktschweißungen angebracht.
Das fertig montierte Boot wurde anschließend im Leipziger Werk komplett lackiert. Auch hier befriedigte Werksleiter Emich die Qualität nicht, er zeigte uns leichte Fehlstellen im Lack. Solche Montagsboote wurden nicht normal ausgeliefert, sondern bildeten die Ersatzteilreserve.
In der Endmontage wurde das lackierte Boot auf den fertigen Rahmen gesetzt, der nicht in Leipzig entstand. Komplettiert wurde er mit Sitz und Elektroinstallation.
Die Auslieferung erfolgte stets getrennt von den Motorrädern. Innerhalb der DDR wurden die Seitenwagen bei den Vertriebsstellen vor Ort an die Maschinen angeschlossen, im Ausland meist beim Importeur.
Wer in der DDR einen einzelnen Seitenwagen kaufen wollte, mußte dafür 1321 DDR-Mark hinlegen. Für den Versand hatten die Leipziger einen eigenen Anhänger konstruiert, der acht Seitenwagen aufnahm und diese zur Bahnverladung schafft.
Insgesamt 80 Menschen arbeiteten in der Leipziger MZ-Zweigstelle. Nur ein Drittel ihrer Kapazität verwendeten sie für die Produktion der Seitenwagen, die restlichen beiden Drittel dienten der Herstellung von Ersatzteilen für ausgelaufene MZ-Modelle. Von den Seitenwagen ging immerhin die Hälfte in den Export.
1927 wurde die Firma Stoye im Süden Leipzigs gegründet. Die alten Fertigungsanlagen wurden im Jahre 1943 bei einem Bombenangriff zerstört, und die Firma wurde an ihren heutigen Standort verlegt. Noch bis 1961 firmierte sie unter dem Traditionsna-

Halser/Hofmann auf ihrem IFA BK-350-Gespann im Wettbewerbseinsatz »Rund um Zschopau«, Ende der 50er Jahre (Foto: MZ)

So elegant präsentierte sich um 1960 eine MZ TS 250 mit Stoye/Simson-Seitenwagen (Foto: MZ)

1962 eine Sensation: Die aufklappbare Schnauze beim Seitenwagen Superelastik (Foto: MZ)

Das letzte Modell aus volkseigener Produktion (1990) (Foto: MZ)

MZ-Seitenwagenkarosserien im Rohzustand

Der Spezialanhänger bringt die MZ-Boote zum Bahnhof

men Stoye, dann wurde sie im Zuge einer Umstrukturierung der DDR-Wirtschaft zur KG und führte den Markennamen Simson. Erst 1972 kam der Betrieb zu MZ und wurde gleichzeitig vollständig »volkseigen«.

Vierzig Jahre »Einheit von Wirtschafts- und Sozialpolitik« haben dazu geführt, daß man Ende 1989 in Leipzig nicht einmal wußte, ob überhaupt kostendeckend produziert wurde. »Wenigstens die Bausubstanz konnten wir in gutem Zustand erhalten«, erklärte der Werksleiter am Schluß der Besichtigungsrunde. Das freut den Automobilhändler sicher sehr, der seit der Währungsunion und dem Ende der Seitenwagenfertigung im August 1990 das Gelände nutzt. Was bleibt, ist die stolze Zahl von über 100.000 Seitenwagen, die im Laufe der Zeit in Leipzig hergestellt wurden.

Ein letzter Versuch, die Seitenwagenfertigung in Leipzig durch eine Reaktivierung der Marke Stoye und die Neukonstruktion eines Seitenwagens zu retten, mißlang. Statt dessen übernahm der westdeutsche Gespannbauer Walter den Markennamen Stoye. Außerdem führte er die Leipziger Neukonstruktion zur Serienreife, so daß heute wieder Seitenwagen der Marke Stoye auf unseren Straßen unterwegs sind. Technisch haben diese Seitenwagen mit alten Stoye-Produkten nichts gemein. Die alte Stoye-Philosophie eines elastischen Seitenwagenanschlusses wird heute dagegen von Peter Sauer fortgeführt.

Der Boom

Der beginnende Gespannboom gegen Ende der achtziger Jahre fiel zeitgleich mit einer Stagnation des übrigen Motorradmarkts zusammen. Dennoch stieg die Zahl der zugelassenen Gespanne stetig an.

Es bleibt die Hoffnung, daß diese Entwicklung von einiger Dauer ist. Immerhin wird sich derjenige, der den Gegenwert eines Mittelklasse-PKW für ein Gespann hinblättert, diese Ausgabe zweimal überlegen. So hält eine Art »natürliche Auslese« die Strohfeuernaturen fern. Böses führt im Schilde, wer die der Versuchung Erlegenen »Fanatiker« nennt. Ein positiver Begriff ist stimmiger: Enthusiasten.

Bestand

Motorräder und Motorroller mit Beiwagen, jeweils am 1. Januar (einschließlich der vorübergehend abgemeldeten Fahrzeuge)

Jahr	Motorräder	Motorroller	Summe
1975	3.230	126	3.356
1980	3.589	96	3.685
1985	6.632	152	6.784
1986	7.506	164	7.670
1987	8.058	174	8.232
1988	8.831	175	9.006
1989	9.446	176	9.622
1990	10.064	178	10.242
1991	11.296	203	11.499
1992	15.317	229	16.546
1993	19.141	259	19.400
1994	22.199	284	22.483

Die Tabelle (Quelle: Kraftfahrtbundesamt, Flensburg) enthält alle Motorräder mit Beiwagen (Schlüsselnummer Fahrzeugart: 19) und Motorroller mit Beiwagen (Schlüsselnummer Fahrzeugart: 49). Von 1992 an sind die Zahlen für Gesamtdeutschland angegeben. Wechselweise eingetragene Gespanne werden beim Kraftfahrtbundesamt als Solomaschinen unter der Schlüsselnummer Fahrzeugart 09 geführt und sind daher in dieser Statistik nicht enthalten.

Corda

Seit 1963 lebt der Kfz-Mechaniker und technische Zeichner Wolfgang Rabe im Städtchen Falkenberg an der schwedischen Westküste. Dorthin haben ihn eine Schnapsidee und seine Vorliebe für Motorräder mit Seitenwagen verschlagen. Als der Nachkriegsmotorradboom verebbte und Seitenwagen nur als kläglicher Ersatz für ein Auto galten, besuchte er mit einem Freund das Elefantentreffen. Auch Wolfgang Rabe saß am Lenker einer Zündapp KS 601, dem »Grünen Elefanten«. Doch das Wintertreffen war den beiden nicht genug. »Laß uns nach Schweden fahren«, schlug der Freund vor, Arbeit und Unterkunft könne er vermitteln. Endlich im Norden angekommen, gab es zwar zunächst weder Wohnung noch Arbeit, Wolfgang Rabe blieb dennoch dort.

Als Betreiber einer Autowerkstatt ließ ihn der Gedanke nicht los, ein perfektes Motorradgespann zu entwerfen. »Alle bisherigen Konstruktionen sind doch nur Kompromisse«, meint er. Ihm schwebte kein Motorrad mit Seitenwagen, sondern ein Gespannfahrzeug aus einem Guß vor. Trotz aufwendiger Umbauten blieben moderne Gespanne für Wolfgang Rabe unzulänglich, denn ihre asymmetrische Fahrzeuggeometrie fordert vom Fahrer Übung und Erfahrung.

Aus diesen Überlegungen entstand ein erster Prototyp mit Alfa-Motor, 84 PS und angetriebenem Seitenwagenrad. Doch dessen Rahmenkonstruktion aus Chrom-Molybdän-Stahl erwies sich als zu teuer.

Daraufhin entstand das Modell Corda. Um die Kosten niedrigzuhalten und Servicefreundlichkeit zu gewährleisten, griff Wolfgang Rabe auf Teile aus der Automobilpro-

»Eisbär« aus Schweden: Corda-Gespann (Foto: Rabe)

Riemenantrieb beim Corda-Gespann

Man hat dem Motorrad mit Seitenwagen, dem Gespann, im Laufe der letzten Jahrzehnte immer wieder sein baldiges Aussterben vorausgesagt. Manchmal geschah dies im Hinblick auf seine angebliche technische Unzulänglichkeit, ja Absurdität, manchmal im Hinblick auf die Abwanderung des Käuferinteresses zu herausgebrachten (...) Kleinwagen, vor allem aber dann, wenn eine Steigerung des Lebensstandards alle die, die bisher zum Gespann nur als »Notbehelf« gegriffen hatten, zum Wagen abzuziehen versprach.
Und noch jedesmal war die Prognose falsch: das Gespann blieb am Leben, ja, der Kreis seiner Benutzer und Liebhaber wurde, manchmal nach vorübergehenden Rückschlägen, ständig größer; weil nämlich alle Argumente, die gegen das Gespann ins Feld geführt werden, nicht stichhaltig oder zumindest nicht so stark sind, daß sie die systembedingten Vorteile aus der Welt schaffen können. Sicherlich ist das unsymmetrische Gespann eine fast einmalige technische Kuriosität, aber sie birgt Möglichkeiten in sich, (...) die sich mit keinem anderen Fahrzeug, weder mit Solomotorrad, noch mit kleinem Wagen erreichen lassen.
Darum lebt das Gespann, und es wird wahrscheinlich auch noch recht lange leben.
Siegfried Rauch in: Das Motorrad mit Seitenwagen, Leipzig 1956

duktion zurück. Den Antrieb besorgt entweder ein VW-Dieselmotor mit Turbolader oder das beliebte Triebwerk aus dem Golf GTI. Die Kraft gelangt über ein VW-Automatikgetriebe an alle drei Räder. Vorder- und Seitenwagenrad wurden mit einer Achsschenkellenkung ausgerüstet. Der Einschlag des Seitenwagenrads ist in Links- und Rechtskurven wegen der ungleichen Fahrzeugsymmetrie verschieden stark. Ein Zweikreis-Bremssystem mit Bremskraftverstärker wirkt über Scheibenbremsen auf alle drei Räder.
Wolfgang Rabe lag die Reisetauglichkeit seines Gefährts besonders am Herzen. Der 65-Liter-Tank erlaubt ungeahnte Reichweiten (bis zu 1200 km mit Dieselmotor). Alle drei Räder sind untereinander austauschbar. Gelüstet es den Fahrer nach verschneiten Straßen oder Off-Road-Pisten, ist eine Differentialsperre zuschaltbar. Eine 900-Watt-Lichtmaschine soll auch im Winter für genug Strom sorgen. Dem Beifahrer im GfK-verkleideten Seitenwagen steht eine Heizung zur Verfügung.
Wolfgang Rabe freut sich über seine gelungene Konstruktion: »Das Ding fährt sich wie ein Sportwagen, auch auf kurvigen Straßen.« All die »lästigen« Eigenschaften herkömmlicher Gespanne sollen nicht mehr auftreten. Bedingt durch die gute Schwerpunktverteilung der Gesamtkonstruktion zeigt der Seitenwagen in Rechtskurven keine Tendenz aufzusteigen. Die Aufmerksamkeit des Publikums ist dem deutsch-schwedischen Corda gewiß, nicht nur beim Tanken an der Dieselzapfsäule.
Leider blieb dem Corda der große Durchbruch versagt. Der hohe Preis hätte sicher etliche potentielle Kunden nicht abgeschreckt. TÜV-Probleme versperrten den Zugang zum wichtigsten europäischen Gespannmarkt Deutschland. Der skandinavische Markt allein reichte für eine profitable Fertigung nicht aus.

Die Zukunft
Stellt eine Konstruktion wie das Corda-Gespann die Zukunft des Gespanns dar? Zweifellos ist das Fahrzeug dreirädrig, doch nicht nur wegen seiner Autotechnik ist es eigentlich kein Gespann mehr. Wer die Asymmetrie der Fahrweise eines Gespanns konstruktiv beseitigen will, der beseitigt damit letztlich den Fahrspaß. Der ergibt sich beim Gespannfahren aus eben dieser Asymmetrie und aus nichts anderem; man könnte sonst tatsächlich Kabrio fahren.
Dennoch werden technische Fortschritte Einzug in der dreirädrigen Zunft halten. Ein hervorragendes Beispiel für ein solches zukunftsträchtiges Gespann ist das von dem Franzosen Jean-Claude Perrin entwickelte Comete-Gespann. Es vereint technische Neuerungen (Achsschenkellenkung, gelenktes Seitenwagenrad und eine intelligente Anschlußtechnik am Motorrad) mit futuristischem Design. Trotz dieses Designs verbirgt es nicht seine Abstammung vom Motorrad mit Seitenwagen. Es will kein Auto sein und sieht auch nicht so aus. Der Preis wird ein übriges tun, dieses Gespann in größeren Stückzahlen auf die bundesdeutschen Straßen zu bringen.
Gespanne mit ähnlicher Technik folgten und werden folgen, das Tornado-Gespann von Hermeling ist da nur ein Name, der zu nennen wäre.
Der neue Gespannfahrer ist weniger das Windgesicht der sechziger und siebziger Jahre. Er fährt meist schon zehn Jahre Motorrad und hat sich in dieser Zeit an japanische Perfektion gewöhnt, die er auch seinem Gespann abverlangt. Er will Fahrspaß, und dazu gehört auch eine angemessene Motorleistung. All dies liefern ihm Gespanne auf K 1100, ST 1100, Gold Wing oder FJ 1200-Basis.

Der Seitenwagen

Viele Gespannfahrer widmen der Karosserie des Seitenwagens weit größere Aufmerksamkeit als seiner Fahrwerkkonstruktion. Sie vertrauen darauf, daß diese schon irgendwie ihren Zweck erfüllen würde. In der weitaus größten Zahl der Fälle tut sie das auch, dafür sorgt schon die gesetzlich vorgeschriebene technische Abnahme. Trotzdem ist es reizvoll, die bei aller Ähnlichkeit doch vorhandenen unterschiedlichen Herangehensweisen der Seitenwagenkonstrukteure einmal grundsätzlich zu behandeln.

Anders als beim Bau von Kraftwagen blieb beim Seitenwagen das Fahrgestell als Konstruktion immer unabhängig von der Karosserie. Zwar wurden und werden Motorradrahmen aus gepreßten Stahlblechteilen gefertigt; selbsttragende Seitenwagenkarosserien aus Stahlblech, wie sie beim Bau von Personenkraftwagen heute Standard sind, kamen aber über bloße Gedankenspiele oder Versuchsmuster nicht hinaus.

Rahmen

Ein Seitenwagen ist mehr als ein bloßer Anhänger. Seitlich an das Motorrad angeschlossen, verwandelt er dieses einspurige Fahrzeug in ein zweispuriges, noch dazu mit asymmetrischer Gesamtgeometrie. Diese gespannspezifische Fahrzeuggeometrie erfordert eben auch die gespanntypische Fahrweise.

Der Rahmen soll dem ganzen Gebilde eine ausreichende Stabilität verleihen und die zwischen Seitenwagenrad und Motorrad auftretenden Kräfte möglichst verwindungsfrei aufnehmen. Außerdem muß der Rahmen Befestigungsmöglichkeiten für die aufzunehmende Karosserie bieten und das Gewicht von Passagier und Gepäck tragen.

Material

Anders als beim Bau von Motorradrahmen ist der Bau von Seitenwagenrahmen eine Domäne des Stahlrohrs geblieben, wobei sich runde Querschnitte ebensolcher Beliebtheit wie Rechteckquerschnitte erfreuen. Konstruktionen aus geformten Blechteilen, wie sie bei Motorrädern immer wieder auftauchen (diese Rahmen lassen sich in Großserie preisgünstig fertigen), spielen dagegen keine Rolle. Gespanne werden nahezu ausschließlich handwerklich in Kleinserien hergestellt. Bei Berücksichtigung technologischer wie wirtschaftlicher Rahmenbedingungen ist Stahlrohr unter diesen Verhältnissen immer das Material der Wahl.

Japanische Motorradhersteller haben in den letzten Jahren auf breiter Front Aluminium als Material in den Bau von Motorradrahmen eingeführt. Dies konnte nicht ohne Einfluß auf den Gespannbau bleiben.

Der emsländische Gespannbauer Gunnar Carell hat als erster beim Umbau einer Kawasaki ZZ-R 1100 mit Alurahmen einen Seitenwagenrahmen aus Aluminium gebaut. Die Gewichtsersparnis soll 14 Kilogramm betragen.

Konstruktion

Trotzdem bietet sich den Konstrukteuren genügend Spielraum, eine erstaunliche Vielzahl immer neuer Ideen zu verwirklichen. Dabei haben sich im Laufe der Zeit hauptsächlich zwei unterschiedliche Rahmentypen herausgebildet und die weiteste Verbreitung im Seitenwagenbau gefunden: der Schleifenrahmen und der Gitterrahmen. Alle Rahmentypen werden heutzutage geschweißt. Die gemuffte und hartgelötete Ausführung ist, ebenso wie beim Motorradbau, endgültig verschwunden. Bei großen Motorradherstellern kann man sich einigermaßen sorglos auf deren Schweißkünste (beziehungsweise die Schweißkünste der Fertigungsroboter) verlassen. Ob er das bei seinem Gespannhändler kann, sollte sich ein potentieller Kunde auf jeden Fall fragen. Zwar lassen die meisten Hersteller für ein Mustergutachten den Rahmen auf Festigkeit prüfen, nur muß garantiert sein, daß alle später gefertigten Rahmen diese Qualität auch einhalten.

Schleifenrahmen

Der Schleifenrahmen unternimmt gar nicht erst den Versuch, eine völlig starre und verwindungsfreie Verbindung herzustellen. Seine Philosophie besteht darin, ein bestimmtes Maß an Verwindung zu gestatten. Hintergrund dieser Überlegung ist, daß es bei einer gewissen Nachgiebigkeit der Konstruktion weniger leicht zu Spannungen kommt, die dann letztlich zum Rahmenbruch führen würden.

Wesentliches Element des Schleifenrahmens ist ein umlaufendes Rohr, das aber nicht kreisförmig geschlossen sein muß. Seinen wesentlichen Vorteil konnte der Schleifenrahmen in einer Zeit ausspielen, als eine Abfederung des gesamten Seitenwagenfahrwerks über die Seitenwagenschwinge genausowenig selbstverständlich war wie die Abfederung des Hinterrads am Motorrad.

So wie dem Fahrer Komfort lediglich in Form des Schwingsattels zugestanden wurde, so wurde die Seitenwagenkarosserie, das Boot, mit Gummiringen oder Zugfedern im Seitenwagenrahmen abgefedert. Der Rahmen umgab das Boot in Form einer Stoßstange, weshalb für diesen Rahmentyp die Bezeichnung Stoßstangenrahmen geprägt wurde.

Durch die innerhalb des Rahmens hängende Karosserie konnte früher mit dem Schleifenrahmen ein recht niedriger Schwerpunkt erreicht werden. Um die ganze Konstruktion dann doch etwas steifer zu machen, wurden zwischen die beiden Schleifen Querverbindungen eingefügt. Häufig wurden diese als über das Boot hinüberreichende Rennbügel ausgeführt.

Bei der letzten Seitenwagenentwicklung im Hause Steib, dem Typ S 250, der einen nach hinten offenen Schleifenrahmen hatte, wurde von der Schwinge eine Verbindung zur Maschinenseite gezogen, für das eigens ein Einschnitt in der Seitenwagenkarosserie unterhalb des Sitzes vorgesehen war.

Ein weiteres Problem des Schleifenrahmens ist der Anschluß zum Motorrad. Was auf den ersten Blick als bestechend einfach erscheint, erweist sich bei näherem Hinsehen als problematisch. Das maschinenseitige Rohr des Rahmens verlockt, alle Anschlußstreben daran festzuklemmen. Rutscht diese Klemmung infolge Belastung, so kann sich in der Fahrwerksgeometrie der Sturz des Motorrads unter Umständen kurzfristig und auch recht drastisch verändern.

Eine korrekte Neueinstellung erweist sich nun als ebenso problematisch, da man alle

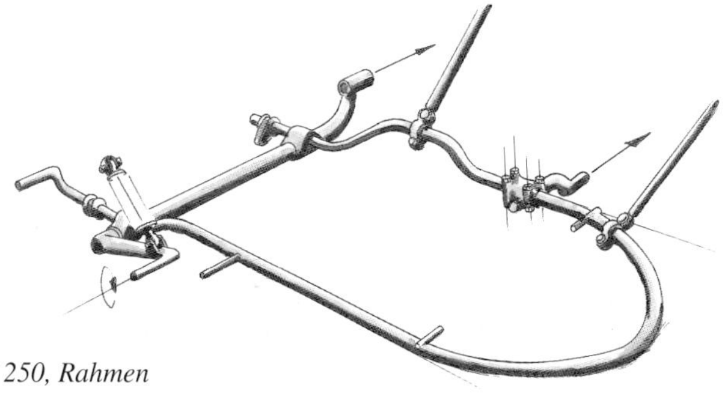

Steib S 250, Rahmen

Klemmen lösen muß und das Motorrad nach Gutdünken gegenüber dem Seitenwagen ausrichtet. Eine Lösung dieses Problems besteht nur darin, wenigstens eine Anschlußstrebe nicht am umlaufenden Rahmenrohr, sondern an einer der Querverbindungen des Rahmens anzubringen.

In Deutschland baut die Kasseler Firma Schirakowski noch ihren Delphin-Seitenwagen mit Schleifenrahmen. Ansonsten werden Schleifenrahmen bei aktuellen Seitenwagen nur noch in den englischen Modellen Squire ST und RS und Watsonian Monza und GP verwendet. Die ersten drei dürften in der Regel kleineren Motorrädern bis maximal 50 PS vorbehalten bleiben, das Modell Watsonian GP wird aber auch zusammen mit PS-starken Maschinen angeboten.

Gitterrahmen

Alle modernen Seitenwagenkonstruktionen verfügen über einen Gitterrahmen. Manchmal ist dieser Rahmen nur in einer Ebene ausgeführt, manchmal auch als dreidimensionales Gebilde. Sieht man einmal von diesem Aspekt ab, darf man wohl vier Hauptrichtungen in der Konstruktion von Gitterrahmen unterscheiden.

Die eine Richtung vertraut auf rechteckige Elemente als Grundkonzept des Seitenwagenrahmens, wobei häufig auch Rechteckrohr favorisiert wird. Statt materialintensiver Rechteckverbände setzt die zweite Hauptrichtung auf Dreieck- oder Trapezelemente, was zusammen mit hochwertigen Materialien sehr elegante Konstruktionen erlaubt. Einrohrrahmen sind bestechend einfach in der Konstruktion, aber wohl nur noch für leichtmotorisierte Gespanne geeignet.

Die Rahmen der drei ersten Hauptrichtungen finden stets als Niederflurrahmen unterhalb der Karosserie ihren Platz. Nur in England wurden, das sei hier als vierte Hauptrichtung genannt, Gitterrahmen nicht unterhalb, sondern innerhalb der Karosserie plaziert.

Rein theoretisch ist ein dreieckiger Rahmen einem Rechteckrahmen an Steifigkeit überlegen. Greift an einem Rechteckrahmen außen eine Kraft an, so genügt es, daß sich durch diese Seitenkraft die Eckpunkte verziehen. Der Rahmen wird zum Salino und ist verzogen, obwohl die Seiten des Rechtecks unbeeinträchtigt bleiben. Demnach steht und fällt beim Rechteckrahmen die Steifigkeit mit der Stabilität der Eckpunkte. Bei einem dreieckigen Rahmen ist dies prinzipiell anders. Wenn hier eine Seitenkraft am außen liegenden Punkt angreift, so muß ihre Kraft schon so groß sein, daß sich die eine Seite des Dreiecks verlängert und die andere gestaucht wird, um eine Formänderung zu bewirken. Es kommt also weniger auf die Qualität des Eckpunktes an. Rechteckrahmen lassen sich durch Diagonalstreben allerdings ebenso versteifen.

Rechteckelemente

Die auf stabilen Rechtecken basierende Grundkonzeption mag man vielleicht als die deutsche Schule bezeichnen. Sie geht auf ein nach hinten offenes Rechteck zurück, das zunächst zur Stabilisierung eine Querversteifung erhielt, dann aber zur weiteren Steifigkeit auch hinten geschlossen wurde. Siegfried Rauch beschreibt 1956 dieses geschlossene Rechteck als den Rahmen der Wahl »*für schwere Beiwagen, insbesondere Lieferwagen und Spezial-Geländewagen*«. Selbstverständlich fand der Rechteckrahmen auch im standardisierten deutschen Behördenrahmen Verwendung und gelangte auf

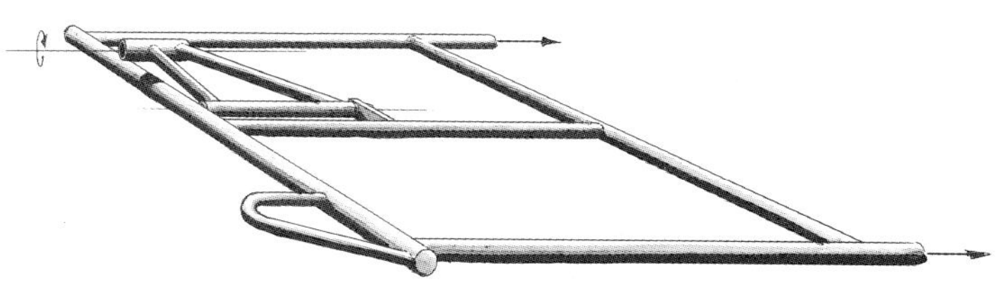

Carell TR-500-Nachbau, Rahmen (Schema)

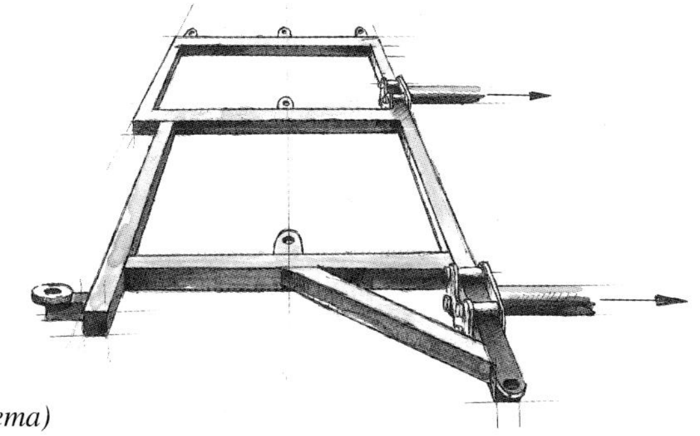

EML-Rahmen (Schema)

diese Weise auch in den klassischen Steib TR 500, den man wohl getrost als den Urahnen einer ganzen Reihe von Seitenwagen bezeichnen darf.

Da nicht schlecht sein konnte, was sich vor, während und nach dem Krieg als überaus stabil erwiesen hatte, griffen viele Konstrukteure kurzerhand auf das stabile Konzept des Rechteckrahmens zurück. Diese Herangehensweise ist nur natürlich, denn vor allem die heutigen Seitenwagenhersteller bauen nur geringe Stückzahlen, da lassen Umsatz und Gewinn keine große Zahl von Prototypen und Versuchsmustern zu, um neue Rahmen zu entwickeln. Die Konstrukteure müssen sich auf ihre Erfahrung und die ihrer Vorgänger eben verlassen, und da ist es für den Hersteller wie den Kunden allemal preiswerter und eben auch sicherer, auf Bewährtes zurückzugreifen. Im Zweifel ist ein Rohr mit großem Querschnitt halt auch noch ein zusätzliches Verkaufsargument für einen stabilen Seitenwagen. Ein großer Vorteil rechteckiger Rahmen ist in jedem Falle ihre universelle Verwendbarkeit an verschiedenen Motorrädern. Trotzdem hat man dabei den Eindruck, den 1956 schon Siegfried Rauch formulierte: *»Noch vor einer Reihe von Jahren wurden in manchen kleinen Herstellerbetrieben aus Stahlrohr Fahrgestelle gebaut, bei deren Betrachtung man von dem Gedanken nicht loskam, daß da ohne eigentliche technische Überlegung und ohne Rücksicht auf das entstehende Gewicht einfach nach dem Grundsatz ‚viel hilft viel' ein Gitterwerk zusammengesetzt wurde, dessen Stabilität zwar ausreichte, ein Ergebnis, das sich, wie ja dann auch moderne Ausführungen beweisen, aber wesentlich eleganter und dabei mit dem halben Materialaufwand und Gewicht hätte erzielen lassen.«*

Sicher hat Rauch dies in völlig anderem Zusammenhang gesagt, und mancher mag ein solches Zitat an dieser Stelle auch als polemisch empfinden, bezieht es sich doch allein auf den optisch-ästhetischen Eindruck, den manche Fahrwerke hinterlassen. Deshalb gilt folgender Satz aus dem »BVDM-Leitfaden für Freunde des Gespannfahrens« uneingeschränkt: *»Wahrscheinlich gibt es keinen Gespannfahrer, der mit einem TR-Rahmen Festigkeitsprobleme hat.«*

Zwei deutsche Hersteller haben später den Steib TR 500 nachgebaut und variiert. Während die hessische Firma Walter den Rahmen ihres Nachbaus nicht wesentlich abänderte, zog der Emsländer Carell in der Mitte des Rahmens eine dritte Querstrebe, die der Aufnahme einer Automobilschwinge dient. Ebenfalls an das konventionelle Rechteck hält sich auch die schwedische Weiterentwicklung des TR 500, die früher von der Firma Stahmer und heute vom Gespannbauer Bals importiert wird.

Etwas mehr Aufwand treibt der holländische Hersteller EML bei seinen Standardrahmen aus Rechteckrohr. Rein geometrisch gesehen, bilden zwei Rechtecke den Rahmen, wobei das vordere nahezu quadratisch ist, während das hintere Rechteck nach außen auslädt und die Schwinge aufnimmt. Maschinenseitig bietet ein über die Gesamtlänge beider Rechtecke hinausgehendes Rohr Gelegenheit, die Anschlußteile festzuklemmen.

Dreieck- oder Trapezelemente

Die allerersten Seitenwagenrahmen waren dreieckig, und zwar in Form eines rechtwinkligen Dreiecks. Wahrscheinlich ist das rechtwinklige Dreieck auch die sinnvollste Form für einen Seitenwagenrahmen überhaupt. Vom Seitenwagenrad führt dabei eine Strebe rechtwinklig zum hinteren Anschluß der Maschine und eine zweite Strebe in spitzem Winkel zum vorderen Anschluß.

Später verlor dieses Rahmenkonzept an Attraktivität. Der Grund lag in der mangelnden Vielseitigkeit beim Anschluß an das Motorrad. Rechteckrahmen lassen sich da flexibler verwenden und können, dank ihres symmetrischen Aufbaus, auch für Linksseitenwagen verwendet werden. Noch in den fünfziger Jahren waren Linksseitenwagen kein auf die britischen Inseln beschränktes Kuriosum. Es gab gute Gründe, auch im Rechtsverkehr Mitteleuropas einen Linksseitenwagen zu fahren.

Heute sind die Verhältnisse anders. Rechtsseitenwagen sind in Mitteleuropa rechtlich vorgegebener Standard geworden. Immer stärkere Gespannmaschinen verlangen auch nach immer perfekteren Lösungen. Moderne Gespanne mit ihren für den Gespannbetrieb ausgelegten Gabeln können nicht wieder getrennt und somit solo gefahren werden. Da lag es nahe, von den in früherer Zeit gefeierten Universalanschlüssen wieder abzugehen und individuelle Rahmenlösungen zu präsentieren. Alle diese modernen Komplettlösungen, die auch gern als kompromißlos apostrophiert werden, basieren auf dreieckigen Rahmenkonstruktionen.

In einem Bereich konnten sich dreieckige Rahmen dagegen frühzeitig behaupten, nämlich im Moto-Cross, wo Gespanne ganz erheblichen Belastungen ausgesetzt sind.

Ein heute noch erhältlicher Urtyp des Dreieckrahmens ist das Harley-Gespann, das in vielerlei Hinsicht noch klassischen Baumerkmalen folgt. So läuft das Rad völlig ungefedert auf seiner starren Achse, dafür wiegt das Boot seinen Insassen sanft in üppig dimensionierten Blattfedern.

Als die Firma Jeaniel Anfang der achtziger Jahre in Frankreich ihre Seitenwagenproduktion aufnahm, war sie völlig unbelastet von deutschen Vorstellungen über massiv gebaute Seitenwagenrahmen. Ergebnis der Neuschöpfung war ein Seitenwagenrahmen, dessen Grundform ebenfalls ein Dreieck darstellt. Zusätzliche gebogene Rohre in Rechteckform dienen lediglich der Befestigung der Seitenwagenkarosserie.

Eine andere französische Marke, Jewell (heute ebenso wie Jeaniel vom hessischen Gespannbauer Walter gefertigt), versuchte

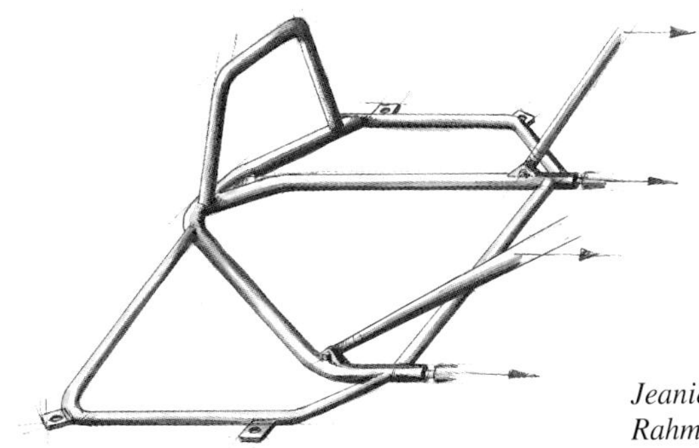

Jeaniel-Seitenwagen, Lynx, Rahmen

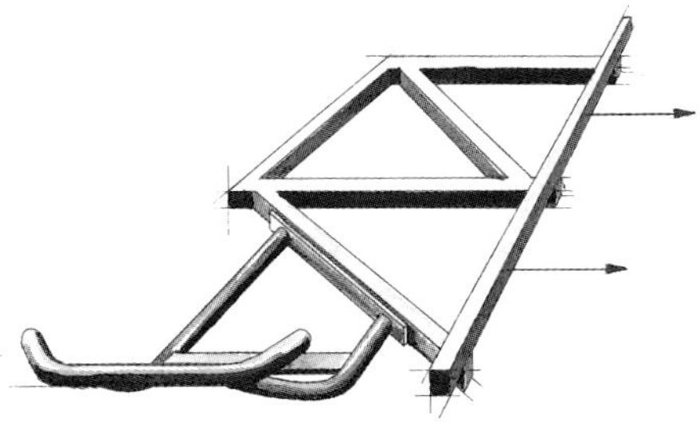

Jewell-Seitenwagen, Rahmen (Schema)

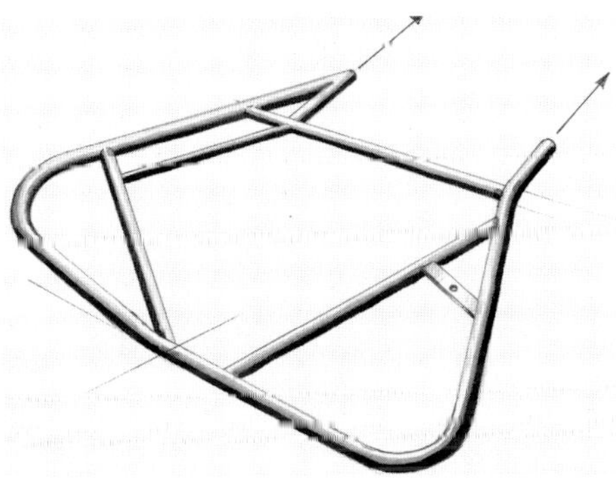

Armec Seitenwagen, Rahmen (Schema)

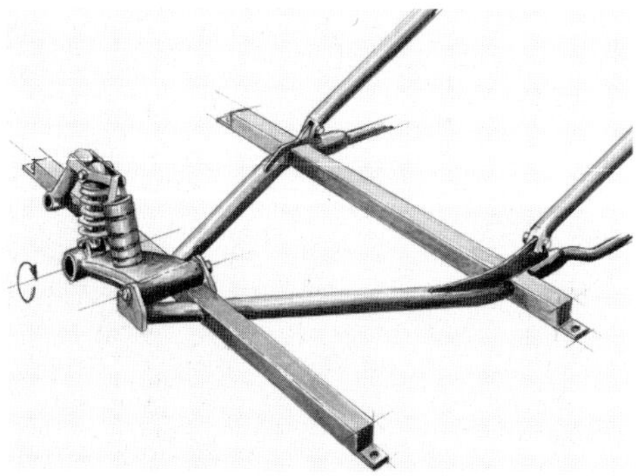

Carell Mistral, Rahmen

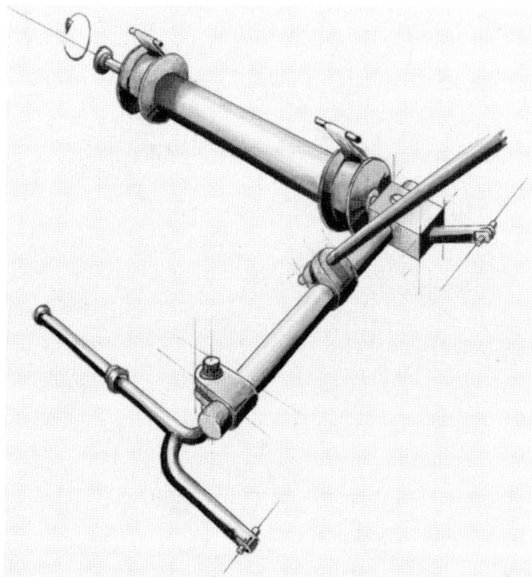

Royal Einrohrrahmen

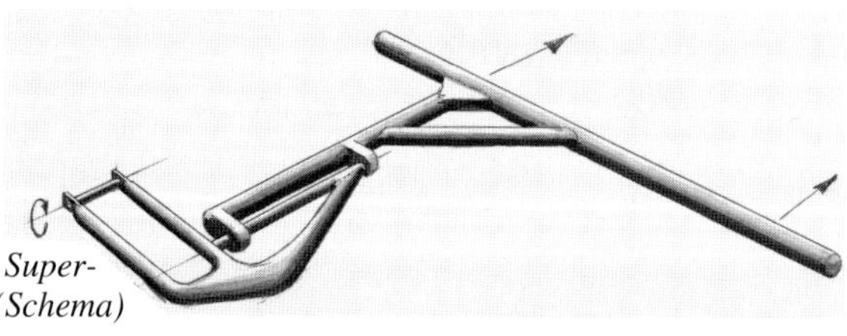

MZ Seitenwagen Superelastik, Rahmen (Schema)

sich daran, Elemente des Rechteckrahmens mit denen eines dreieckigen Rahmens zu kombinieren. Das Ergebnis war ein Rechteckrahmen mit Diagonalstrebe und vorn angesetztem Dreieck, das allerdings sehr weit nach vorn reicht. Wegen seiner Länge bietet der Rahmen universelle Anschlußmöglichkeiten, wirkt in der Ausführung mit Rechteckrohr sehr massiv und fest, sieht dabei aber alles andere als elegant aus.

Der aus dem Flugzeugbau kommende Schweizer Hersteller Armec ist vom rechtwinkligen Dreieck abgekommen und setzt für seinen Tremola-Seitenwagen auf einen trapezförmigen Rahmen.

Ein deutsches Produkt ist der Seitenwagen Pera von Michael Schepsky, dessen Rahmen die Form eines gleichschenkligen Dreiecks hat. Gerade der Schepsky-Rahmen beweist, wie genial einfach ein Seitenwagenrahmen sein kann, wenn sich der Konstrukteur nur einige grundlegende Gedanken über die Kräfteverteilung im Seitenwagenrahmen macht.

Eine andere deutsche Konstruktion mit dreieckigem Grundkonzept ist das HBJ-Gespann der Firma Reichelt. Anders als seine in Steib-Traditionen verhafteten deutschen Kollegen machte Reichelt gleich Nägel mit Köpfen. Wenn ein modernes Gespann ohnehin niemals getrennt wird, so kann man doch gleich Motorrad- und Seitenwagenrahmen »in einem Guß« bauen. Doch darauf wird im nächsten Kapitel noch näher eingegangen.

Einrohrrahmen

Als Mitte der zwanziger Jahre die Münchner Firma Royal ihren Einrohrrahmen vorstellte, galt dieser als sensationell einfache und wegen des üppig dimensionierten Zentralrohrs als vergleichsweise verwindungssteife Konstruktion.

Am Ende der fünfziger Jahre stand die Leipziger Firma Stoye vor der Aufgabe, einen neuen Seitenwagen für die 250er MZ zu entwickeln, die von da an für lange Zeit das einzige in der DDR produzierte seitenwagentaugliche Motorrad sein sollte. Heraus kam die recht simple Idee eines in einem einfachen rechten Winkel ausgeführten Seitenwagenrahmens, der allerdings dank zusätzlich angebrachter üppiger Verstärkungen, ausreichend Festigkeit besitzt.

Die Leipziger Seitenwagenbauer hatten dabei das Glück, einen Seitenwagen ausschließlich für ein bestimmtes Motorrad entwickeln zu können. Zu jener Zeit haben sie diesen Umstand mit Sicherheit als Einschränkung empfunden. Heute geht jedoch die Tendenz im Seitenwagenbau allgemein in die Richtung, speziell aufeinander abgestimmte Komponenten zu bauen. So entstand der MZ-Superelastik-Seitenwagen, der zusätzlich mit einem Querstabilisator ausgerüstet ist, um unerwünschte Schaukelbewegungen zu verringern.

Rahmen in der Karosserie

Die Idee, das Seitenfahrwerk nicht unterhalb der Karosserie unterzubringen, sondern innerhalb der Karosserie, hat einige Vorteile. Auf diese Weise entsteht außerhalb der Karosserie eine glatte, leicht zu reinigende Oberfläche, an der sich Schmutz nur schwer festsetzen kann. Die Rahmenrohre selbst sind noch dazu vor dem Schmutz der Straße geschützt.

Der französische Hersteller Héchard ging diesen Weg bei seinem Modell Squale, bietet den Seitenwagen aber auch als Scope in klassischer Bauart mit auf dem Rahmen verschraubter Karosserie an.

Bei den englischen Wasp-Seitenwagen des Typs Sport und Touring besteht der Rahmen aus einem dreidimensionalen Rohrgitter innerhalb des Seitenwagens. Das soll gegenüber den zweidimensionalen herkömmlichen Gitterrahmen für mehr Steifigkeit sorgen. Beim Anschluß des Seitenwagens an die Zugmaschine lassen sich die Anschlußstreben von verschiedenen Stellen des Gitterrahmens zum Motorrad führen. So verteilen sich die auftretenden Kräfte weit besser, als dies bei einer herkömmlichen Befestigung von dem längs zur Maschine verlaufenden Rahmenrohr der Fall wäre. Hinzu kommt, daß sich der Passagier innerhalb des Gitterwerks geborgener fühlen darf als in der bloßen Kunststoffhaut anderer Seitenwagen, die bei Unfällen kaum Schutz bieten.

Wo Licht ist, ist auch Schatten; den Vorteilen dieser Konstruktion stehen auch gravierende Nachteile gegenüber. Das Fahrgestell muß, maschinenseitig wie schwingenseitig, an mehreren Stellen durch die Seitenwagenwand geführt werden. Diese Übergänge müssen wasserdicht ausgeführt sein. Niederflurrahmen tragen ihre Karosserien meist auf Silentblöcken, und selbst die sind selten in der Lage, alle Vibrationen des Motors vom Seitenwagen fernzuhalten. Beim innerhalb der Karosserie geführten Rahmen müssen diese Vibrationen durch Dämpfungselemente innerhalb des Rohrgitters, noch vor dem Übergang in die Karosserie, abgefangen werden.

Blattfeder am Harley-Seitenwagen

Seitenwagenfederung

Die Frage, ob und in welcher Weise ein Seitenwagen gefedert sein muß, hat Generationen von Gespannfahrern intensiv beschäftigt. Heute ist diese Frage entschieden. Stand der Technik ist es, das Seitenwagenrad in einer gefederten Schwinge zu führen und so das gesamte Fahrwerk des Seitenwagens abzufedern.

Stoye-Seitenwagen Elastik: man beachte die Aufhängung der Seitenwagenschwinge (Zeichnung: MZ)

Bereits bei Besprechung der dreieckigen Rahmen wurde das heute noch verkaufte Harley-Gespann erwähnt, dessen Seitenwagenrad völlig starr mit dem Rahmen verbunden ist. Der erforderliche Komfort für den im Seitenwagen reisenden Passagier wurde erreicht, indem man die Karosserie auf Blattfedern lagerte.

Diese eigene Abfederung der Karosserie innerhalb des Rahmens sah auch Steib bei seiner letzten Neuentwicklung, dem S 250, noch vor. Dort ist die Karosserie innerhalb eines Schleifenrahmens vorn in Silentblöcken und hinten in Gummiringen gelagert. Diese Gummilagerung ist recht effektiv, so daß man vom Passagier in diesem Zusammenhang immer wieder den Begriff Sänfte hört.

Leider ist die Freude am Gummi nicht von Dauer, weil dieses unter Umwelteinflüssen altert, sich dehnt und rissig wird (was übrigens auch für die an modernen Gespannen verwendeten Silentblöcke gilt). Viele Gespannfahrer bevorzugten deshalb Konstruktionen mit Blatt- oder Zugfedern gegenüber Gummiringen, und im Laufe der Zeit wurde auch so mancher alte Steib-Seitenwagen von findigen Bastlern mit Zugfedern oder sogar kleinen Federbeinen ausgestattet.

Die Federung des Seitenwagens dient heute nicht nur mehr dem Komfort des Passagiers, sondern soll auch Fahrbahneinflüsse vom Gesamtfahrwerk fernhalten. Seitenwagenschwinge und Seitenwagenrad sorgen für den Kontakt zur Fahrbahn und sollen dem Fahrer möglichst wenig Kraft beim Fahren abverlangen.

MZ-Schwinge

Der 1961 erstmals vorgestellte Superelastik-Seitenwagen für die MZ bestach bei seiner Vorstellung unter anderem durch seine gezogene Zweiarmlangschwinge mit üppiger Federung, die auch für heutige Verhältnisse dem Passagier noch eine äußerst komfortable Reise ermöglicht.

Die dabei konstruktionsbedingt durch die Fliehkraft zwangsläufig in Linkskurven auftretende Seitenneigung wurde durch einen Querstabilisator zwischen Seitenwagen und Motorrad (wenigstens teilweise) abgefangen. Dafür erschreckte diese Schwinge den außenstehenden Beobachter zuweilen mit ihren abenteuerlich anmutenden Verwindungen bei rasanter Kurvenfahrt.

Carells Autoschwinge

Als der Emsländer Gespannbauer Carell seinen Nachbau des Steib TR 500 konzipierte, wollte er dies nicht in Form einer bloßen Kopie erledigen. Seine Idee war, durch Verwendung einer Schwinge aus dem Automobilbau gleich mehrere Probleme gleichzeitig zu lösen.

Erstens stünde ihm mit einer Autoschwinge eine ausgereifte und sauber gefertigte Lösung zur Verfügung. Zweitens würde sich das Problem der Bremse und des geeigneten Seitenwagenrads bei dieser Gelegenheit gleich mit lösen. Drittens dürften diese Teile preisgünstiger als eine eigene Fertigung sein, und viertens wären Ersatzteile bei Autohändlern verfügbar.

Carell fand diese Schwinge beim Peugeot 104, die fortan Teil seines TR-500-Nachbaus wurde und sich dort auch bewährte. Leider erwiesen sich die Überlegungen über die Verfügbarkeit von Automobilteilen als nicht ganz so berechenbar wie eingangs erwartet. Unglücklicherweise erfolgt der Modellwechsel bei manchen Autos wesentlich rascher als bei Seitenwagen. Hinzu kommt, daß der Peugeot 104 in Deutschland nicht gerade ein häufiges Auto war. Es wurde daher mit der Zeit schwierig, diese Schwingen in ausreichender Zahl zu beschaffen.

Eine lobenswerte Idee Carells bestand darin, einen massiven Gummipuffer einzubauen. Dieser Gummipuffer dämpft das in manchen Situationen unvermeidliche Durchschlagen der Seitenwagenschwinge ab und macht es für den Passagier halbwegs erträglich.

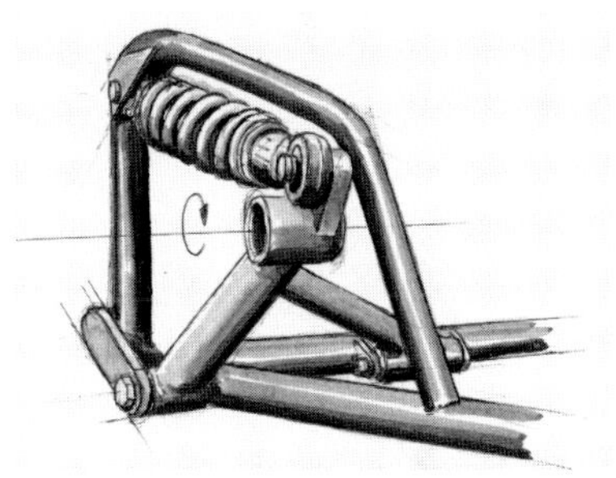

Geschobene Schwinge beim Jeaniel Captain II

Gezogene oder geschobene Schwinge

Alle anderen Seitenwagenhersteller setzten dagegen auf Eigenkonstruktionen, mal als gezogene, mal als geschobene Schwinge. Heute setzen sich geschobene Seitenwagenschwingen durch; sie erlauben, den Schwerpunkt des Seitenwagens tiefer zu legen. Ein tiefer Schwerpunkt ist im Zeitalter der 100-PS-Gespanne aber Voraussetzung für risikolose Schnellfahrten.

Bei vielen Konstruktionen blieb der Komfort des Passagiers auf der Strecke, denn die Federwege wurden teilweise ohne weitere Überlegung, teilweise aus falscher Sparsamkeit und teilweise, um eine einwandfreie Straßenlage des Gespanns zu garantieren, recht kurz gewählt. Lange Federwege dienen zwar dem Komfort des Passagiers, übertragen ihr Auf und Ab aber auf das Gesamtfahrwerk und geben damit Anlaß für unruhiges Fahrverhalten.

Bei MZ hat man, wie bereits erwähnt, versucht, dieses Problem durch Einbau des Querstabilisators zu kompensieren. Eine zu straffe Federung des Seitenwagens ist andererseits auch nicht erstrebenswert, denn eine straffe Feder läßt den Seitenwagen bei Unebenheiten springen. Der Kompromiß wird also häufig in einer weichen Feder mit kurzem Federweg gewählt. Trifft das Seitenwagenrad nun doch auf eines der in Deutschland glücklicherweise seltenen Schlaglöcher, bleibt der Seitenwagenschwinge nur eines – durchzuschlagen.

Armec-Seitenwagen Tremola (Foto: Armec)

EML-Schwinge (Federbein weggeklappt)

Das HCAD-System von EML (High Comfort Anti Dive)

Aber glücklicherweise spürt das nur der Beifahrer, niemals der Gespannpilot. Böse Zungen behaupten, dies sei einer der Hauptgründe, weshalb die Mehrzahl der Seitenwagen nur dem Gepäcktransport dienten.

Progressiv wirkende Hebelsysteme

Um das Durchschlagen zu verhindern, hat die Schweizer Firma Armec eine über Umlenkhebel arbeitende, progressiv wirkende Federung realisiert. Das Federbein findet dank dieser Maßnahme seinen Platz schon weit vor dem Seitenwagenrad, so daß es leicht zugänglich bleibt. Eine Änderung der Federvorspannung kann so jederzeit ohne Mühe vorgenommen werden, ohne das Seitenwagenrad ausbauen zu müssen.
Einstellungen am Federbein der Seitenwagenschwinge sind bei den meisten anderen Seitenwagen leider nur bei abgebautem Seitenwagenrad möglich. Eine Anpassung an die Beladung des Seitenwagens ist nur mit dem entsprechenden Aufwand möglich und unterbleibt daher meist ganz.

EML-Schwingen

Manche Seitenwagenschwingen (zum Beispiel bei EML für die Reihe GT II, GT III, GTE) wurden möglichst raumsparend konstruiert. Ziel war es, die komplette Schwinge in der Radschüssel des Seitenwagenrads unterzubringen. So hoffte man, Raum zu sparen, der im Innern des Seitenwagens dem Passagier zugute kommt. Ein großer Nachteil dieser geschobenen Kurzschwinge ist ihr kurzer konstruktionsbedingter Federweg (50 mm). In diesen Konstruktionen wird das Federbein nicht ausschließlich auf Druck oder Zug belastet, sondern erlebt auch drastische Veränderungen seines Einbauwinkels. Seiner eigentlichen Funktion ist dies eher abträglich.
Eine völlige Neuentwicklung von EML ist das patentierte HCAD-System (High Comfort Anti Dive). Es wird bei den neuen Seitenwagen GT 2000 und CT 2000 verwendet, soll aber nach einer Modifikation der Karosserien auch für die Speedline-Reihe verfügbar sein. Das HCAD ist eine geschobene kurze Schwinge mit entsprechend niedrigem Schwerpunkt. Einer der Schwingenarme ist quer angeordnet und auf der dem Motorrad zugewandten Seite des Seitenwagenrahmens angelenkt. Das senkrecht montierte Federbein ändert dadurch bei Fahrbahnunebenhei-

ten seinen Winkel zur Fahrbahn kaum und kann wegen des üppig bemessenen Federwegs (100 mm) fein ansprechen; es wird ausschließlich auf Druck oder Zug belastet. Das HCAD-System soll trotz der Federung dem Eintauchen der Seitenwagenschwinge entgegenwirken.

Schräglenkerschwingen

Mit einer Schräglenkeraufhängung der Seitenwagenschwinge versucht Michael Schepsky, ein mitlenkendes Seitenwagenrad zu realisieren. Die Vorspur soll sich in Links- oder Rechtskurven um bis zu 1,5 Grad an die vorgegebene Richtung anpassen, damit Lenkkräfte reduzieren und einen Sicherheitsgewinn in Linkskurven erzielen. Einen vergleichbaren Effekt erhofft sich Walter Lefèvre mit seiner Parallelogrammaufhängung. Der Nutzen solcher Konstruktionen ist nicht unumstritten.

Eine Schräglenker-Langschwinge wurde von Peter Sauer im hohen Norden der Bundesrepublik verwirklicht. Innerhalb eines Rechteckrahmens sind die langen Schwingenarme der rechtwinkligen Schwinge in dessen Ecken gelagert, so daß die Schwinge sich um die Diagonale des Rechteckrahmens bewegt. Diese Ausführung soll bewirken, daß sich die Spur des Gespanns in Linkskurven um bis zu 30 Millimeter vergrößert. Sauer führt das als Sicherheitsgewinn gegen den in Linkskurven gefürchteten Überschlag ins Feld.

Hinzu kommt, daß sich dabei der Sturz des Seitenwagenrads ebenfalls ändert und die Linkskurve unterstützt, das Seitenwagenrad lenkt quasi mit. Ein weiterer Vorteil dieser Schwinge liegt darin, daß Querkräfte nicht wie bei herkömmlichen Seitenwagenschwingen außen am Fahrwerk des Seitenwagens abgestützt werden, sondern nahe der Maschine in der hinteren inneren Ecke des Rahmens.

Tatsache ist, daß der gefürchtete Überschlag in Linkskurven bei modernen Gespannen

Federbein an der Sauer-Schwinge (Foto: Sauer)

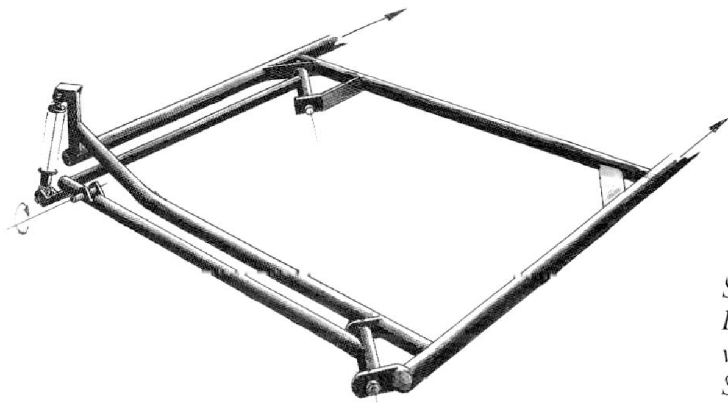

Schräglenker-Langschwinge von Peter Sauer

wegen ihrer Fahrwerksgeometrie und des niedrig liegenden Schwerpunkts viel weniger vorkommt. Ein mitlenkendes Seitenwagenrad ist, wegen des als Vorspur bezeichneten ohnehin vorhandenen Einschlags des Seitenwagenrads nach links in Linkskurven von vergleichsweise geringer Bedeutung. Ein lenkendes Seitenwagenrad hätte eher in Rechtskurven Vorteile, um das Radieren des Seitenwagenrads zu vermindern. Davon soll im folgenden Kapitel die Rede sein.

Bremsen

Soll, besser: muß ein Seitenwagen gebremst sein? Diese Frage beschäftigt die gespannfahrende Zunft und kann auch künftig mit einem sowohl als auch beantwortet werden.

Steib Oeldruckbremse (Zeichnung: Steib)

Geschichte

Als Steib zu Beginn der fünfziger Jahre seine hydraulische »Oeldruckbremse« vorstellte, wurde dies allenthalben als Fortschritt empfunden. Die Trommelbremsen der damaligen Motorräder waren in ihrer Wirkung in der Regel gerade ausreichend, die zu jener Zeit noch vergleichsweise schwachbrüstig motorisierten Fahrzeuge einigermaßen befriedigend zum Stehen zu bringen.

Durch den Anbau eines Seitenwagens erhöhte sich aber die Masse eines solchen Fahrzeugs und seine Zuladung erheblich. Dafür waren die Motorradbremsen eigentlich nicht gebaut. Dies mochte man solange hinnehmen, wie der Verkehr nicht allzu dicht war. Es änderte sich mit dem Wirtschaftswunder gründlich. Der Verkehr wurde dichter, die Fahrzeuge schneller. Wer aber schnell fahren will, der benötigt auch gute Bremsen. So hielt es der Gesetzgeber in der Bundesrepublik Deutschland für erforderlich, eine Seitenwagenbremse in der Straßenverkehrs-Zulassungsordnung vorzuschreiben. Dies war von 1964 bis 1972 der Fall. Daß die Vorschrift wieder aufgehoben wurde, war keinesfalls sachlich begründet, sondern hatte seine Ursache in der europaweiten Anpassung des Straßenverkehrsrechts.

Trommelbremsen

Wie aber eine Bremse am Seitenwagenrad betätigen? Bremsen am Motorrad waren zu jener Zeit Trommelbremsen, und die zog man vorn durch Seilzug und hinten meist per Zugstange an. Die Lösung, auch die Seitenwagenbremse über umgelenkte Seilzüge zu betätigen, scheiterte mangels Betriebssicherheit.

Um die mehrfache Umlenkung eines Seilzugs zu umgehen, hatten die Steib-Leute auf eine hydraulische Bremsbetätigung gesetzt. Bei der Gelegenheit versuchte man nun außerdem, die Seitenwagenbremse gleich zwangsweise mit der Hinterradbremse zu koppeln. Ergebnis dieser Überlegungen war der bemerkenswerte Bremshauptzylinder der Steib-Seitenwagenbremse. Er wurde in die Zugstange der Hinterradbremse integriert und erzeugte bei Betätigung der Hinterradbremse genügend Druck, um gleichzeitig die Trommelbremse im Seitenwagen auszulösen.

Puristen hätten lieber eine unabhängige Seitenwagenbremse mit eigenem Bremspedal gesehen, die so einige nette Spielchen bei Kurvenfahrt möglich gemacht hätte ... Trotzdem gab es auch einen ernstzunehmenden Einwand gegen die Kopplung der Bremsen. Bei einer Kopplung war es nicht möglich, die Bremswirkung am Seitenwagen in Abhängigkeit von dessen Beladung zu dosieren. Die Steib-Leute hatten deswegen am Hauptbremszylinder eine Rändelmutter vorgesehen, mit deren Hilfe der Fahrer die Bremswirkung am Seitenwagen lastabhängig einstellen konnte. Diese Idee war zwar nicht schlecht, in der Praxis wurde aber lei-

der häufig schlicht vergessen, diese Einstellung vorzunehmen.
Die Trommelbremse am Seitenwagen des 1961 neu erschienenen MZ-Seitenwagens Superelastik wird ebenfalls hydraulisch betätigt. Statt des Steib-Hauptbremszylinders fand man in der DDR eine ebenso simple wie wirkungsvolle Kopplung der Seitenwagenbremse an die Hinterradbremse. Dank eines ausreichend breit dimensionierten Bremspedals betätigt der Bremsfuß sowohl die Hinterrad- als auch die Seitenwagenbremse.
Neben der Scheibenbremse werden auch heute noch Trommelbremsen in Seitenwagen eingebaut. Der Carell-Nachbau des TR 500 mit seiner Peugeot-Schwinge läuft ebenso mit Trommelbremse wie die Jewell- und Armec-Seitenwagen. Hydraulische Betätigung ist aber selbstverständlich.

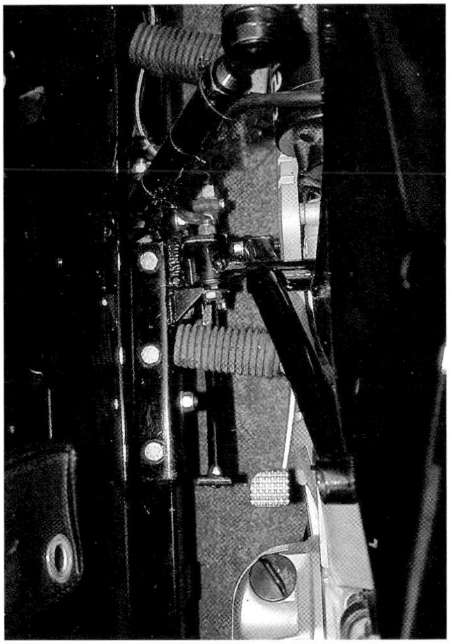

Getrennter Bremskreis für den Seitenwagen an einem Walter-Gespann

Scheibenbremse

Die neue Generation von Gespannen, wie sie EML in den achtziger Jahren aus Holland lieferte, sah dann im Seitenwagen Scheibenbremsen vor. Diese waren in den siebziger Jahren von Honda mit der CB 750 in die Serienfertigung von Motorrädern eingeführt worden (übrigens eine außerordentlich verdienstvolle Innovation im Motorradbau). Leider waren die Bremssättel aus EML-eigener Fertigung völlig unzureichend. Noch heute kursieren die Geschichten über »festgegammelte« EML-Bremszangen. EML hat sie dann später durch Grimeca-Bremszangen ersetzt, während andere Seitenwagenhersteller auf Brembo-Sättel setzen, die in den neuesten EML-Seitenwagen nun ebenfalls zu finden sind.
Heute ist es verbreiteter Standard, die Seitenwagenbremse mit der Hinterradbremse zu koppeln. Dies ist zumindest vom Aufwand her die einfachste Lösung. Manche Gespannbauer koppeln den Seitenwagen aber lieber mit den vorderen Bremsen, was zwar einen höheren Bauaufwand erfordert, der aber mit einer gleichmäßigeren Bremswirkung und größerer Sicherheit in der Bedienung begründet wird. In dieser Weise verfahren der Wasp-Importeur Hermeling und die Firma Heidenwag + Krautter bei ihrem BMW-Troika-Gespann. Gespannbauer Kalich machte aus der Not eine Tugend, denn er arbeitet ältere Boxer-BMWs zu Gespannen um. Da diese am Hinterrad meist per Trommel gebremst werden, lag die Kopplung an die Vorderradbremse nahe.
Noch einen Schritt weiter geht die Firma Reichler bei ihrem HBJ-Gespann. Eine vordere Scheibe, das Hinterrad und das Seitenwagenrad werden über den Fußhebel integral gebremst. Der Handbremshebel betätigt die andere vordere Scheibe.
In Frankreich hat man bei Jeaniel zu Beginn der achtziger Jahre versucht, die Idee einer unabhängigen Seitenwagenbremse wiederzubeleben. Leider erfolglos, denn der Wunsch der Gespannfahrer nach artistischen Bremskunststückchen fand bei manchen Zulassungsbehörden nur wenig Gegenliebe.

Realisiert hat diesen Gedanken allerdings Peter Sauer aus Karby in Schleswig-Holstein, dessen Seitenwagen über eine unabhängige Bremse (mit eigenem Bremspedal) verfügen.

Antiblockiersystem

Nach der Einführung des Antiblockiersystems durch BMW 1986 sind natürlich auch Gespanne mit diesem ABS gebaut worden. Meist wird in einem solchen Fall die Seitenwagenradbremse schlicht wie gewohnt an die Hinterradbremse gekoppelt. Der automatische Blockierverhinderer kann daher ein Blockieren des Seitenwagenrads durch Überbremsung nicht verhindern, denn das hätte zusätzliche Sensoren und eine überarbeitete Steuerungselektronik erfordert. So wirkt das ABS weiterhin nur am Motorrad. Dennoch ist dies kein Verlust, beim Gespann ist das ABS vor allen Dingen am lenkenden Vorderrad von Bedeutung. Dessen Lenkbarkeit bleibt durch den Blockierverhinderer erhalten – ohne Zweifel ein Sicherheitsgewinn.

Problematisch kann der Einsatz von Stahlflex-Bremsschläuchen bei ABS-Gespannen sein. Obwohl BMW Stahlflex-Bremsschläuche beim Motorrad-ABS nicht zuläßt, gibt der TÜV solchen Gespannen seinen Segen. Theoretisch können Probleme mit den Druckmodulatoren des ABS die Folge sein, denn die weniger elastischen Stahlflex-Bremsschläuche übertragen die Regelimpulse härter als Standardbremsschläuche.

Ungebremster Seitenwagen

Noch heute ist das Problem der nicht lastabhängig geregelten Seitenwagenbremse ungelöst und ist Wasser auf die Mühlen der Gegner einer Seitenwagenbremse. Norbert Bauer brachte diese Argumentation noch 1978 in MOTORRAD auf den Punkt: *»Besser zwei hervorragende Motorradbremsen als drei mittelmäßige, deren rechte mal über-, mal unterbremst. Der durch die fehlende Seitenwagenbremse bedingte Linkszug beim Bremsen ist kalkulierbar und stellt keine Gefahr dar.«*

Insbesondere Fahrer von Moto-Guzzi-Gespannen folgten dieser Betrachtungsweise nur zu gern. Die Rahmen ihrer Motorräder waren bereits vom Hersteller für den Seitenwagenbetrieb freigegeben worden und deshalb leicht mit einem Seitenwagen auszurüsten. Besonders einfach ließ sich dies bewerkstelligen, wenn man dabei keine Seitenwagenbremse einbauen mußte, deren Anschluß wegen des Guzzi-eigenen Integralbremssystems dem Bastler einige Kopfschmerzen bereitet hätte. Gerade das Integralbremssystem verhilft dem Motorrad aber zu ganz passablen Bremsleistungen, so daß, ein leichter und schmal gebauter Seitenwagen vorausgesetzt, auf eine Seitenwagenbremse verzichtet werden konnte.

Seit 1993 ist dieser Weg zum Einfachgespann durch ein Gutachten des TÜV Bayern versperrt. Das Gutachten verlangt kategorisch für Guzzis einen gebremsten Seitenwagen (ebenso wie unter anderem eine gespanntaugliche Gabel und ebensolche Räder). Das Gutachten ist natürlich nur für Neuzulassungen von Bedeutung.

Zweck und Form

»Über Geschmack läßt sich nicht streiten«, sagt der Volksmund. Das ist richtig, nur gibt es aber eben guten und schlechten Geschmack. Nun kann dieses Buch nicht der richtige Ort sein, um zu definieren, was guter und was schlechter Geschmack ist. Trotzdem sollen hier einige Betrachtungen über das Styling von Seitenwagen angestellt werden. Natürlich wird es in diesem Bereich immer Meinungsverschiedenheiten und Kompromisse in der Form geben müssen. Ein gut gestalteter Seitenwagen zeichnet sich trotzdem durch einige Qualitätsmerkmale aus,

D-Rad M24 mit Seitenwagen

1954: ADAC Straßenwacht auf dem Mittelstreifen einer noch leeren Autobahn (Foto: ADAC)

1963: Eilzustellerinnen vor dem Postamt Hamburg-Wandsbek (Foto: Bundespost-museum Frankfurt am Main)

Das Traumgespann der frühen DDR: IFA BK 350 mit 2-Takt-Boxermotor und Stoye-Seitenwagen (Foto: MZ)

Heinkel Roller mit Royal Roller-Seitenwagen

1985 in dieser Ausführung bei jedem Moto Guzzi-Vertragshändler erhältlich: Original-bereifte Moto Guzzi T5 (16-Zoll Gußräder, Telegabel) mit Walter Seitenwagen N4

Richter-Kabine

Horst Hartmanns Dreamline Seitenwagen an einer BMW K 100 RS

EML Speedline (Spitzname Banane) an einer BMW K 1

Familienversion: Verbreiterter EML Seitenwagen Speedline 2 an einer BMW K 1100 LT

Vor dem EML-Verwaltungsgebäude: Seitenwagen GT 2000 an einer Honda ST 1100

Comete-Gespann mit Yamaha FJ 1200

Carell-Seitenwagen Mistral an einer BMW K 100 RS (Foto: Carell)

Bärenstark: BMW-Enduro-Gespann von Horst Ullrich (Foto: Ullrich)

Mit dreizehn Monaten im Seitenwagen über die Alpen

Winterfreuden

Hartmann Airline-Gespann, Frontansicht

Hartmann Airline-Gespann, Heckansicht

die sich nicht ohne weiteres wegdiskutieren lassen.

Zeitlosigkeit in der Form dürfte eine der Hauptforderungen an das Aussehen sein. Darunter darf man verstehen, daß die Form nicht hektisch irgendwelchen vermeintlich rasant aussehenden Modetrends hinterherläuft. Obgleich ein gut aussehender Seitenwagen ebenso klassisch wie modern gestylt sein kann.

Mindestens ebenso bedeutsam ist die Gefälligkeit des gesamten Gespanns. Ein riesiger Seitenwagen an einem schlanken Motorrad wirkt genauso unpassend wie ein winziges Boot an einem mächtigen Tourenschiff. Drittes Kriterium dürfte die dem Zweck entsprechende Form sein.

Einteiler

Alle Versuche, durch eine einteilige Karosserie dem Gefährt ein ansprechendes Äußeres zu geben, dürften formal als gescheitert betrachtet werden. Warum? Die meisten Entwürfe dieser Art (mit Ausnahme des Krauser-Gespanns Domani) stammen nicht von Designern. In jedem Fall war beim Konstrukteur der Wunsch Vater des Gedankens, dem Gefährt autoähnliche Eigenschaften zu geben (was im übrigen beim Corda-Gespann auch für technische Aspekte gilt). Nichts kann jedoch einem Motorradgespann äußerlich mehr schaden, als so auszusehen wie ein (verunglücktes) Auto.

In solchen Fällen ist es meist die Heckpartie, die von manchem Bastler gleich konsequenterweise komplett von einem Personenwagen übernommen wurde, und die dazu verleitet, das Gesamtfahrzeug aus einem Guß zu verschalen. Nun ist das Heck ein Bereich, der vielen Seitenwagenstylisten Schwierigkeiten bereitet. Wenn man es aber einheitlich baut, so rächt sich dies im Frontbereich. Hier ist dann nämlich ebenfalls eine Einheitsfront gefragt, obgleich dies in Anbetracht des einzelnen Vorderrads sehr schwer zu realisieren ist. Im Ergebnis wirkt das Gesamtfahrzeug immer unfertig, weil es eben aussieht wie ein Auto mit Blechschaden.

Nur der Designer, der sich von vornherein dazu bekennt, daß sein Fahrzeug ein Motorrad-Gespann ist (mit Betonung auf Motorrad), der wird diese Schwierigkeiten nicht haben. Der erfolgreiche Seitenwagenkonstrukteur Jean-Claude Perrin aus Frankreich konnte mit dem Comete-Gespann deshalb einen äußerst erfolgreichen und auch formal überzeugenden Wurf landen. Das Gesamtfahrzeug wirkt sehr sportlich (trotz des zweisitzigen Boots), und dennoch sind Motorrad und Seitenwagen als getrennte Einheiten gestaltet und auch als solche zu erkennen.

Abkupfern

Betrachtet man die Seitenwagen verschiedener Hersteller, kann man sich zuweilen des Eindrucks nicht erwehren, hier würde der eine beim anderen abkupfern, also kopieren oder Ideen übernehmen. Doch selbst im Automobilbau gilt es nicht als unfein, Gestaltungsmerkmale von stilprägenden Vorreitern zu übernehmen und zu variieren. Meist sind es auch nicht die stilprägenden Avantgardeprodukte, die zum Massenprodukt werden, sondern die Modelle, die deren Stilelemente in abgeschwächter und dem Publikumsgeschmack angepaßter Form übernahmen. Man denke in diesem Zusammenhang nur an die 1967 heftig umstrittene Keilform des NSU Ro 80 – heutzutage hat die Mehrheit der Personenwagen eben diese Keilform.

Bei der Gestaltung von Seitenwagen kommt hinzu, daß nicht jede Gespannwerkstatt zugleich auch ein begnadetes Designbüro ist. Selten reicht das Geld, um auch noch irgendwo eine komplett neue Form in Auftrag zu geben. So liegt es doch nahe, bewährte

HMO-Seitenwagen

TR-Nachbau von AJP

Formen zu kopieren, abzuändern und zu versuchen, in Details Verbesserungen zu realisieren. Generell sollte man dem Zitat als Gestaltungstechnik nicht seine Berechtigung absprechen, schließlich wird auch in diesem Buch mehr zitiert, als vielleicht dem einen oder anderen recht ist.

HMO-Boot

Ein gutes Beispiel ist in diesem Zusammenhang der Schweizer HMO-Seitenwagen, der schon seit Jahren in unveränderter Form produziert wird. Seine flache Gestaltung, ohne jeden Schnörkel, hat ihn zu einem zeitlos schönen Seitenwagen gemacht, der ganz wunderbar an schlanke Guzzis oder Boxer-BMWs paßt.

Nun ist es aber nicht jedermanns Wunsch, einen so flachen Seitenwagen zu fahren. Schließlich soll das gute Stück auch im Urlaub eine ganze Menge Gepäck aufnehmen. So hat Peter Sauer, ausgehend von der Grundform des HMO-Seitenwagens und über mehrere Zwischenversionen, sein familien- und tourentaugliches Boot Greif II entwickelt, daß zwar keine Flunder mehr ist wie das HMO-Boot, aber praxisnahe Qualitäten aufweist, die der Kunde letztlich wünscht.

TR-Form

Eine klassische Seitenwagenform ist die des Steib TR 500, die in vielerlei Weise kopiert und dabei häufig verbessert wurde. Wesentliches Ziel der Veränderungen war es zumeist, den Gepäckraum zu vergrößern. Heraus kamen dabei Seitenwagen, die mehr dem einheitlichen deutschen Behördenboot ähneln als dem eigentlichen TR 500. Am bekanntesten dürften die Steib-Nachbauten der Firmen Walter, Carell und Kalich sein. Walter baut den TR 500 sowohl in klassischer Form als auch modern überarbeitet nach. Der moderne Walter-Nachbau unterscheidet sich vom Carell-Nachbau am ehesten dadurch, daß er noch mehr als Carell auf Schnörkel verzichtet und mehr auf große, glatte Flächen setzt. Beide Nachbauten sind auch in Überbreite erhältlich, um auch dem Nachwuchs seine Chance zu geben.

Die älteren EML-Seitenwagen sind, wie unschwer zu erkennen ist, ebenfalls vom TR 500 abgeleitet. Eine Variation bestand bei EML darin, die Seitenwagenschnauze nicht mehr nach unten hin abzurunden, sondern keilförmig zulaufen zu lassen. Dadurch konnte vor allem Beinfreiheit gewonnen werden, obgleich eine gewisse natürliche Fußstütze verloren ging.

Ein interessanter TR-Nachbau kommt von AJP aus Schweden und wird von der Firma Bals vertrieben. Die schwedische Bootswerft ließ sich vom MZ-Seitenwagen inspirieren, als sie ihrem TR-Nachbau eine aufklappbare Seitenwagenschnauze verpaßte, die dem Passagier das Einsteigen erleichtert.

Klassische Zigarre

Die klassische Zigarrenform – mal rund, mal eckig – hat den Zenit ihrer Beliebtheit überschritten. In der Blütezeit der Schleifenrahmen war die Zigarrenform stets die Form der Wahl, um einen Seitenwagen im Rahmenrund aufzuhängen. Die eckigen Formen hatten dabei gewisse fertigungstechnische Vorteile, weil sie sich aus Einzelblechen mit Hilfe von Profilen leicht zusammenfügen ließen, eine aufwendige Verformung des Blechs war kaum erforderlich.

Steib S 250 an Moto Guzzi Nuovo Falcone

Heute werden Seitenwagen ohnehin aus GfK gefertigt, da spielen solche Überlegungen keine Rolle mehr. Trotzdem werden in England bei Watsonian noch echte klassische Seitenwagen in Zigarrenform mit Schleifenrahmen gefertigt und sind damit erste Wahl für all diejenigen, die ein modernes und dennoch klassisches Gespann aufbauen wollen. Watsonian-Importeur Peter Lohré schraubt diese Seitenwagen an moderne Suzukis, zum Beispiel den Softchopper LS 650 Savage, und erhält so ganz wundervoll aussehende Klassikgespanne.

Ein deutsches Produkt in modernisierter Zigarrenform ist der Zero-Seitenwagen von MOBEC.

Nur die Schweizer Seitenwagenbauer bei ARMEC haben das Thema Zigarrenform wieder aufgegriffen, als sie ihr Tremola-Boot entwarfen. Dennoch hat diese Karosserie nichts Althergebrachtes, sie ist sportlich modern (mit Niederflurrahmen) und läßt sich deutlich von den einheitlich wirkenden übrigen modernen Seitenwagen unterscheiden.

Im von ARMEC ebenfalls gelieferten Schwenkergespann heißt die gleiche Karosserie übrigens Sidewinder. In der Namensgebung suchen die Schweizer also im gleichen Bereich Anknüpfungspunkte wie ihre

Vorgänger vor sechzig Jahren, deren Karosserien dem Zeitgeschmack entsprechend torpedo- oder zeppelinförmig genannt wurden. Die Zigarrenform erlaubte den Schweizern, das Seitenwagenheck konsequent eiförmig zu halten. Dadurch wirkt es erstaunlicherweise weitaus eleganter als die abgerissenen Keilformen mit ihren Spoileransätzen der übrigen sportlichen Seitenwagen. In diesem Zusammenhang darf wieder auf das bereits oben erwähnte Thema einer optischen Eigenständigkeit des Seitenwagens verwiesen werden. Diese Eigenständigkeit drückt sich hier auch in der Heckpartie aus, die dadurch wesentlich gefälliger wirkt als jedes einem Sportwagen nachempfundene Heck.

Ebenso bemerkenswert ist es, wie den Schweizern gelungen ist, das Federbein der Seitenwagenschwinge gestalterisch mit einzubeziehen. Es liefert dadurch ein eindrucksvolles Beispiel dafür, wie lohnend es sein kann, technische Teile nicht zu verstecken, sondern bewußt zu zeigen. Als unumgänglich erwies es sich bei der Zigarrenform des Tremola jedoch, den Kotflügel nicht in die Karosserie einzubeziehen. Eine Lösung, die leider weniger überzeugend wirkt, vor allem wegen der einfachen, runden Hella-Leuchten.

Licht

Überhaupt ist das Thema Leuchten am Seitenwagen eine Aufgabe, die offensichtlich manchem Seitenwagenproduzenten Schwierigkeiten bereitet. Grundsätzlich müssen Seitenwagen (neuerer Produktion) bekanntlich mit Blinkern (nach vorn und hinten), einem weißen Positionslicht vorn und einer roten Rückleuchte hinten ausgestattet sein. Hinzu kommt eine Bremsleuchte hinten, wenn es sich um einen gebremsten Seitenwagen handelt.

Traditionell wurden die Leuchten auf dem Seitenwagenkotflügel befestigt, bei Steib gab's dafür diesen wundervoll geschwungenen Griff aus poliertem Alu, in den für heutige Begriffe winzige Lämpchen integriert waren. Blinker wurden erst später zur Pflicht, außerdem machte der immer dichter werdende Verkehr größere Lampen erforderlich, damit das Gespann im Dunkeln nicht für ein Solomotorrad gehalten wird.

Die meisten Hersteller lösen dieses Problem durch Aufbauleuchten, die im einschlägigen Zubehörhandel erstanden werden können. Als klassischer deutscher Zulieferer sei hier die Firma Hella genannt. Die stellt solche Leuchten in erster Linie für Anhänger, LKW und Landmaschinen her.

Eine Änderung trat erst Mitte der achtziger Jahre ein. Trends setzten hier die neuen EML-Seitenwagen und der Dreamline-Seitenwagen von Hartmann. Hier sind vorn wie hinten großflächige Leuchten in die Karosserie integriert, die dem Automobilbau entnommen wurden. Natürlich muß man dies bereits bei der Konzeption des Seitenwagens berücksichtigen. Aus einem notwendigen Anhängsel, der Aufbauleuchte, ist mit der Zeit ein Teil des Seitenwagens geworden.

Terraplane

Auf der Suche nach einem modernen Seitenwagenstyling war es nur logisch, daß irgendwann jemand auf die Idee kommen würde, die im Automobilbau schon recht beliebte Keilform auf den Seitenwagen zu übertragen. Als wegweisend darf man hier getrost den amerikanischen Terraplane-Seitenwagen der Firma Vetter bezeichnen, der schon seine zehn Jahre auf dem Buckel hat, dennoch aktuell aussieht und in dieser Form auch heute von der Firma Egli für die Gespanne Red Liberator und Red Rat verwendet wird. Zum Einsteigen war der Passagier gezwungen, eine seitlich angeschlagene Klappe zu öffnen. Der Vergleich mit einem Sargdeckel lag daher nahe, die weniger boshaften Kommentare bezeichneten die Lösung lediglich als »Schneewittchensarg«, wohl wegen der integrierten flachen Seitenwagenscheibe.

Eine vergleichsweise gelungene Weiterentwicklung des Terraplane ist der Dreamline-Seitenwagen von Horst Hartmann (HGT). Allerdings hat der nahezu filigran wirkende Terraplane bei der Weiterentwicklung viel von seiner Leichtigkeit eingebüßt. Der Dreamline wirkt viel massiger, ohne dabei jedoch plump zu sein. Schließlich ist dies wiederum ein Zugeständnis an die Bedürfnisse des Benutzers, der ein Minimum an Gepäck unterbringen will, was ihm im Dreamline zweifelsohne gelingt. Der Sargdeckel ist nun nicht mehr seitlich, sondern am vorderen Ende angeschlagen. Damit der Passagier beim Einsteigen nicht den Kotflügel zerkratzt, befindet sich eine ausrollbare Schutzdecke im Lieferumfang.

Ausgehend vom Dreamline haben sich andere Hersteller an ähnlichen Seitenwagen versucht, zum Beispiel der MMO-Seitenwagen von Mailhammer oder der Seitenwagen Sprint von Carell.

EML GT an Yamaha XS 1100

Die neue Generation: EML GT II an Yamaha XS 1100

EML

Als Pendant zu den großen alten Seitenwagen im TR-Stil und dem Sportboot im schlichten Schuhkastendesign entstand bei EML der Seitenwagen Minni. Vielleicht kann man diesen Seitenwagen im Styling als erste echte Eigenschöpfung von EML bezeichnen. Nun mag man fragen, was denn am Minni so besonderes sei. Es ist seine Schlichtheit, die besticht.

Anders als das Sportboot ist er nicht kantig, sondern elegant abgerundet. Trotzdem wird nicht versucht, mittels effektheischender Stilmittel eine vermeintliche Eleganz zu erzielen, die überhaupt nicht da ist. Der Minni ist einfach nur schlicht und deshalb schön. Seine geringen Abmessungen lassen ihn jeder Guzzi, jeder CX oder Gummikuh zur Zierde gereichen.

Ausgehend von dieser Schlichtheit hat EML das Design seiner jüngeren großen Seitenwagen entworfen. Natürlich geht einiges an Schlichtheit verloren, wenn man einen riesigen Zweisitzer konzipiert. Trotzdem ist es EML gelungen, die Form in wesentlichen Punkten zu verbessern und weiterzuentwickeln. So wurden Leuchten und Kotflügel in die Karosserie integriert – das war einfach richtungsweisend.

Natürlich haben sich auch andere Hersteller am neuen EML-Trend orientiert. Beim ebenfalls holländischen Hersteller EZS hat man dem Ganzen etwas mehr Linie gegeben, indem man die Front spitz zulaufen läßt. Dadurch wirkt der ganze Wagen weni-

Jeaniel-Seitenwagen Lynx an einer BMW K 100 RT

ger bombastisch. Der emsländische Gespannbauer Carell hat die Seitenwände bei seinen Seitenwagen Mistral und Shoo leicht abgeschrägt und erhält dadurch eine sehr gefällige Form, die bereits an die oben beschriebene Keilform erinnert und alles in allem als wohl gelungenste Weiterentwicklung der neuen EML-Linie bezeichnet werden kann.

Linienschwung

Viele Seitenwagen der achtziger Jahre kennzeichnet der Versuch, den Kotflügel in elegantem Schwung in die übrige Karosserie mit einzubeziehen, ohne dabei der Versuchung zu erliegen, dem ganzen das Äußere eines Schuhkartons zu verpassen.

Eine solche Lösung ist der Pera-Seitenwagen von Schepsky, dessen Styling als Diplomarbeit von Michael Dominicus entstand. Der Pera ist nicht als Sport-, sondern als Tourenboot konzipiert und wirkt trotz seiner Ausmaße nicht plump. Ein bemerkenswertes Detail ist der breite GfK-Bügel, der nicht, wie vielleicht auf den ersten Blick zu vermuten ist, als Überrollbügel dient, sondern den Fixpunkt für verschiedene Kabinenlösungen liefert.

Ursprünglich aus Frankreich (und nun vom hessischen Gespannbauer Walter) kamen von Jewell und Jeaniel ähnlich fließend geformte Seitenwagen. Als besonders kompromißlos flach darf man den Lynx von Jeaniel bezeichnen, dessen Kofferraumklappe spoilerförmig ausläuft. Dieser Spoiler dient als Ablagefläche für das Faltverdeck, das zurückgeklappt hier in einer Abdeckhaube in echter Cabriomanier verstaut werden kann – eine vorbildliche Lösung. Fertigungstechnisch wird der Lynx aus zwei horizontalen Hälften zusammengeklebt, deren breite Außenflächen links den Kotflügel bilden und vorn das stromlinienförmige Aussehen der Seitenwagenschnauze ergeben. Maschinenseitig ergab sich so ebenfalls eine Fläche in Kotflügelform und damit eine unnütze Platzverschwendung. Problematisch ist dadurch auch die Gestaltung des Hecks, denn der Seitenwagen wirkt maschinenseitig nicht abgeschlossen.

Seitenwagennutzung

Unterteilt man moderne Seitenwagen im Hinblick auf ihre Nutzung, lassen sich vier Gruppen unterscheiden. Die sportlichen Seitenwagen sind zwar rassig gestylt und erregen, vor allem im Zeitschriftentest, immer wieder Aufmerksamkeit, werden jedoch vom Kunden kaum verlangt. Der Kunde möchte geräumige Tourenboote und (mit steigender Tendenz) Familienboote mit zwei Sitzplätzen. Als vierte Gruppe sind die preiswerten Einsteigerboote zu nennen.

Sportboote

Sportliche Seitenwagen liefern den Stoff für Traumgespanne. Konsequenterweise hat

Horst Hartmann sein Dreamline-Gespann ebenso getauft. Ähnlich windschnittige Gespanne liefert der Lynx von Jeaniel, der Mistral von Carell, der Tornado von Hermeling sowie das dem Tornado nachempfundene Speedline von EML. Herrlich klassische Sportgespanne lassen sich mit dem wunderbar flachen HMO-Seitenwagen aufbauen.
Vom Design her etwas mißglückt ist das Vento-Gespann von Walter, dessen Seitenwagenheck passend zum Heckspoiler der Guzzi LeMans III gestaltet wurde. Dafür verfügt dieser Renner über die für ein Gespann mit über 50 PS einmalig geringe Spurweite von 100 Zentimetern. Ebenfalls für Guzzi-Gespanne wurde der MMO-Seitenwagen von Mailhammer konzipiert, der nunmehr auch für die K 100 erhältlich ist.
Optisch ist ohne Zweifel das Comanche-Gespann vom französischen Hersteller Side-Bike als das definitive Sportgespann zu bezeichnen. Technisch basiert es auf dem Comete-Gespann mit FJ 1200, der Seitenwagen scheint nur aus dem Sitz selber zu bestehen.

Tourenboote
Das Angebot an Tourenseitenwagen ist groß. Angefangen von den TR-500-Nachbauten (AJP/HBS, Carell, Kalich, Walter) bis zu moderneren Karossen wie dem AS von Moturist, dem Greif II von Sauer, dem Pera von Schepsky und dem Midi von EML. Unter dem traditionsreichen Markennamen Stoye bietet Walter als Modell RS einen modernen Tourenseitenwagen an.

Familienboote
Erstaunlicherweise entwickeln sich Familienseitenwagen zu Bestsellern in der Gespannszene. Am Anfang standen verbreiterte Formen der normalen Tourenboote, die der Einfachheit halber als Anderthalbsitzer klassifiziert wurden. Später wurden sie noch breiter und zu Zweisitzern.
In diese Kategorie gehören unter anderem die breiten Versionen der TR-Nachbauten

EZS-Seitenwagen TPS

Zum ersten Mal seit Jahrzehnten trägt ein Seitenwagen wieder das Markenzeichen Stoye: Der Stoye RS von Walter an einer BMW K 100 RS

Der Urahn der Jeaniel Seitenwagen: Captain I. Hier an einer K 100 RS

Die neue Generation: Jeaniel Captain II

Lefèvre-Gespann

(AJP, Carell, Kalich, Walter), das alte GT-Boot und das neue GT III und GTE von EML, der breite Greif von Sauer, der Captain I von Jeaniel und die Typen TP II und TPS-L von EZS.

Eine neue Generation von Familienseitenwagen wurde mit dem Condor von Jeaniel eingeläutet, der zwei echte und vor allen Dingen getrennte (weil leicht versetzte) Sitzplätze bereithält. Noch geräumiger ist der Captain II von Jeaniel konzipiert. 900 Millimeter Sitzbreite bietet Walter mit seinem Seitenwagen Stoye RT an.

An der schnittigen Form des EML-Sportlers Speedline knüpft das jüngste EML-Familienboot, der GT 2000, an. Etwas kleiner, aber in der Form ähnlich, ist das Tourenboot CT 2000.

Über eines muß sich der Käufer eines neuzeitlichen Familienseitenwagens im klaren sein: die Spurweite des Gespanns wird auf Werte zwischen 130 und 140 Zentimeter klettern. Um den daraus resultierenden Hebelarm zu beherrschen, sind neben einem gelungenen Fahrwerk auch etliche PS notwendig. K 100, K 1100, Gold Wing und FJ1 200 bieten sich hier an. Solche Seitenwagen sind nichts für Boxer, Guzzi & Co.

Familiensportboote

Wenn das Gespann schon von einem sportlich leistungsfähigen Motorrad gezogen wird, warum dann einen plumpen Familienseitenwagen dranhängen? Diese Frage stellten sich viele Gespannfahrer der jüngeren Generation, die nicht aus dem eher gesitteten Guzzi- oder BMW-Lager entstammten, sondern ebenso heiße wie bunte japanische Motorräder gewohnt waren.

Eine erste Antwort auf diese Frage ist der aus Frankreich stammende Comete-Seitenwagen, dem man äußerlich die zwei Sitzplätze nicht ansieht. Zweisitzer müssen also keine plumpen Dickschiffe sein. In der überarbeiteten Version Mega-Comete wurde der Kofferraum sogar auf 330 Liter aufgebläht!

Um ein sportliches Familienboot auf die Räder zu stellen, hat EML die »Banane« Speedline einfach um einen halben Sitzplatz zum Speedline II erweitert. Auf diese Weise hat auch HMO sein klassischen Sportboot zum Familienboot aufgewertet.

Einen anderen Weg ging die französische Firma Beringer, die in Deutschland von Peter Horn in Iserlohn vertreten wird. Die Franzosen modifizierten das EZS-Boot TPS-L, nannten es Orion und hängten es an eine Honda CBR 1000. Auf diese Weise entstand ein sehr sportlicher Familienrenner.

Luxusfamilienboot

An einem Luxustourer wie der Honda Gold Wing wird sich ein sportliches Familienboot eher mickrig ausmachen. Hier muß ein Seitenwagen her, der von der Ausstattung dem Motorrad das Wasser reichen kann.

In diese Marktnische zielt beispielsweise die französische Firma Héchard mit ihrem Seitenwagen Squale. Der volumige Haifisch bietet nicht nur viel Platz, sondern vor allem ein intelligentes Verdecksystem und eine Frontscheibe aus kratzfestem Sicherheitsglas.

Aus Japan stammt der Entwurf des Kentech-Seitenwagens für die Gold Wing GL 1500/6. Er wird in Großbritannien gefertigt und von Peter Lohré importiert.

EML bietet sein neuestes Familienboot GT 2000 auch in einer Luxusversion mit Ledersitzen und eingebautem Radio an. Auch Peter Sauer zielt mit dem neuen Seitenwagen Wing in die Luxusklasse.

Einsteigerboote

Klassisches Einsteigergespann ist beziehungsweise war das nun nicht mehr gebaute MZ-Gespann mit der ETZ 250/251, dessen Seitenwagen sich auch als preiswerte Alternative für andere Gespanne anbietet. Bedenken sollte man dabei, daß ein MZ-Seitenwagen nicht für Motorleistungen über 30 bis 35 PS taugt. Problematisch ist das eigenwillige Styling des MZ-Boots, das nicht zu jedem Motorrad paßt.

Universeller zu nutzen sind die tschechischen Velorex-Seitenwagen, die serienmäßig an Jawa-Motorrädern geliefert werden, von Importeur Röth aber auch einzeln zu beziehen sind. Erhältlich sind das klassische Modell 562 und das modernistische Modell 700. Velorex-Seitenwagen sind beliebte Anhängsel für 27-PS-Gespanne an japanischen Ein- oder Zweizylindern (SR 500, XBR 500 usw.).

Russische Seitenwagen, zum Beispiel der dem deutschen Behördenboot nachempfundene Ural-Seitenwagen oder das Jupiter-Boot mit aufklappbarer Seitenwagenschnauze, sind preisgünstige Seitenwagen für Guzzi- und BMW-Gespanne. Wie der MZ-Seitenwagen ist ihre Karosserie leider aus Blech und damit rostgefährdet.

Der Squire ST 2 hat eine GfK-Karosserie und ist der Einsteigerseitenwagen für viele einfache Guzzi-Gespanne. Meist wird er nur als drittes Rad gefahren, weil Beifahrer den berüchtigten (weil nicht vorhandenen) Fahrkomfort fürchten.

Preiswert und mit 55 Kilogramm sehr leicht ist der Jeaniel-Seitenwagen Cobra mit einem für kleine Seitenwagen überaus bequemen Sitz. Seine schnittige Linienform ist leider nichts für klassische Motorräder, obgleich der damalige Importeur Peter Horn an einer R 45 mit 27 PS für wechselweisen Betrieb auf Originalgußrädern und mit Telegabel eine Zulassung bekommen hat. Besser paßt er an die XBR 500 oder an den Honda-Roller Helix (ein traumhaftes Rollergespann, für das Horn heute den ehemals von Jeaniel gelieferten Cobra nachbaut). In der Werbung und in Zeitschriftentests sah man den Cobra gelegentlich an einer FJ 1200, einer GPZ oder einer Vmax.

Velorex 562 an einer schwedischen BMW

Mit dem Seitenwagen Falke bietet Peter Sauer eine preisgünstige Möglichkeit, kleine und mittlere Motorräder zum Gespann umzubauen. Dennoch ist der Seitenwagen nicht klein, der 180-Liter Kofferraum erlaubt auch die Mitnahme von Urlaubsgepäck.

EMLs Seitenwagen für Einsteiger ist der bereits erwähnte Minni, der sich ganz besonders gut in BMW- und Guzzi-Gespannen ausnimmt. Leider ist sein Kofferraum nicht von außen zugänglich, was aber viele Bastler immer wieder dazu motiviert hat, nachträglich eine solche Klappe einzubauen.

Möblierung

Noch in manchen Nachbauten des TR 500 besteht der Komfort für den Seitenwagenpassagier in einer rechtwinkligen Anordnung von bepolsterten und mit Kunstleder bezogenen Spanplatten, leicht übertreibend auch Sitz genannt.

Aus Frankreich kamen glücklicherweise sehr kräftige Impulse für körperfreundlich gestaltete Sitzmöbel, so daß heute wenigstens ansatzweise Automobilniveau erreicht wird.

Vorbildliche Sitzmöbel im Comete-Seitenwagen

Ein frühes Beispiel für eine neue Generation in der Innengestaltung von Seitenwagen war der Lynx von Jeaniel. Grundlage für den Sitz bildet hier eine GfK-Schale, die Teil der Karosserie ist. In diese Schale werden mit Druckknöpfen Polster eingelegt. Zusätzlich sind die Seiten der Schale gepolstert. Der Passagier sitzt recht fest in diesem Möbel, wird also auch bei flotter Kurvenfahrt nicht hin- und hergeworfen.
Seitdem haben sich Sitze in dieser Art durchgesetzt. Gern wird in der Werbung dafür der Begriff Schalensitz gewählt. Damit keine falschen Vorstellungen aufkommen – solche Sitze haben meist mit den aus dem Automobilbau bekannten Schalensitzen (z.B. Recaro) nichts zu tun und kommen auch nicht annähernd an deren Qualität heran.

Beifahrers Spielwiese im Comete-Seitenwagen

Über Sicherheitsgurte bestehen konträre Auffasungen. Unter Sicherheitsaspekten ist ihre Wirkung sicher fraglich. Vielleicht ist es im Zweifel besser, der Beifahrer wird aus dem Seitenwagen herausgeschleudert, als daß er unter dem gegnerischen Auto angeschnallt begraben wird. Bei der Mitnahme von Kindern haben Sicherheitsgurte aber ihre Berechtigung. Sie dienen zur Befestigung eines Kindersitzes oder verhindern, daß der Nachwuchs ohne Erlaubnis den fahrenden Seitenwagen verläßt ...

Teppich

Als Standard darf man heute einen mit Teppichboden ausgelegten Fußraum erwarten. Sinnvoll ist der Teppich aber nur, wenn der Fußraum tatsächlich trocken bleibt. Was tun, wenn sich der klitschnasse Teppich dank kräftiger Pattex-Verklebung zum Trocknen nicht herausnehmen läßt? Vorbildlich ist ein gröberer, herausnehmbarer Teppichboden im Fußbereich von EML-Seitenwagen.
Sehr sinnvoll ist Teppichboden im Kofferraum, wo er aus Ersparnisgründen häufig fehlt, aber ein Scheuern der Gepäckstücke an der Außenwand verhindern würde. Im Kofferraum versehen manche Gespannbauer die Karosserie innen mit einer samtartigen Beflockung, ein dicker Teppichboden ist langfristig aber widerstandsfähiger.

Innenausstattung

Schon 1956 regte Siegfried Rauch an, den Passagier im Seitenwagen mit einer Einbau-Uhr und eventuell einem eigenen Tachometer zu erfreuen. Heute muß es schon eine Stereoanlage sein, für die in vielen modernen Seitenwagen bereits Konsolen vorgesehen sind. Besonders praktisch sind Ablagekästen neben dem Sitz, in denen Kleinigkeiten (Karten, Fotoapparat etc.) prima untergebracht werden können. Ob ein Aschenbecher erstrebenswert ist, dürfte dagegen umstritten sein.

Kabine – pro und contra

Seitenwagenneulingen gilt eine Kabine als etwas ungemein Erstrebenswertes. Ausgehend von ihren Autoerfahrungen meinen sie, so ein gemütlicher, kuschelig-trockener Seitenwagen wäre so das Rechte für den sonst ewig nörgelnden Beifahrer. Meist sind sie enttäuscht, wenn zum Seitenwagen ihrer Wahl keine Kabine erhältlich ist, kaufen deshalb einen anderen Seitenwagen - und siehe da, nach zweimaliger Nutzung bleibt die Kabine in der Garage. Was ist passiert? Alte Gespannhasen wissen es: bei Regen beschlägt die Kabine von innen, der Insasse kann nichts mehr sehen, und prompt stellt sich Platzangst ein. Die Klaustrophobie besiegt die Scheu vorm Naßwerden gründlich, und künftig kann auf die Kabine verzichtet werden.

Um keinen falschen Eindruck zu erwecken: es gibt Fälle, in denen ist eine Kabine unerläßlich, so wenn man sehr kleine Kinder mitnehmen möchte (die schon ohne Regen empfindlich gegen Zugluft sind). Man kann aber Vorsorge treffen, um dem Passagier das Leben in der Kabine zu erleichtern.

Ein Ventilator kann Wunder bewirken, denn er verhindert das Beschlagen der Scheibe. Eine in die Seitenwagenklappe integrierte Lüftungsöffnung soll beim EML-Seitenwagen GT 2000 das Beschlagen der Scheibe verhindern.

Ebenso wichtig ist die Möglichkeit, die Kabine auch von innen öffnen zu können, was keinesfalls eine Selbstverständlichkeit ist. Wer ist schon gern eingesperrt? Und wer will das dem (hoffentlich) geliebten Seitenwagenpassagier zumuten? Außerdem kann es nicht schaden, eine Kommunikationsmöglichkeit (Sprechanlage) zum Fahrer zu schaffen, damit sich der Passagier notfalls Gehör verschaffen kann (»Ich muß mal ...«).

Verdeck

Die einfachste Möglichkeit des Wetterschutzes, die auch am häufigsten gewählt wird, ist ein Verdeck in der Art eines Cabrioverdecks.

Kabine an der ersten Generation des Greif Seitenwagens von Peter Sauer

Vorausgesetzt, es wurde einigermaßen durchdacht konstruiert, kann man es unterwegs zurückklappen, eine Hülle darüber schieben, und schon ist das Faltdach sicher verstaut. Leider verfügen die meisten Klappverdecke nicht über eine solche Möglichkeit. Achten sollte man in jedem Fall darauf, daß sich das Verdeck auch von innen öffnen läßt und daß es tatsächlich wasserdicht ist. Vor allem die Befestigungstechnik an der Frontscheibe ist hier entscheidend.

Generell darf man die Ausführung der Verdecke an Seitenwagen nicht mit der von modernen Großseriencabrios vergleichen. Eher (und das tröstet manchen Motorradfahrer vielleicht) liegen sie auf dem Niveau der guten alten englischen Roadster.

Statt des Verdecks kann natürlich auch nachträglich ein festes Hardtop auf den Seitenwagen gesetzt werden.

Ein gangbarer Weg zum perfekten Verdeck ist es, Scheibe und Rückwand sehr ausladend zu bauen, so daß nur noch ein kleiner Zwischenraum über den Köpfen abgedeckt werden muß. Diese Targa-ähnliche Lösung findet sich unter anderem an den neueren Seitenwagen Speeding 2 WS, Squale von Héchard und GT 2000 von EML.

Hardtop

Ein Hardtop hat den Vorteil, daß es bei Bedarf wie eine feste, geschlossene Kabine in-

Kleinbus, Motorrad oder Seitenwagen?

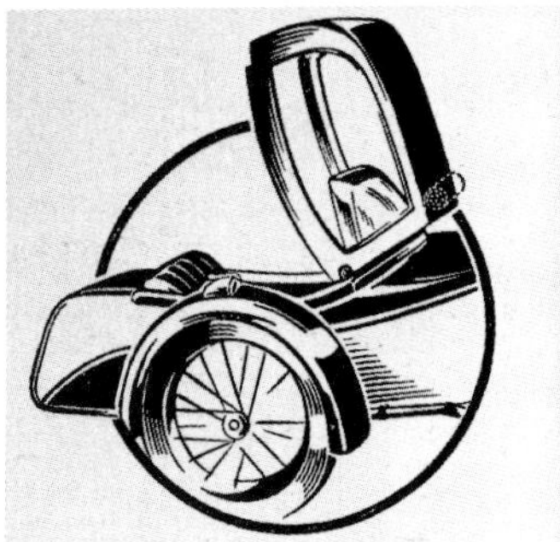

Limousinenaufsatz für Stoye-Seitenwagen, 1937

stalliert werden kann. Dann ist es tatsächlich wasserdicht und flattert nicht. Will man es allerdings unterwegs abnehmen (weil der Regenschauer vorbei ist), so taucht die Frage auf, wo man mit dem sperrigen Stück bleiben soll.

Hardtops sind zum Beispiel erhältlich für den Jeaniel-Seitenwagen Condor und den Greif von Peter Sauer. Ein klassisches Hardtop ist die Richter-Kabine für den TR 500 von Steib, die in den 60er Jahren vom Berliner Bernhard Richter gebaut wurde.

Geschlossene Seitenwagen

Geschlossene Seitenwagen hat es schon immer gegeben, nur konnten sie sich bislang nie so recht durchsetzen, weil man halt am liebsten bei schönem Wetter fährt, und dann will sich auch der Passagier den Wind um die Nase wehen lassen. Sonst könnte der Passagier tatsächlich Auto fahren.

Heute werden geschlossene Seitenwagen nur noch (wie sollte es anders sein) aus England geliefert. Kinderreiche Familien kaufen gern die Kleinbus-ähnlichen Karossen.

Problematisch ist in der Regel die Klimatisierung dieser Glaskästen. Brennt die Sonne auf sie hernieder (was ja selbst in unseren Breiten zuweilen vorkommen soll), dann verwandeln sie sich leicht in Brutkästen. Diese Erfahrung mußte auch ein findiger Bastler machen, der in einem Anfall von Perfektionismus die Plexiglashaube eines Segelflugzeugs auf seinen Squire setzte. Die gewölbten Scheiben wirkten wie Brenngläser, so daß der Passagier darauf bestand, die Haube von innen mit Styropor abzukleben.

Einen vielversprechenden Weg gingen die Konstrukteure des Tornadoseitenwagens von der Firma Hermeling. Die Scheibe läßt sich hier unterschiedlich steil anstellen, wobei der Seitenwagen entweder offen bleibt - oder ganz schließen läßt.

Gaskammer

Viele Seitenwageninsassen fühlen sich in ihrem Boot unwohl. Nein, der Sitz ist es nicht, die Polsterung ist in Ordnung, und die Federung läßt auch nichts zu wünschen übrig. Das Unwohlsein ist unsichtbar, allenfalls zu riechen, und kommt aus dem Auspuff des Motorrads.

Schwefeldioxid und Stickoxide sind heute in aller Munde, weil sie als Verursacher für das verheerende Waldsterben gelten. Nun mag mancher Gespannfahrer noch einwenden, sein Dreirad führe auch ohne Wald, was sich aber leicht als kurzsichtige Grundeinstellung entlarven läßt. Wenn es an die eigene Gesundheit oder die der Familie geht – zumindest dann sollte man der Sache auf den Grund gehen.

Schuld sind in diesem Fall ausnahmsweise nicht die vielgeschmähten Oxide von

Schwefel und Stickstoff, sondern das unmittelbar giftige Kohlenmonoxid. Es ist schon lange als giftiger Abgasbestandteil bekannt. Potentielle Selbstmörder wissen das ebenso wie arglose Autofahrer, die schon vor ASU-Zeiten bei der allfälligen Hauptuntersuchung den Kohlenmonoxidausstoß ihres vierrädrigen Lieblings messen lassen mußten.
Kohlenmonoxid bindet sich in der Lunge an den roten Blutfarbstoff. Dessen Aufgabe wäre es eigentlich, hier den lebenswichtigen Sauerstoff aufzunehmen und zu den Muskeln zu transportieren. Kohlenmonoxid verdrängt aber den Sauerstoff und besetzt unwiderruflich den roten Blutfarbstoff.
Wie kommt das Gift aber in den Seitenwagen? Die Auspuffrohre reichen doch schließlich bis an das Ende des Motorrads! Die Antwort findet sich in der katastrophalen Aerodynamik von Gespannen. Das meist zerklüftete Fahrzeug und seine, verglichen mit modernen Autos, riesige Stirnfläche läßt den Fahrtwind nicht strömungsgünstig über sich hinweggleiten, sondern verursacht heftige Luftwirbel. Besonders hinter der Seitenwagenscheibe entsteht ein kräftiger Sog, der bekanntlich auch für kalte Zugluft im Nacken des Beifahrers und für Regentropfen hinter den Scheibe sorgt. In diesen Sog geraten bei entsprechender Konstellation auch die Auspuffgase.
Das Problem ist uralt und wurde schon 1956 von Siegfried Rauch erkannt, der auch gleich Abhilfsmaßnahmen vorschlug. Der Gespannfahrer von heute hat aber keine Gelegenheit, die Fischschwänze der Auspuffrohre horizontal zu drehen. Statt dessen gibt es Bastellösungen mit gebogenen Endrohren, die auf die Schalldämpfer gesteckt werden und den Auspuffstrom in eine andere Richtung leiten.
Manche Seitenwagenfahrer wählen frische Luft als die gesündere Alternative, entfernen schlicht die Seitenwagenscheibe und lassen sich den Fahrtwind ins Gesicht wehen. Bei gutem Wetter kein Problem ...
Eine weitaus teurere Lösung besteht darin, auf die BMW-K-Reihe umzusteigen, deren vielgeschmähter Auspufftopf auf der linken Seite des Motorrads liegt. Guzzi-Fahrer müssen allerdings nicht abtrünnig werden. Die Firma Moto-Spezial liefert 2-in-1-Anlagen, deren Auspufftopf auf der linken Maschinenseite montiert wird.

In einzelnen Fällen erweist es sich als notwendig, die Länge der Auspuffrohre zu ändern, weil durch Fahrwindwirbel bei der normalen Länge dem Beifahrer die Abgase ins Gesicht geblasen werden können und so zu zunächst unerklärlicher Übelkeit auf längeren Fahrten führen. Meist hilft in solchen Fällen schon eine Verlängerung der Fischschwänze bzw. Rohrstutzen um 100-150 Millimeter, ja, in einzelnen Fällen hat es sogar genügt, die Fischschwänze einfach horizontal zu drehen. Das hängt aber ganz von den jeweiligen Umständen, insbesondere von der Lage des Seitenwagenboots, ab, so daß man selbst probieren muß, wenn sich die genannte Belästigung des Beifahrers zeigen sollte.
Siegfried Rauch in: Das Motorrad mit Seitenwagen, Leipzig 1956

Das Gespann

Motorrad plus Seitenwagen ergeben noch kein fertiges Gespann. Zuvor muß der Seitenwagen in befriedigender und technisch einwandfreier Weise an das Motorrad angeschlossen werden. Auch das ist nicht so einfach, wie es sich hier liest.
Ein Trend ist jedoch nicht zu übersehen. Im Zeitalter der PS-starken Gespanne werden weniger die früher favorisierten Universalanschlüsse benutzt, sondern mehr individuelle Lösungen.

Fahrwerksgeometrie

Mit Anbau eines Seitenwagens sind die Kreiselkräfte, die allein das Solomotorrad stabilisieren, nicht mehr unverzichtbar. Statt dessen rollt nun ein drittes Rad außerhalb der Spur der beiden Maschinenräder mit. Abhängig von der Belastung des Seitenwagens und vom Rollwiderstand des Seitenwagenrads wirken Kräfte seitlich auf den Motorradrahmen. Sie haben bremsende Wirkung und sind ständig bemüht, die Fuhre nach rechts zu ziehen.
Eine physikalische Grundweisheit, das Hebelgesetz, besagt nun, daß diese seitlichen Kräfte umso stärker werden, je weiter das Seitenwagenrad vom Motorrad entfernt ist, weil dadurch der dem mitrollenden Seitenwagenrad zur Verfügung stehende Hebelarm länger wird.

Spurweite

Es liegt daher auf der Hand, daß der Abstand zwischen Motorrad und Seitenwagenrad eine große Bedeutung für die Fahreigenschaften eines Gespanns hat. Je kleiner die Spurweite des Gespanns, desto geringer die Lenkkräfte, die der Fahrer aufbringen muß. Umgekehrt gilt natürlich entsprechend, je größer die Spurweite ist, desto größer werden die Lenkkräfte. Aber nicht nur die Lenkkräfte nehmen zu, auch der Wendekreis rechts um den Seitenwagen herum wird größer, was sich bei manchen Gespannen schon recht unangenehm bemerkbar macht. Dazu kommt noch der Windwiderstand, der bei breiter Bauweise ebenfalls zunimmt.
Mit zunehmender Breite des Gespanns nimmt allerdings die Neigung des Seitenwagens ab, in Rechtskurven aufzusteigen. Der Grund dafür ist naheliegend, denn der Schwerpunkt des Gesamtfahrzeugs verlagert sich in Richtung des Seitenwagenrads. Ob dieser Effekt zu begrüßen ist, bedarf mit Sicherheit einer kritischen Betrachtungsweise.
Fahrer schmaler Gespanne, die bei jeder besseren Gelegenheit das Beinchen heben, wissen mit dieser Gespanneigenart meist routiniert umzugehen. Manche bringen es dabei sogar zu einer geradezu akrobatischen Perfektion.
Ungeübte Fahrer breiter Gespanne, deren Seitenwagen nur selten aufsteigt, machen mit dieser ungewohnten Erscheinung meist erst bei hohen Geschwindigkeiten Bekanntschaft, dann aber so überraschend, daß jede Reaktion zu spät kommt.
Trotzdem nimmt die Spurweite moderner Gespanne in der Tendenz immer mehr zu. Siegfried Rauch hielt 1956 Spurweiten von 100 bis 110 Zentimetern für den Normalfall. Der »Leitfaden für Freunde des Gespannfahrens« vom BVDM erläutert sogar noch in

seiner vierten Auflage von 1988: *»Gespanne mit Spurweiten über 120 Zentimetern wurden schon gefahren ... Vermutlich kann man daran alle grundsätzlichen Gespannuntugenden studieren.«* Tatsächlich sind Spurweiten zwischen 120 und 130 Zentimetern, ja sogar darüber, heute nicht mehr ungewöhnlich, sondern eher schon der Normalfall bei Gespannen. Ein Grund dafür ist die Forderung der Kunden nach geräumigen Familienbooten, die nun einmal eine gewisse Breite verlangen.

Nun sind aber die heutigen Gespannmaschinen stark genug, um einen solchen Hebelarm problemlos zu verkraften. Darüber hinaus werden heute auch die anderen Fahrwerks-Parameter immer kompromißloser auf den Gespannbetrieb getrimmt. Damit lassen sich die negativen Auswirkungen der großen Spurweite in gewissen Grenzen wieder ausgleichen. Noch bis hinein in die siebziger Jahre war das weit weniger möglich, weil das Motorrad selbst in seinem Fahrwerk gegenüber dem Solobetrieb vergleichsweise unverändert blieb.

Vorspur

Eine Möglichkeit, die Lenkkräfte in Linkskurven zu verringern, ist, dem Seitenwagenrad Vorspur zu geben. Darunter versteht man einen Einschlag des Seitenwagenrads in Richtung Motorrad. Dieser Einschlag läßt sich auch messen. Bezugslinie ist dabei die Spur des Motorrads. Senkrecht zu dieser Spur wird nun jeweils in Höhe der Vorderachse und in Höhe der Hinterachse der Abstand zur Spur des Seitenwagenrades (sprich: die Spurweite) gemessen. Dabei dürfte sich herausstellen, daß die Spurweite, in Höhe der Vorderachse gemessen, geringfügig kleiner ist, als in Höhe der Hinterachse gemessen. Die Differenz dieser beiden Werte, die durch einen vorgegebenen Einschlag des Seitenwagenrads zustande kommt, nennt man Vorspur, sie beträgt meist zwei bis drei Zentimeter.

Vorlauf

Mit der Vorspur nicht zu verwechseln ist der Vorlauf. Dieser ist das Maß, um das die Achse des Seitenwagenrads gegenüber der Hinterachse des Motorrads nach vorn verschoben ist (meist 30-40 cm). Je größer diese Verschiebung nach vorn ist, umso weniger neigt der Seitenwagen in Linkskurven dazu, plötzlich über die Seitenwagenschnauze zu kippen, worauf meist ein kompletter Überschlag des Gespanns folgt.

Andererseits darf der Vorlauf nicht zu groß gewählt werden, weil dann das Seitenwagenrad in Rechtskurven nicht mehr rollen, sondern nur noch radieren würde. Ein erhöhter Reifenverschleiß und unnötig hohe Lenkkräfte wären die Folge.

Sturz

Ein weiteres Mittel, Einfluß auf die Fahreigenschaften des Gespanns zu nehmen, ist

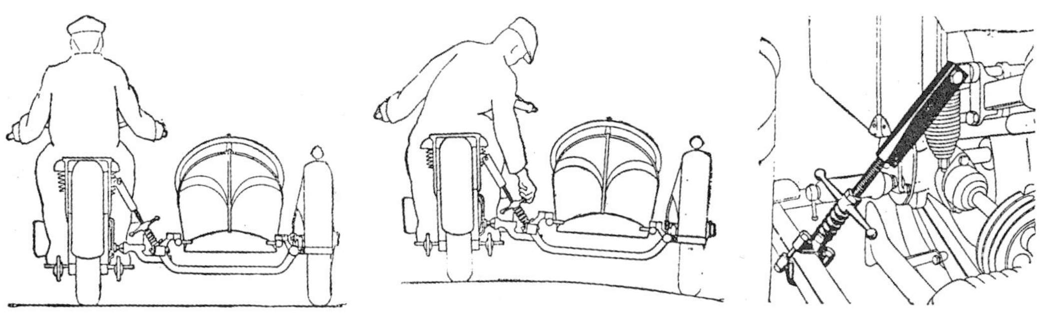

Sturz-Schnellverstellung an Stoye-Seitenwagen (Zeichnung: Stoye)

die Einstellung des Sturzes der Maschine. Eine leichte Neigung des Motorrads in Richtung Gespannaußenseite vermag ebenfalls einen Rechtsdrall des Seitenwagens aufzuheben. MZ beispielsweise empfahl, diesen Sturz der Maschine mit 0-1 Grad einzustellen.

In früheren Jahren war die richtige Einstellung des Sturzes die beste Methode der Wahl, das Gespann auf unterschiedliche Fahrbahnen abzustimmen. Die Leipziger Firma Stoye versah die Mittelstrebe ihrer Dreipunktanschlüsse mit einer Gewindespindel für die Schnelleinstellung des Sturzes. Der Mechanismus konnte sogar während der Fahrt bedient werden. In den dreißiger und fünfziger Jahren war es eine Notwendigkeit, in dieser Weise auf die wechselnden Fahrbahnwölbungen zu reagieren. Solche Fahrbahndecken spielen in Deutschland heute praktisch keine Rolle mehr, sieht man einmal von wenigen Nebenstraßen ab. Der Belag moderner Straßen ist nicht mehr gewölbt, sondern in sich geneigt und erlaubt so den Abfluß von Regenwasser.

Stark gewölbte Fahrbahnen begegnen dem Gespannfahrer nur im Ausland, so in England. Hier kommt noch der Linksverkehr hinzu, und tatsächlich ist ein geplanter Urlaub in Großbritannien ein gegebener Anlaß, den Sturz zeitweilig zu korrigieren. Trotzdem können aber auch moderne Fahrbahnen für den Gespannfahrer ihre Tücken haben, so wenn die Fahrbahnneigung in Rechtskurven zur Kurvenaußenseite verläuft, was man bei hoher Geschwindigkeit oft zu spät bemerkt.

Nachlauf

Der Nachlauf ist ein Wert, der auch dem eingefleischten Solofahrer schon bekannt ist. Er erlaubt Aussagen über die Lenkgeometrie eines Motorrads. Um den Nachlauf zu bestimmen, denkt man sich eine Linie mitten durch den Lenkkopf des Motorrads und genau parallel zum Lenkkopf. Im Geiste verlängert man diese Linie bis zum Boden. Ebenfalls denke man sich nun eine Linie von der Achse des Vorderrads, die genau rechtwinklig auf den Boden trifft. Den Abstand zwischen den beiden Punkten, an denen die gedachten Linien den Boden berühren, nennt man Nachlauf.

Bei Solomaschinen ist man bestrebt, den Nachlauf nicht zu klein werden zu lassen, um möglichen Unruhen in der Lenkung vorzubeugen. Das ist bei Solomaschinen nicht weiter schlimm, denn gelenkt wird ohnehin durch Gewichtsverlagerung. Es fällt dem Solofahrer kaum auf, wenn dieser längere Nachlauf für höhere Lenkungskräfte sorgt, im Gegenteil, dies kann ihm eigentlich nur recht sein.

Der Gespannfahrer freut sich über hohe Lenkkräfte weniger, denn er meistert nicht durch lockeres Hin- und Herschwingen die Kurven wie der Solofahrer. Mit körperlichem Einsatz muß der Gespannfahrer die Lenkstange von Anschlag zu Anschlag bewegen. Folglich sollte der Nachlauf im Gespann möglichst gering sein (Werte bis null wurden gemessen).

Vermessen

Mancher Gespannfahrer will nun entsprechende Änderungen an seinem Fahrzeug vornehmen. Dies ist nicht immer sinnvoll. Manche Gespanne sind so konstruiert, daß möglichst wenig in der Gespanngeometrie verändert werden kann. So ist die Spurweite der Mehrheit moderner Gespanne nicht zu verändern.

Generell sollte man sich vor Augen halten, daß ein ernst zu nehmender Gespannbauer seinem Fahrzeug aus gutem Grund eine bestimmte Geometrie mit auf den Weg gegeben hat. Diese Geometrie ergibt sich aus der langjährigen Erfahrung, die die meisten Gespannbauer in ihrem Metier haben. Der Käufer und Gespannfahrer sollte sich selbstkritisch fragen, ob er tatsächlich über ein vergleichbares Maß an Erfahrung verfügt.

Nicht selten trifft man Gespannfahrer, die »fachmännisch« an der Geometrie ihres dreirädrigen Untersatzes manipuliert haben; mit dem Ergebnis, daß die Fahreigenschaften immer schlechter wurden. Man lasse sich da auch nicht durch die Aussagen irgendwelcher Experten beirren, die einem weismachen wollen, das Seitenwagenrad »muß eben radieren« und dürfe deshalb alle 5000 Kilometer blank gefahren sein. Ein solches Gespann läuft nicht richtig.

Auf der anderen Seite ist es manchmal schon verwunderlich, daß professionelle Gespannbauer nicht mit den Geometriewerten ihrer Fahrzeuge herausrücken. Entweder tun sie dies aus irriger Geheimniskrämerei, damit die Konkurrenz nicht aus dem eigenen Erfahrungsschatz profitiert. Oder sie kennen die exakten Daten tatsächlich selbst nicht und bauen ihre Fahrzeuge nach Gefühl zusammen.

Selbst messen

Gespannfahrer, die ihr Fahrzeug selbst aufbauen, geraten zwangsläufig in die Situation, ihr Fahrzeug vermessen zu müssen, um eine einigermaßen befriedigende Einstellung vornehmen zu können.

Spurweite und Vorspur lassen sich mit etwas Aufwand (und der nötigen Akribie) selbst vermessen. Man benötigt zwei längere Latten, eine davon sollte wenigstens etwa 3 Meter lang sein, vier Ziegelsteine und ein Distanzholz.

Zur Messung stellt man das Gespann auf eine ebene Fläche und belastet Motorrad wie Seitenwagen normgerecht mit 75 Kilogramm. Besser ist es natürlich, wenn man gleich die individuelle Belastung simuliert (glücklich ist, wer samt Leder tatsächlich nur 75 Kilogramm wiegt). Der Lenker wird gerade ausgerichtet. Nun muß die längere der beiden Latten auf zwei Ziegelsteine gelegt werden. Das Ganze wird so von der linken Außenseite her an Vorder- und Hinterrad gelegt, daß die Latte vollständig anliegt. Natürlich ist dies nicht möglich, wenn der vordere Reifen schmaler als der Hinterreifen ist. Um dies auszugleichen, wird ein entsprechendes Distanzholz benötigt. In gleicher Weise stellt man die kürzere Latte ebenfalls auf die beiden Ziegelsteine und legt das Ganze von rechtsaußen an das Seitenwagenrad an. Mißt man nun den Abstand zwischen den beiden Latten in Höhe des Hinterrads, erhält man noch keineswegs die Spurweite. Die Spurweite ist schließlich als Abstand der beiden Spuren von Hinterrad und Seitenwagenrad definiert, und diese Spuren liegen in der Mitte der Radaufstandsfläche. Man mißt also noch die Reifenbreite von Hinterrad und Seitenwagenrad, halbiert beide Werte und zieht beide Hälften vom Gesamtabstand ab. Der so gewonnene Wert ist die Spurweite des Gespanns.

In gleicher Weise geht man in Höhe der Vorderrads vor. Den dort ermittelten Wert zieht man von der zuvor gemessenen Spurweite ab, schon weiß man die Vorspur.

Um den Vorlauf des Seitenwagenrads zu ermitteln, kann man beispielsweise auf dem Garagenboden eine etwa 3 Meter lange gerade Linie aufmalen sowie eine weitere Linie senkrecht zur ersten Linie, die ungefähr so breit wie das Gespann ist. Nun rollt man das Gespann auf die etwa drei Meter lange Linie, so daß sie exakt die Spur des Motorrads bildet. Dann verschiebt man das Fahrzeug, bis die senkrechte Linie sich genau unter der Achse des Hinterrads befindet. Nun begibt man sich zum Seitenwagenrad, »fällt das Lot« von der Achse des Seitenwagenrads auf den Boden und mißt den Abstand des Punktes, in dem das Lot auf den Boden trifft, zu der Linie, die auf Höhe der Hinterradachse liegt. Der so gewonnene Wert ist der Vorlauf des Seitenwagenrads.

Der soeben beschriebenen Prozedur merkt man an, daß ihre Meßungenauigkeit recht hoch ist. Ein Zentimeter mehr oder weniger kann da schon drin sein.

Es lohnt sich, einmal die Meßwerte zur Fahrwerksgeometrie in den Fachzeitschriften unter die Lupe zu nehmen. Häufig erhalten diese Zeitschriften nacheinander dieselben Fahrzeuge zum Test. Trotzdem weichen die Meßwerte voneinander ab. An der Meßmethode liegt es, welche Werte dabei herauskommen. Weiß man um die Meßungenauigkeit, so begegnet man allen Angaben und insbesondere der Zahl hinter dem Komma mit der nötigen Portion Skepsis.
Hat man vor, Werte an einem Gespann zu verändern, so sollte man recht behutsam zu Werke gehen. Es ist ratsam, die Ausgangsstellung jeweils in geeigneter Form zu markieren, damit man notfalls zu ihr zurückkehren kann.

Gespannfahrwerke

Heute sind alle im Handel erhältlichen Solomotorräder kompromißlos für den Solobetrieb konstruiert worden. Lediglich Guzzis werden vom Hersteller selbst noch als seitenwagentauglich bezeichnet und können ohne wesentliche Änderungen am Fahrwerk mit und ohne Seitenwagen gefahren werden. Alle anderen Motorräder erfordern mehr oder minder große Eingriffe in das Fahrwerk, um sie in Gespanne zu verwandeln. Die Gespannwerkstätten haben aus der Not eine Tugend gemacht und bieten dementsprechend für jedes Modell die geeignete, individuelle Lösung an.

Seitenwagenanschluß

Der Anschluß des Seitenwagens war noch bis vor wenigen Jahren eines der Kernprobleme des Gespannfahrens. Wer früher Gespann fahren wollte, besaß in der Regel das Motorrad. Er besorgte sich die nötigen, meist standardisierten Anschlußteile, befestigte diese am Motorradrahmen – und los ging's.
In erster Linie diente der Seitenwagen auch nicht als Freizeitfahrzeug, sondern als Möglichkeit, einen Beifahrer einigermaßen bequem zu transportieren. Meist ergab sich daraus die Forderung, daß der Seitenwagenanschluß möglichst ebenso rasch zu lösen sein mußte, wie er herzustellen war. Alle Hersteller waren daher bemüht, ihre Seitenwagen so zu bauen, daß sie an möglichst viele Motorräder zu koppeln waren. Die Anschlüsse selbst waren so ausgeführt, daß sie möglichst rasch und ohne Werkzeug zu lösen waren.
In dieser Zeit entstanden die Kugelschnellverschlüsse, die von mehreren Seitenwagenherstellern entwickelt wurden. Besonders die Lösung der Leipziger Firma Stoye wurde so populär, daß sie heute noch verwendet wird. In der Regel wurden und werden die unteren Anschlüsse als Kugelschnellverschlüsse ausgeführt, die oberen als Gabelanschlüsse mit Flachbolzen. Man kann dann zuerst die Kugelmäuler am Seitenwagen auf die Kugeln am Motorrad schieben und die Kugelverschlüsse leicht anziehen. Anschließend schraubt man die oberen Anschlüsse fest, wodurch der Sturz des Motorrads festgelegt wird, so daß sich dann auch die Kugelverschlüsse endgültig anziehen lassen.
Die erforderliche Anzahl von Anschlußstreben war lange Zeit Streitfrage. In Leipzig, bei der Firma Stoye, verfocht man das Prinzip des Dreipunktanschlusses. Die beiden unteren waren als Kugelschnellverschlüsse ausgebildet, die obere Mittelstrebe war mit einer patentierten Sturzschnelleinstellung versehen. In Leipzig war man sich darüber im klaren, daß dies nicht absolut verwindungssteif war. Eine gewisse Nachgiebigkeit sah man als guten Schutz gegenüber Rahmenbrüchen an.
Tatsächlich wird die Geschichte erzählt, daß bei einer großen Lieferung von Behördengespannen der Auftraggeber auf einen Vierpunktanschluß beharrte, obgleich der Hersteller das Prinzip des Dreipunktanschlusses empfahl. Nach Auslieferung kam es prompt

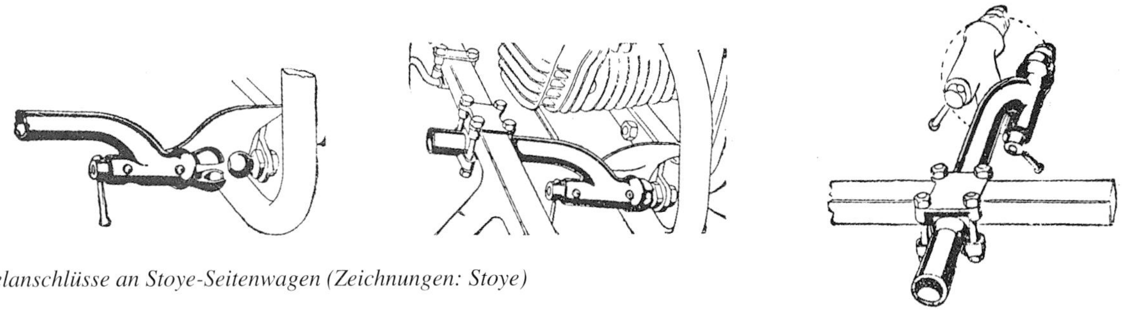

Kugelanschlüsse an Stoye-Seitenwagen (Zeichnungen: Stoye)

zu Rahmenbrüchen, die allerdings schlagartig aufhörten, als der Vierpunktanschluß entsprechend den Vorstellungen des Seitenwagenherstellers auf Dreipunktanschluß zurückgebaut wurde.
Mit dem Aufkommen PS-starker Motorräder verlor der nicht ganz starre Dreipunktanschluß ebenso seine Bedeutung wie der sich verwindende Schleifenrahmen. Heute hat sich der Vierpunktanschluß durchgesetzt. Tendenzen, noch mehr Anschlußstreben unterzubringen, waren nicht erfolgreich. Während Gunnar Carell seine TR-Nachbauten an fünf Punkten befestigte, bietet Fritz Egli für seine Gespanne auf Wunsch sogar Sechspunktanschluß an.
1991 wurde das alte Stoye-Prinzip des federnden Seitenwagenanschlusses von Peter Sauer wiederentdeckt. Moderne Festigkeitsprüfungen bewiesen eine deutliche Reduzierung von Spannungen im Fahrgestell. Eine schöne Bestätigung einer alten, auf Erfahrung begründeten Philosophie.

Alte DIN-Normen

Weitaus wichtiger als die Zahl der Anschlüsse sind Ort und Art ihrer Montage. Um diese zu vereinheitlichen, wurden vom Fachnormenausschuß der Kraftfahrindustrie 1935 sogar entsprechende Vorschriften für den »Seitenwagenanschluß an Krafträdern« formuliert:
DIN Kr 4031 »Lage der Anschlußpunkte am Kraftrad«
DIN Kr 4032 »Lage der Anschlußpunkte am Seitenwagen«
DIN Kr 4033 »Anschlußmaße der Anschlußteile«
Letztere legte die Ausführung der oberen Gabelanschlüsse und die Form der maschinenseitigen Kugeln fest. Die Bauart der beiwagenseitigen Kugelschale blieb freigestellt. Alle drei Normen wurden 1972 ersatzlos gestrichen.
Im übrigen geht der Trend eindeutig fort von universellen Anschlüssen und hin zu individuellen, auf den jeweiligen Fahrzeugtyp abgestimmte Lösungen. Bei modernen Gespannen sind die aufwendigen Kugelschnellverschlüsse aus der Mode gekommen. Da diese Gespanne stets als Einheit gefahren werden, kann man auf sie verzichten und unten wie oben Flachbolzen vorsehen.

Gespannrahmen

Als BMW 1969 seine völlig neu konstruierte /5-Reihe vorstellte, löste dies bei Gespannfahrern einen regelrechten Schock aus. BMW hatte in der Absicht, möglichst viel Gewicht einzusparen, den Motorradrahmen entsprechend dimensioniert und erklärte das gesamte Fahrzeug kurzerhand für nicht gespanntauglich. »Für Beiwagenbetrieb nicht geprüft«, hieß es lakonisch in den Fahrzeugpapieren.
Aus dem benachbarten Holland kam 1974 Rettung in der Not. EML offerierte einen komplett neuen Gespannrahmen für BMW-

Boxer. Mit diesem Gespannrahmen brach zugleich auch ein neues Zeitalter im Gespannbau an.
EML-BMW-Gespanne waren nur noch mit Seitenwagen zu fahren. Wer sich zu dem aufwendigen Gespannumbau entschlossen hatte, für den gab es kein Zurück mehr: einmal Gespann, immer Gespann.
Zudem wurde dieser Umbau sehr kostspielig. Zum einen mußte ein komplett neuer Rahmen angeschafft werden, der aufgrund geringer Stückzahlen nicht eben billig war. Zum anderen, und das wog viel schwerer, mußte das Ausgangsmotorrad, die BMW, per Hand komplett zerlegt werden und in den neuen Rahmen eingebaut werden, was viele Werkstattstunden und damit viel Geld kostete.
Der EML-Gespannrahmen für BMW-Boxer blieb somit die einzige Lösung zum Anschluß eines Seitenwagens, bei der der Motorradrahmen komplett ersetzt wurde.

Hilfsrahmen

Auf der Suche nach dem Büffelgespann kamen findige Gespannfahrer auf die Idee, japanische Vierzylinder im Gespann zu fahren. Die Honda Gold Wing oder die XS 1100 von Yamaha wurden so zu beliebten Gespannmaschinen. Tatsächlich waren die Importeure der Japaner anscheinend weitaus argloser als die BMW-Leute, vielleicht war auch ihr Vertrauen in die Stabilität der eigenen Rahmen größer, so daß sie im Grunde gegen den Gespannbetrieb nichts einzuwenden hatten. Voraussetzung ist in der Regel, einige gezielte Verstärkungen am Solorahmen anzubringen.
Nun sind Schweißungen am Originalrahmen nicht nur beim TÜV mit Recht verpönt. In der Konsequenz entstanden Verstärkungsstreben, die häufig auch gleich die entsprechenden Anschlußteile für den Seitenwagen enthielten. Mit der Zeit entwickelten sich diese Verstärkungen zu zum Teil recht umfangreichen Hilfsrahmen, die an den Originalrahmen angeschraubt werden und diesen gespanntauglich machen.
Seinen großen Durchbruch hatte das Hilfsrahmenkonzept mit der BMW K 100. Anders als die BMW-Boxer hat sie keinen Doppelschleifen-Rohrrahmen, sondern einen Brückenrahmen, in den der Motor als tragendes Teil integriert wurde. Es waren wieder die Holländer bei EML, die das erste K 100 Gespann vorstellten. Statt eines komplett neuen Rahmens hatten sie einen Hilfsrahmen konzipiert, der den Brückenrahmen der Solomaschine mit zwei Unterzügen unter dem Motor verstärkte.
Aufgrund des Verkaufserfolgs der K 100 im Gespann folgten immer mehr Firmen, die die unterschiedlichsten Hilfsrahmen für den Umbau der K 100 vorstellten, die sich aber alle in der Ausführung unterscheiden.
Was den Vierzylindern recht ist, konnte den Boxerfahrern nur billig sein, und das im wahrsten Sinne des Wortes. Um den aufwendigen und teuren Umbau der BMW-Boxer mit einem neuen Rahmen zu umgehen, konzipierten verschiedene Hersteller einen Hilfsrahmen für BMW-Boxer, der zuerst von Jeaniel auf den Markt gebracht wurde. Der damalige Jeaniel-Importeur Horn brachte sogar das Kunststück fertig, BMW-Boxer als wechselweise im Gespann oder Solo zu benutzendes Fahrzeug zuzulassen. Dies war mit einer R 45, mit Originalgußrädern, Originaltelegabel und dem superleichten Seitenwagen Cobra möglich. Ob dies allerdings technisch gesehen der Weisheit letzter Schluß ist, darf ernstlich bezweifelt werden.

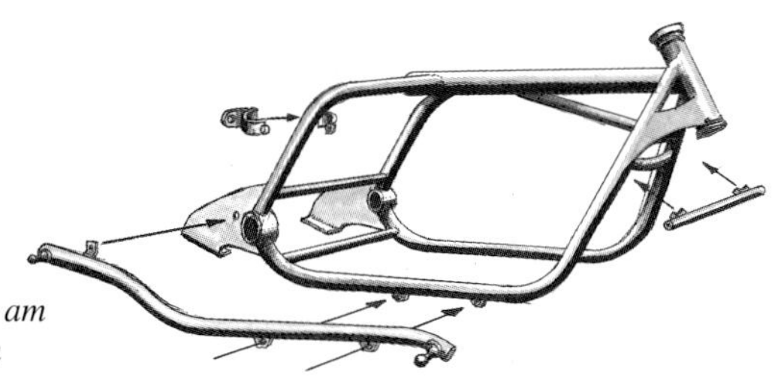

Hilfsrahmenmontage am BMW-Boxer-Rahmen

An dieser Stelle muß übrigens gerade im Hinblick auf BMW-Boxer auf einen erheblichen Nachteil des Hilfsrahmenkonzepts hingewiesen werden: Rahmenteile für Gespanne werden von den Gespannbauern meist mit einigem Aufwand produziert und in der Regel recht aufwendig gegen Witterungseinflüsse geschützt. Wer sein Gespann im Winter fahren will, wird diesen Aufwand zu schätzen wissen.
Leider betreibt gerade BMW diesen Aufwand nicht. Gespannfahrer wissen, daß BMW-Rahmenteile oft schon in Rost erblühen, während sich die Hilfs- und Seitenwagenrahmenteile davon völlig unbeeindruckt zeigen. So kann die unzureichende Qualität des Originalrahmens den Gespannfahrer schon zeitig zwingen, das gute Stück komplett zu zerlegen und den Rahmen neu zu lackieren. Es kann also tatsächlich lohnender sein, von vornherein den BMW-Rahmen beim Boxer-Gespann gegen einen EML-Komplettrahmen auszutauschen.
Gespannbauer erzählen zuweilen auch von Rahmenrohren, die bei dem Versuch, Hilfsrahmen anzuklemmen, zusammengedrückt wurden. Derartige Arbeiten sollten deshalb von einer Fachwerkstatt ausgeführt werden, die dann das entsprechende Risiko trägt.

Komplettrahmen

Bei dem ganzen Aufwand, der mit der Montage von Hilfsrahmen und Anschlußteilen getrieben wird, drängt sich die Überlegung auf, doch lieber gleich Nägel mit Köpfen zu machen und einen Komplettrahmen für Motorrad und Seitenwagen zu konzipieren. Dies hat den großen Vorteil, daß man auf die Anschlußverschraubungen völlig verzichten und eine verwindungsfreie Verbindung bauen kann. Ein Nachteil dieses Konzepts besteht jedoch darin, daß sich Motorrad und Seitenwagen auch zu Reparaturzwecken nicht lösen lassen.
Bekanntestes Konzept dieser Art dürfte das HBJ-Gespann der Firma Reichler sein. Aus dem Gespannstraßenrennsport kommend, beabsichtigte der Konstrukteur, ein kompromißlos sportliches Gespann auf Basis der Yamaha FJ 1200 zu realisieren. Immerhin hat die Yamaha ungedrosselt 135 PS, da lassen sich bei entsprechender Konzeption schon beachtliche Fahrleistungen verwirklichen. Um diese geballte Leistung (50 % mehr als die eines K-100-Gespanns) sicher im Rahmen unterzubringen, verpflanzt Reichler die Antriebseinheit in eine eigene Rahmenkonstruktion für Motorrad und Seitenwagen. Kompromißlos sportlich ausgelegt, ist das HBJ-Gespann eines der wenigen neukonstruierten Fahrzeuge, das mit einer Spurweite von nur 110 Zentimetern daherkommt – im Zeitalter der breiten Gespanne ein beachtlich niedriger Wert.

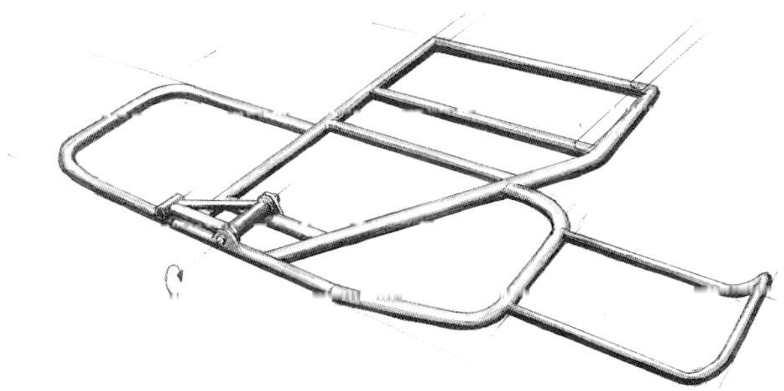

Klare Linie: Rahmen HBJ-Gespann (Schema)

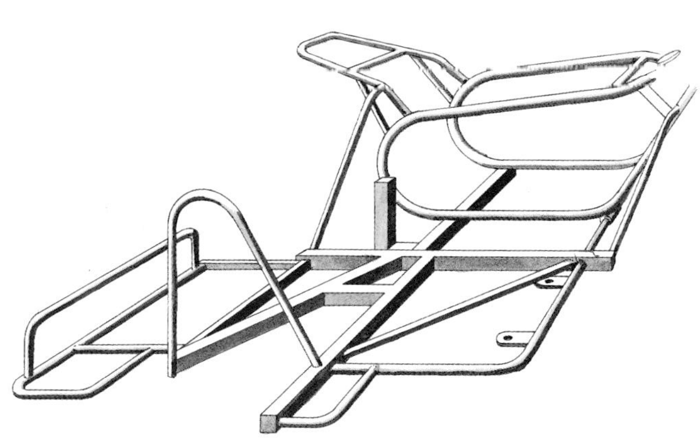

Unübersichtlich: Rahmen Motowig-Gespann (Schema)

Auch an anderen Gespannen, zum Beispiel beim bayerischen Motowig-Gespann auf K-100-Basis, wurden inzwischen Komplettlösungen verwirklicht. Doch bei keiner dieser Lösungen wirkt der Gesamtrahmen so überzeugend, weil einfach und klar in der Führung der Rahmenrohre, wie beim HBJ-Gespann.

Comete-Rahmen

Einen gelungenen Kompromiß zwischen einem neuen Komplettrahmen und dem Hilfsrahmenkonzept hat mit dem Comete-Gespann die französische Firma Side-Bike erreicht. Konstrukteur Perrin ist hier einen (logischen) Schritt weitergegangen und hat Seitenwagenrahmen und Hilfsrahmen zu einer Einheit verschmolzen. Damit entfallen Anschlußteile und -verschraubungen wie bei herkömmlichen Gespannen. Das Gespann-Motorrad, ebenfalls eine Yamaha FJ 1200 mit Deltabox-Rahmen, wird lediglich mit dem kombinierten Seitenwagen-/Hilfsrahmen verschraubt. Eine ebenso geniale wie einfache Idee, die das Comete-Gespann im Vergleich zum HBJ-Gespann um 10.000,- DM billiger werden läßt, weil die aufwendige Verpflanzung der Motorrad-Innereien entfällt.

Ein ganz ähnliches Konzept verfolgt HBJ mit seinem neuen Unterflurrahmen mit Nabenlenkung. Der originale Motorradrahmen wird seiner Unterzüge beraubt und im Unterflurrahmen verschraubt.

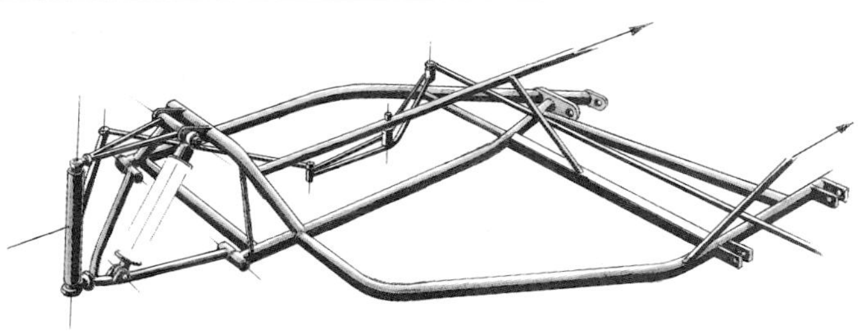

Comete-Seitenwagenrahmen mit Lenkmechanismus (Schema)

Lenkung

Gängig ist die falsche wie unsinnige Annahme, ein Motorrad würde erst mit einer Schwingengabel gespanntauglich. Ebenso falsch ist die Annahme, erst eine Schwingengabel würde geringe Lenkkräfte garantieren.

Was die Lenkkräfte angeht, so werden diese wesentlich vom Nachlauf des Vorderrads bestimmt. Wird eine Tauchgabel im Gespann gefahren, so bleibt in der Regel der auf Soloverhältnisse abgestimmte (lange) Nachlauf unverkürzt – hohe Lenkkräfte sind das Resultat. Durch einen entsprechend breiten Lenker, den sogenannten Gespannlenker, sollen sie dann kompensiert werden – doch kommt dies einem Herumdoktern an den Symptomen gleich.

Besser ist es, gleich ursächlich den Nachlauf zu verkürzen. Auch ein so klassisches Gespann wie der berühmte grüne Elefant, die Zündapp KS 601, lief mit Tauchgabel. Zündapp gab dem Motorrad zwei verschiedene Gabelbrücken mit auf den Weg, die je nach Einsatzverhältnissen für Solo- oder Gespannbetrieb ausgetauscht werden mußten und den Nachlauf entsprechend anpaßten.

Der Vorgänger der KS 601, die KS 600, besaß im Unterschied zur 601 noch eine Parallelogrammgabel. Hier gestaltete sich die Umstellung des Nachlaufs einfacher, weil die Gelenkhebel der Gabel schlicht entsprechend ausgetauscht wurden, zu jener Zeit ein übliches Vorgehen. Wie leicht einzusehen ist, kann der Nachlauf bei der Tauchgabel nicht so einfach verändert werden.

Tauchgabel

Die Tauchgabel ist ein Kind der dreißiger Jahre und wurde 1935 im Hause BMW zur bekannten langhubigen Teleskopgabel weiterentwickelt. Trotzdem stattete BMW seine Motorräder in den fünfziger und sechziger Jahren mit einer Langarmschwinge aus, weil sie vom Federungskomfort und Bremsver-

halten her der Tauchgabel der damaligen Zeit überlegen war. Dies war die Zeit, von der alte BMW-Gespannfahrer noch heute schwärmen, wenn sie vom BMW-Langschwingenfahrwerk erzählen.
Trotzdem kehrte man bei BMW zur Tauchgabel zurück. Die Gründe dafür waren vielfältig: eine wesentliche Rolle spielte aber die Tatsache, daß der Nachlauf bei der Langschwinge sehr groß war und die Motorräder unhandlich machte.
Das verwundert den Gespannfahrer von heute, sind doch die heutigen Hersteller von Gespannschwingengabeln bestrebt, den Nachlauf gegenüber den Solowerten noch weiter zu verkürzen. So galten denn auch die modernen Tauchgabeln bezüglich Nachlauf als akzeptabler Kompromiß für Solo- und Gespannbetrieb.
Leider hat die Tauchgabel einen ganz gravierenden Nachteil im Gespannbetrieb: die leidigen Querkräfte sind es, die ihr zu schaffen machen. Die klassische Tauchgabel besteht aus den beiden Standrohren, die in der Gabelbrücke festgeklemmt sind. Die Standrohre gleiten in den beiden Tauchrohren, deren einzig starre Verbindung die Steckachse bildet, die an die Tauchrohre festgeklemmt wird.
Es ist leicht einzusehen, daß diese Kombination nicht sehr verwindungssteif ist. Wer dies nicht glaubt, der sollte einmal die Gabel eines MZ-Gespanns mit Tauchgabel in voller Fahrt beobachten. Eine übliche Versteifung der Tauchgabel, auch im Solobetrieb, ist daher der sogenannte Gabelstabilisator, der eine zusätzliche starre Verbindung oberhalb des Rads zwischen beiden Tauchrohren schafft.
Eine weitere Möglichkeit, die Tauchgabel zu stabilisieren, bietet das Konzept der Upside-Down-Gabel, wie sie auch von der Firma ARMEC in ihren Gespannen verwendet wird. Bei der Upside-Down-Gabel werden die Tauchrohre fest in der Gabelbrücke eingeklemmt, während die Standrohre an der Achse festgeklemmt sind. ARMEC hat seine Gabel zusätzlich mit einem mechanischen Anti-Dive ausgestattet, der das lästige Eintauchen der Gabel beim Bremsen verhindern soll.

Vorkriegstechnik: Parallelogrammgabel an einem Horex-Gespann

Upside-Down-Gabel von Armec (Foto: Armec)

Schwingengabel
Anders als die Tauchgabel ist die geschobene Schwingengabel wesentlich verwindungssteifer, weil die beiden Gabelholme auch in Achshöhe am Schwingenlager fest miteinander verbunden sind. Federung und Dämpfung besorgen Federbeine, wie sie beim Motorrad auch an der gezogenen Schwinge des Hinterrads verwendet werden.
Für die meist kleinen Gespannbauer hat die Schwingengabel zudem den unschätzbaren fertigungstechnischen Vorteil, daß sie einfacher gefertigt werden kann als die Tauchgabel, deren System aus ineinandergleitenden Rohren schon sehr genau hergestellt sein muß, um eine einwandfreie Funktion zu garantieren.
Die erste eigens für den Gespannbetrieb konzipierte Schwingengabel war die von EML. Durch einfaches Umhängen läßt sich der Nachlauf hier wahlweise kurz oder länger wählen.
Andere Hersteller verzichten ganz auf eine Wahl des Nachlaufs und geben den vom Hersteller favorisierten Wert unveränderbar vor.
Einen völlig anderen Weg geht die hessische Firma Pfeifer mit ihrer OPAL-Universalschwinge, deren Nachlauf sich stufenlos auf Solo- und Gespannwerte einstellen läßt. Eine ebenfalls stufenlos verstellbare Schwinge liefert Peter Sauer aus Karby.
Gewiß bietet die Verstellmöglichkeit gewisse Vorteile, andererseits birgt sie in der täglichen Praxis (zumindest theoretisch) die Gefahr, sich unbeabsichtigt langsam zu verstellen und damit die Fahreigenschaften - vom Fahrer unbemerkt - zu verschlechtern.

Schwingengabel mit Zentralfederbein
Eine Sonderstellung nimmt die Schwingengabel mit Zentralfederbein der Firma Walter aus Körle ein. Ausgangspunkt dieser Konstruktion war die Überlegung, daß ein bei vielen Solomaschinen in der Hinterradschwinge bewährtes Zentralfederbein in der Schwingengabel ebenfalls Vorteile bieten muß. Insbesondere die Lenkkräfte sollen deutlich reduziert sein.
Tatsächlich treten bei dieser Konstruktion garantiert keine Probleme auf, die sich durch ungleichmäßige Einstellung oder unterschiedlichen Verschleiß von zwei Federbeinen ergeben.
Zudem liegt das einzelne Federbein recht gut geschützt hinter dem Kotflügel und ist damit nicht so sehr dem Straßendreck ausgesetzt wie die Federbeine herkömmlicher Schwingengabeln.

Einarmschwingengabel
Warum soll in der Vorderradschwingengabel nicht funktionieren, was in der Großserie bei BMW-Solomotorrädern als besonders verwindungssteif gilt? Aufgrund dieser Überlegung baut Horst Räbiger aus Homberg/Ohm eine Einarmschwingengabel mit einem einzelnen Schwingarm rechts und edlem hydraulischen Federbein von Fournales. Der einseitige Schwingenarm ermöglicht Räbiger die Verwendung von Leichtmetallrädern aus dem Automobilbau. Der häufig geäußerte Wunsch nach drei gleichen Rädern am Gespann läßt sich so preisgünstig realisieren.
Leider erlaubt die Einarmschwinge nur die Montage einer Bremsscheibe. Ein Manko, daß sie mit der Achsschenkellenkung gemeinsam hat.

Lenkungsdämpfer
Die meisten modernen Gespanne werden mit hydraulischem Lenkungsdämpfer geliefert. Dieses scheinbar notwenige Detail ist dennoch nicht unumstritten. Fährt man ein Gespann ohne Lenkungsdämpfer, so neigt die Lenkung in der Regel bei Geschwindigkeiten zwischen 30 und 50 Stundenkilometern zum Flattern. Besitzt das Fahrzeug eine einigermaßen ausgewogene Fahrzeuggeometrie, so muß dieses Lenkerflattern weder gefährlich noch unangenehm sein.

Verchromte Langschwinge an einem Orion-Gespann von Beringer

Schwingengabel mit Zentralfederbein von Walter

MZ-Schwingengabel am ES-Modell, mit Möglichkeit zur Nachlaufänderung

EML-Schwingengabel

Schwingengabel mit verstellbarem Nachlauf von Sauer

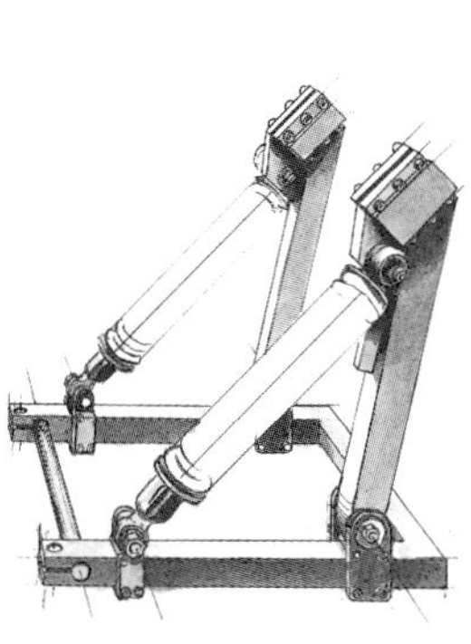

Opal-Schwingengabel mit stufenlos verstellbarem Nachlauf von Pfeiffer

Wenn so viele Gespannbauer dennoch den Lenkungsdämpfer als unverzichtbaren Bestandteil ihrer Konstruktion ansehen, dann nur, weil sich mit seiner Hilfe bauartbedingte Fahrwerksunruhen ganz phantastisch vertuschen lassen.

Tatsächlich gibt es Gespannbauer, die völlig auf den Einbau von Lenkungsdämpfern verzichten. Anscheinend ist es im hohen Norden bei Peter Sauer ebenso möglich, Gespannfahrwerke zu konzipieren, die ohne Lenkungsdämpfer auskommen, wie tief im Süden im bayerischen Sonthofen bei der Firma Moto Wilhelm.

Achsschenkellenkung

Weithin bekannt sind die Schwierigkeiten der Schwingengabel, in schnell gefahrenen Linkskurven das Vorderrad am Boden zu halten. Um eine weitere Verbesserung des Lenkverhaltens von Gespannen, insbesondere von sehr schnell gefahrenen Gespannen zu erreichen, müssen Federung und Lenkung konstruktiv vollkommen voneinander getrennt werden. Rein theoretisch sollen dann Straßenunebenheiten ohne Einfluß auf die Lenkung des Fahrzeugs bleiben. Im Automobilbau ist dies seit langem bekannt, und auch die Gespanne der Rennstrecke laufen schon seit Jahren mit Achsschenkellenkung.

Bei der Achsschenkellenkung ist die Radachse fest mit der senkrechten Achse der Radlenkung verbunden. Diese senkrechte Lenkachse ist in übereinanderliegenden Schwingenarmen in Kugelköpfen drehbar gelagert. Ein Lenkgestänge überträgt die Lenkbewegung vom Lenker auf die Radachse, die entsprechend um die senkrechte Lenkachse gedreht wird.

Schon 1984 präsentierte die Firma Krauser das Domani-Gespann auf K 100-Basis mit Achsschenkellenkung, an dessen Konzeption Gespannweltmeister Rolf Biland Anteil hatte. Es wurde eine am Motorradrahmen angelenkte, längs angeordnete Schwinge verwendet. Zu diesem Zeitpunkt hatte das avantgardistische Gefährt aber (leider) mehr Bedeutung als Studie. Gewissermaßen ein Ausblick auf das, was in den neunziger Jahren Stand der Technik sein würde.

Das schwedische Corda-Gespann mit VW-Motor war eines der ersten in kleinen Stückzahlen gefertigten Fahrzeuge mit dieser noch immer ein wenig futuristisch anmutenden Vorderradführung. Hier ist die Schwinge am Seitenwagenrahmen befestigt. Zudem wird das Vorderrad über eine Kardanwelle angetrieben.

Wiederum das Verdienst des Franzosen Jean-Claude Perrin mit seinem Comete-Gespann ist die Verwendung der Achsschenkellenkung für ein in größerer Stückzahl gebautes Gespann. Nach und nach präsentieren auch andere Firmen Gespanne mit Achsschenkellenkung, zum Beispiel der Wasp-Importeur Hermeling an seinem Tornado-Gespann.

Bei soviel Euphorie sollen die Nachteile der Achsschenkellenkung nicht verschwiegen werden. Der gravierendste Minuspunkt liegt sicher in der mangelnden Direktheit der

Einarm-Schwingengabel mit Fournales-Federbein von Räbiger (PKW-Leichtmetall-Rad, eine Bremsscheibe mit zwei Bremszangen)

Lenkung, so ist die Lenkung beim Comete-Gespann vorn etwa in einem Verhältnis von 0,8 untersetzt. Mit der Achsschenkellenkung wird das Gespann wiederum ein klein wenig autoähnlicher.

Bekanntlich ist einer der großen Vorzüge des Gespanns die Direktheit in der Lenkung, wie man sie sonst höchstens noch beim Cart findet. Gewiefte Gespannfahrer spüren am Zug, den der Lenker ausübt, ob das Vorderrad noch Bodenkontakt hat oder nicht. All dies geht bei der Achsschenkellenkung verloren.

Auch der Wendekreis, bei den modernen und meist sehr breiten Gespannen ohnehin recht groß, wird durch die Achsschenkellenkung weiter vergrößert.

Ebenso problematisch ist die Anordnung der Bremse, denn aus naheliegenden Gründen kann bei der Achsschenkellenkung nur eine Bremsscheibe am Vorderrad angebracht werden. Um der bei den meist PS-starken Gespannen auftretenden riesigen Verzögerungskräfte einigermaßen Herr zu werden, müssen zwei Bremszangen auf die eine Scheibe wirken.

Generell gilt die Faustregel, daß bei Fahrzeugen die Vorderradbremsen zwei Drittel und die Hinterradbremsen ein Drittel der Bremskraft aufbringen müssen. Bei Automobilen ist dies alles kein Problem, denn sie haben zwei Vorderräder, ein Gespann hat aber nur eines ...

Nabenlenkung

Eine Weiterentwicklung des Achsschenkelkonzepts ist die Nabenlenkung. Die senkrechte Lenkachse neben dem Rad wurde hier als Achsdorn in die Radnabe verlagert. Der Achsdorn ist rollengelagert, ein Vorteil gegenüber der kugelkopfgelagerten Lenkachse der Achsschenkellenkung. Obendrein wirkt die Nabenlenkung auch optisch ansprechender.

EML bietet eine Nabenlenkung für sein Kawasaki ZZ-R-1100-Gespann an.

Achsschenkellenkung beim Comete-Gespann

Achsschenkellenkung beim Corda-Gespann

EML-Nabenlenkung

Gelenktes Seitenwagenrad

Keineswegs neu ist die Idee, das Seitenwagenrad an der Lenkung des Gespanns zu beteiligen. Die Überlegung, die dem zugrunde liegt, ist denkbar einfach: bekanntlich wird dem starren Seitenwagenrad ein wenig Vorspur gegeben (das heißt, es ist leicht nach links eingeschlagen), um das Fahren von Linkskurven zu erleichtern. Somit radiert das Seitenwagenrad in Linkskurven weniger stark, aber es radiert. Damit das Gespann in Linkskurven nicht über den Seitenwagen kippt, gibt man dem Seitenwagenrad Vorlauf, der sich aber in Rechtskurven wieder störend bemerkbar macht und das Seitenwagenrad abermals radieren läßt. Völlig abstellen kann man dieses Radieren nur, wenn das Seitenwagenrad mitlenkt.

Im Laufe der Gespanngeschichte hat es immer wieder Versuche gegeben, mitlenkende Seitenwagenräder zu bauen. Das Grundprinzip all dieser Konzeptionen bestand darin, das Seitenwagenrad nicht einfach im gleichen Winkel wie das Vorderrad einschlagen zu lassen. Wichtig ist vielmehr, daß der Kurvenradius beider Räder um den gleichen Mittelpunkt läuft. Dann lassen sich optimale Fahreigenschaften ohne Radieren des Seitenwagenrads erreichen. Auch der gefürchtete Überschlag in Linkskurven kann so zuverlässig vermieden werden. Dies kann allerdings auch durch andere Maßnahmen (Vorlauf, niedriger Schwerpunkt) zumindest annähernd erreicht werden, so daß man sich fragen muß, ob der mechanische Aufwand für die Seitenwagenlenkung gerechtfertigt ist.

Dennoch laufen bereits reihenweise gefertigte Gespanne mit gelenktem Seitenwagenrad. Vorreiter war ein weiteres Mal das schwedische Corda-Gespann, dessen gelenktes Seitenwagenrad sogar über Riemen angetrieben wird.

Den Durchbruch mit einem in größeren Stückzahlen verkauften Gespann dürfte die Seitenwagenlenkung wiederum mit dem Comete-Gespann von Jean-Claude Perrin erzielt haben. Der Einschlag des Seitenwagenrads ist unterschiedlich stark untersetzt, je nach Rechts- beziehungsweise Linkseinschlag. Rechts beträgt das Verhältnis 0,5, links dagegen 0,2.

Aus Finnland importiert Horst Hartmanns Firma HGT seit 1991 den Seitenwagen Speeding 2 WS, dessen Seitenwagenrad ebenfalls mitlenkt.

Mitlenkendes Seitenwagenrad beim Comete-Gespann

Klassische Speichenräder

Anders als beim Solomotorrad werden beim Gespann die Reifen nur einseitig belastet. Eine abgerundete Lauffläche, wie sie bei den Reifen für Solomaschinen üblich ist, macht daher beim Gespann keinen Sinn. Motorradreifen sind im Gespannbetrieb auf wenigen tausend Kilometern abgefahren. Schon seit langem boten die Reifenlieferanten daher für den Gespannbetrieb Reifen mit gerade Lauffläche, speziellem Profil und entsprechender Gummimischung für den Gespannbetrieb an. Sieht man einmal von Exoten ab, wird als einziger Reifen dieser Art heute noch von Metzeler der Block K in der Dimension 4.00-18 geliefert. Reifen dieser Art liefen (und laufen heute noch) in der

Regel auf Speichenrädern, die noch bis in die frühen siebziger Jahre hinein den weitaus größten Anteil der Motorradräder bildeten. Speichenräder haben nicht nur den Vorteil, gut auszusehen. Sie weisen auch eine gewisse Elastizität auf und haben die angenehme Eigenschaft, leicht federnd zu wirken. Andererseits sind Speichenräder anfällig gegen Korrosion und wartungsaufwendig.

Ihre Stabilität erhalten sie durch die Spannung, die zwischen Nabe und Felge durch die vielen Speichen aufrechterhalten wird. Durch den Fahrbetrieb haben die Speichen die unangenehme Eigenschaft, sich zu lockern. Damit gerät das ausgeklügelte System der Kräfteverteilung zwischen Felge und Nabe aus dem Gleichgewicht. Einzelne Speichen werden stärker belastet als andere – sie brechen. Daraufhin verstärkt sich die Einwirkung auf die übriggebliebenen Speichen, und irgendwann bricht das ganze Rad in sich zusammen. Ein Speichenrad einwandfrei zu zentrieren, also einzuspeichen, erfordert ein gerüttelt Maß an Erfahrung und Fingerspitzengefühl. Demnach war es kein Wunder, daß sich die in den siebziger Jahren mit dem Motorradboom aufkommenden wartungsfreien Alugußräder großer Zustimmung erfreuten.

15-Zoll-Räder

Zur gleichen Zeit suchten Gespannfahrer nach einer ernsthaften Alternative zu den unausgereiften Motorradreifen mit Gespannprofil. Eine Lösung schienen Autoreifen zu sein. Aufgrund der fehlenden Schräglage dürften Autoreifen ohnehin für den Gespannbetrieb besser geeignet sein als die Motorradreifen mit runder Lauffläche. Ein Nachteil der Autoreifen schien deren geringer Durchmesser zu sein, denn kleine Räder lassen Straßenunebenheiten und Schlaglöcher stärker spüren als große Räder.

So wurden 15-Zoll-Räder als geeigneter Kompromiß empfunden. Normalerweise taten die Reifen der Dimension 125 SR 15 ihren Dienst in der Ente 2 CV. Doch auch im Gespann erschienen sie dem Betrachter noch schlank genug, um nicht plump zu wirken. Immerhin entwickelte sich bis etwa 1987/88 die Tendenz, alle Räder eines Gespanns einheitlich mit 15-Zoll auszurüsten. Noch zu Beginn der Achtziger hatte EML seine Seitenwagen mit kleineren Rädern ausgerüstet, die von den Gespanneignern gern auf 15-Zoll umgerüstet wurden.

13 und 14 Zoll

Will man ein schnelles Gespann fahren, so gibt es nur einen sicheren Weg, dies einigermaßen gefahrlos zu tun: der Schwerpunkt des Fahrzeugs muß so niedrig wie möglich gelegt werden. Man erreicht dies nur, wenn man von der 15-Zoll-Reifendimension abgeht und kleinere Raddurchmesser, also 14 oder sogar 13-Zoll, akzeptiert.

Das Comete-Gespann beispielsweise rollt vorn und seitlich auf 175/60 HR 13 und Alufelgen vom Auto sowie hinten auf 175/65 HR 14 und einem Stahlscheibenrad (die Kraftübertragung wollte man einem Alurad dann wohl doch nicht zumuten).

Gespanntaugliche Räder

EML entwickelte in den siebziger Jahren sein Rohrspeichenrad, das für zehn Jahre das typische Rad für autobereifte Gespanne war. Die Fertigung von Rädern ist nicht einfach, und auch bei den geschweißten EML-Rohrspeichenrädern traten zuweilen Probleme mit den Schweißnähten auf.

Manche Gespannfahrer suchten deshalb nach Alternativen und fanden sie ab 1986 zum Beispiel bei Jeaniel mit den Stahlscheibenrädern, deren Nachteil allerdings ihr hohes Gewicht und damit ihre hohe ungefederte Masse ist. Auch hier soll es zu Festigkeitsproblemen gekommen sein.

Die Dreamline-Gespanne der Firma HGT laufen ebenfalls auf Stahlscheibenrädern. Alternativen gibt es mittlerweile bei vielen

Herstellern. Wasp-Gespanne werden sogar mit eigens für den Gespannbetrieb entwickelten Alugußrädern ausgestattet.
EML hat seine Rohrspeichenräder zunächst durch das EML-Verbundrad abgelöst, dessen Elemente nicht mehr verschweißt, sondern verschraubt sind. Leider waren die Schrauben der Verbundräder aber auch sehr empfindlich gegen Rost.
Die französischen Beringer-Räder sind dagegen Verbundräder mit Naben aus Aluguß und Felgen aus Stahl.
Auch EML setzt heute auf Verbundräder, deren Naben EML selbst fertigt. Die Felgen beziehen die Holländer von Akront aus Spanien.

Bereifung
Leider läßt die Auswahl an 15-Zoll-Reifen heute einiges zu wünschen übrig. In Deutschland sind in der Dimension 125 SR 15 nur noch wenige Profile erhältlich, in der Regel der Michelin X (der typische Entenreifen) und der Uniroyal 280. Zuweilen wird noch der Firestone TCA angeboten – ein M+S-Profil, das aber diesen Namen eigentlich nicht verdient. In Frankreich ist dagegen auch von Dunlop der SP 4 in dieser Größe zu haben. Niemand weiß, warum nicht wenigstens der Motorradreifenvertrieb von Dunlop diesen Reifen nach Deutschland holt.
Die meisten Gespannbauer weichen wegen der eingeschränkten Auswahl an 125er Reifen auf 135er und 145er aus. Immerhin ist mit dem M+S 100 von Michelin in der Größe 135 R 15 ein phantastischer Winterreifen mit Lamellenprofil erhältlich. Natürlich spielt dabei auch die Tatsache eine Rolle, daß breite Reifen im Trend der Zeit liegen und aus modischen Gründen vom Kunden verlangt werden.
Breite Reifen laufen allerdings meist stärker Spurrillen nach. Diese Tendenz kann man nicht nur bei Gespannen, sondern auch bei PKW beobachten. Problematisch sind weniger die kleinen, schmalen Rillen bei aufgefrästen Fahrbahnbelägen, sondern echte, eingefahrene Spurrillen in Radbreite, zum Beispiel auf der Autobahn oder im südlichen Ausland, wenn der Schwerverkehr seine Eindrücke im weichen Asphalt hinterlassen hat.
Eine seit einiger Zeit bestehende neue Tendenz ist die Mischbereifung mit Motorradradialreifen auf dem Vorderrad und Autogürtelreifen auf dem Hinterrad. Der runde Motorradreifen vorn soll die Spurrillenempfindlichkeit erheblich reduzieren. Seit neuestem hat auch der TÜV nichts mehr gegen solche Mischbereifung.
Noch gibt es keinen eigens für den Gespannbetrieb konzipierten Reifen mit erhöhter Seitenfestigkeit. Daher wird manchmal empfohlen – quasi als Notbehelf –, mit hohem Reifendruck zu fahren. Drei bis vier Bar sind nicht zuviel. Der Reifen platzt dadurch noch lange nicht, gewinnt aber an Festigkeit, wenn natürlich auch der Fahrkomfort leidet und der Verschleiß rascher fortschreitet.
Auf neuzeitlichen Gespannfelgen werden Reifen auch schlauchlos gefahren, ein Sicherheitsgewinn, der damit endlich auch Gespannfahrern zugute kommt (bekanntlich können Schlauchreifen bei einem Defekt zum Teil schlagartig alle Luft verlieren, während dies bei schlauchlosen Reifen nur langsam geschieht).
Die Hersteller von schnellen Gespannen setzen auf Niederquerschnittsreifen. Erstens beugen die Breitreifen allzu häufigem Drift wirksam vor, andererseits spricht ihre Optik die sportliche Kundschaft an.
Die Bereifung des HBJ-Gespanns läßt auch eingefleischten GTI-Fahrern das Wasser im Munde zusammenlaufen. Alle drei Räder des Renners sind Leichtmetallfelgen von BBS in der Dimension 6 J x 15 mit mächtigen Dunlop-Schlappen 195/50 VR 15. Die Austauschbarkeit aller drei Räder erfüllt einen alten Traum aller Gespannfahrer.

Gespannfabrikation

Kaum eine andere Seitenwagenmarke ist unter Motorradfahrern heute so bekannt wie der holländische Hersteller (und Marktführer bei Gespannen) EML.

Firmengeschichte

Firmengründer Hennie Winkelhuis schweißte schon im zarten Alter von sechzehn Jahren für den Eigenbedarf Motocrossgespannrahmen zusammen. Stolz nannte der Erbauer sein Produkt auf holländisch »Eigen Make Lij«, zu Deutsch Eigenbau, und leitete daraus das Kürzel EML ab. Über den Geländesport kam Hennie Winkelhuis mit dem Deutschen Horst Hartmann zusammen. Zu jener Zeit hatte BMW die neue /5-Reihe vorgestellt und für diese Fahrzeuge erstmals den Gespannbetrieb untersagt. Von Horst Hartmann stammt der Einfall, dennoch ein BMW-Gespann für die Straße auf die Räder zu stellen. 1974 entstand ein erster Prototyp auf Basis einer BMW R 90/6. Die stolzen 900 Kubikzentimeter Hubraum waren zu jener Zeit BigBike-Dimensionen, insbesondere im Gespann.

Die Konstruktion eines gespanntauglichen Rahmens für Boxer-BMWs bildete den Grundstock für den Erfolg des jungen Unternehmens im Bereich der Straßengespanne. Es entstanden Umbausätze für japanische Vierzylinder (Yamaha XS 1100, Honda Gold Wing) und eine breite Palette von Seitenwagen. Für etwa zehn Jahre blieb EML der hauptsächliche Lieferant für moderne Straßengespanne.

Auch im Geländesport blieb die Firma weiterhin aktiv. In den achtziger Jahren mischten EML-Gespanne im Weltmaßstab ganz vorn mit. EML produzierte sogar eigens einen Zweizylinder-Zweitaktmotor für diesen Verwendungszweck. 200-300 Cross-Gespanne entstanden pro Jahr bei EML. Ein weiteres Standbein der Firma war der Maschinenbau.

Moderner Maschinenpark bei EML

EML-Juniorchef Remco Winkelhuis präsentiert stolz Gabelbrücken aus eigener Fertigung

Schwierigkeiten entstanden erst, als eine Reglementänderung den Vorsprung des EML-Motors in der Gespannklasse zunichte machte. Aus Osteuropa kamen billige Kopien der EML-Crossrahmen. Im Maschinenbau sah es ebensowenig rosig aus. Bei den Straßengespannen öffneten immer neue Gespannschmieden die Pforten, um sich ihren Marktanteil zu sichern, auch auf Kosten von EML. Während allerorten neue Modelle auf dem Markt erschienen, herrschte bei EML relative Funkstille.

Mitte 1993 meldete das Haus Konkurs an. Als einzig profitabler Geschäftsbereich erwiesen sich die Straßengespanne. Die nach dem Konkurs neu gegründete E.M.L. Holland b.v. widmet sich mit zwanzig Mitarbeitern ausschließlich dem Bau solcher Fahrzeuge. Zur Zeit entstehen etwa 200 Seitenwagen pro Jahr. EMLs wichtigster Markt ist Deutschland, gefolgt von der Schweiz, Österreich und dem holländischen Inlandsmarkt. Aber auch Japan, die USA, Frankreich und Skandinavien spielen eine Rolle.

Besuch bei EML

Unweit der Autobahn Hannover-Amsterdam, in der Nähe von Enschede, liegt das Städtchen Neede. Im dortigen Industriegebiet finden sich in modernen Hallen die Fertigungsanlagen von EML.

Der Unterschied zu den uns sonst bekannten Fertigungsstätten deutscher Gespannbauer ist schon rein äußerlich augenfällig. Dies ist eine andere Dimension.

Begrüßt werden wir von Remco Winkelhuis, dem Sohn des Firmengründers. Als »Sales Manager« versucht der Junior mit einer neuen Marketingstrategie, die Firma aus der Talsohle herauszuführen. Winkelhuis ist gerade von der IFMA 1994 zurückgekehrt und hat dort mit einer Preissenkung von bis zu 25 Prozent für viel Wirbel gesorgt.

Diese Preissenkung versteht Winkelhuis als Sofortmaßnahme zur Ankurbelung des Absatzes. EML ist wegen seiner aufwendigen Fertigungsanlagen auf Stückzahlen angewiesen. Ohne größere Stückzahlen ist keine kostengünstige Fertigung möglich. Eine Preissenkung, um kostengünstiger fertigen zu können? Ich bin skeptisch.

Um seine Argumentation zu untermauern, führt Remco Winkelhuis uns in den Fertigungsbereich. In der Endmontage werden komplette Gespanne für den holländischen Inlandsmarkt, aber auch für deutsche Kunden zusammengebaut. An den Schweißplätzen zur Fertigung von Rahmenteilen vorbei führt uns Winkelhuis zu modernen CNC-Dreh- und Fräsmaschinen.

Im Teilelager präsentiert der Junior stolz eine Auswahl der Dreh- und Frästeile, die EML selbst fertigt: Gabelbrücken, Radnaben, Federbeine mit stufenlos verstellbarer Federvorspannung, Lenkungsdämpfer und anderes. EML versorgt auch andere Gespannhersteller mit Teilen. Insbesondere die Lenkungsdämpfer seien sehr beliebt, mancher Hersteller entfernt allerdings verschämt das EML-Zeichen ...

In der Polyesterabteilung entstehen die Bootskarossen im traditionellen Handauflageverfahren. Die nötigen Formen entwickelt EML selbst. Wir sehen das Gipsmodell eines neuen Seitenwagens, doch wird hier striktes Fotografierverbot verhängt.

Die Fertigungshalle erscheint uns recht großzügig. Bemerkenswert ist auch ein heller, freundlicher Kantinenraum für die Belegschaft. Auf dem angrenzenden freien Grundstück soll demnächst ein Verkaufs- und Ausstellungsraum entstehen.

Die Qualitätsfrage

Nach dem Firmenrundgang verstehen wir, warum EML zur Auslastung dieser Anlagen auf Stückzahlen angewiesen ist. Industrielle Fertigung lohnt nur in großem Umfang.

Die industrielle Fertigungsweise sieht Winkelhuis aber als Voraussetzung für den zweiten Teil seiner neuen Marketingstrategie an, einer Qualitätsoffensive.

Hier hake ich ein und pflichte Winkelhuis bei. Gespannkunden, die 50.000 DM oder mehr für ein Fahrzeug auf den Tisch legen, sind zunehmend weniger bereit, Schlampereien zu akzeptieren. Das geht mir genauso. Daher frage ich, ob nach ISO 9000 f. zertifizierte Qualitätssicherungssysteme für EML ein Thema sind. In vielen Bereichen, so auch im Maschinenbau, sind solche Qualitätssicherungssysteme immer häufiger Voraussetzung, ein Produkt im Bereich der EG in Verkehr zu bringen.

Ein zertifiziertes Qualitätssicherungssystem hält Winkelhuis für zu aufwendig und teuer. Mindestens zwei Mitarbeiter müßte er dafür einstellen. Eine wichtige Voraussetzung ist für Winkelhuis aber die Abschaffung der Einzelbetriebserlaubnis in Deutschland. Wären typgeprüfte Gespanne obligatorisch, wie dies in Holland der Fall ist, könnte nicht mehr jedermann ein Gespann zusammenstricken. In diesem Zusammenhang wird auch die Vermutung geäußert, daß bei der deutschen Einzelabnahme nicht immer alles mit rechten Dingen zugehe ...

Ich bin mir nicht sicher, ob ich hier zustimmen soll, muß aber zugestehen, daß eine Typprüfung nur noch aufwendig geprüfte Gespanne übrigließe, was sicher der Qualität zugute käme. Andererseits habe ich selber den Bruch einer Jeaniel-Schwingengabel nach 100.000 km erlebt, obwohl ein Gespann dieses Typs 1985 vom damaligen Importeur Horn einer Festigkeitsprüfung unterzogen worden ist. Auch EML ist ja bekanntlich von solchen Zwischenfällen nicht verschont geblieben.

Nun gehe ich in die Offensive und berichte von den schlampig und ohne Distanzhalter (mit Kabelbindern!) verlegten Stahlflex-Bremsleitungen an meinem eigenen EML-Gespann, sie scheuerten an Kotflügel und Gabel und gaben ernsthaften Anlaß für Reklamationen.

Winkelhuis ist entgeistert, weil alle notwendigen Teile eigentlich Bestandteil des Umbausatzes seien. Prompt wird der den Umbau ausführende Händler als Problemzone identifiziert. Auch hier möchte Winkelhuis mehr Einfluß nehmen und ganz Deutschland mit einem Netz von Vertragshändlern überziehen. Zur Not wäre sogar denkbar, Umbauten generell nur im Mutterwerk vorzunehmen.

Lebensgefährliches Qualitätsproblem: Nach 100.000 km gebrochener Holm einer Jeaniel-Gabel (aus französischer Produktion). Die Firma Walter, die 1991 Jeaniel übernommen hat, stellt diese Gabel nicht mehr her.

Winkelhuis beklagt das Produkthaftungsrisiko, das EML eingeht, wenn jedermann EML-Umbausätze kaufen kann, den Umbau selbst vornimmt, vielleicht eigene Seitenwagen anhängt und dann das Fahrzeug in Deutschland unter der Herstellerangabe EML zuläßt. Allein für den Exportmarkt USA zahlt EML jährlich 17.000 Gulden Versicherungsprämie für die Produkthaftpflicht!

Abschließend erkundige ich mich, wie EML zur Instruktionspflicht des Warenherstellers steht. Meiner Meinung nach ist es auch eine Frage der Qualität eines technischen Produktes, ob der Kunde in irgendeiner Form eine gedruckte Dokumentation, zum Beispiel eine Betriebsanleitung, ausgehändigt bekommt. EML ist darüber schon in Kontakt mit dem Verlag der Fachzeitschrift »Motorradgespanne«.

Die Kosten

Gespanne sind teuer bis unbezahlbar. Zu dieser Feststellung neigt jeder, der sich oberflächlich mit Gespannen beschäftigt. Die Aussage ist zwar einerseits richtig, andererseits nur relativ.
Der Neupreis für ein komplettes Gespann schwankt 1994 zwischen etwa 15.000 DM für ein Einsteigergespann bis etwa 50.000 DM für ein BMW-Vierzylinder-Gespann. Wer nach mehr Luxus verlangt, kann leicht noch mehr Geld ausgeben. Bei diesen Preisen dürfte für jeden Geldbeutel das geeignete Gespann zu finden sein.
Mancher erschrickt vor allem vor den anscheinend gepfefferten Preisen für Seitenwagen und Umbausätze. Man sollte sich bei allen Überlegungen jedoch kritisch vor Augen halten, daß Seitenwagen und Hilfsrahmen beinah ausnahmslos unter handwerklichen Bedingungen gefertigte Kleinstserienprodukte sind. Für viel Geld (in der Regel eine fünfstellige Summe) muß der Hersteller, dessen Finanz- und Wirtschaftskraft in keiner Weise mit der der großen Motorradhersteller zu vergleichen ist, ein Mustergutachten erstellen lassen.
Alsdann vergleiche der Interessent seinen eigenen Verdienst mit dem, was der Seitenwagenhersteller und dessen Angestellte verdienen sollten. Der Vergleich mit dem Nettolohn eines normalen Angestellten hinkt zudem hinten und vorn, denn Kranken-, Renten- und Arbeitslosenversicherung der Mitarbeiter wollen bezahlt sein.
Dann kassiert Vater Staat noch kräftig Einkommensssteuer, Gewerbesteuer usw. Ein Gespann, das den Käufer bare 30.000 DM kostet, enthält allein 3684,22 DM Mehrwertsteuer, die unmittelbar an den Fiskus abzuführen sind.
Generell sollte man eine scharfe und genaue Trennungslinie ziehen zwischen der Arbeit, die manch einer als Hobby nebenbei leistet, und der Arbeit, die einem anderen zur Sicherung eines angemessenen Lebensunterhalts dient. Viele Gespannfahrer stecken viele Stunden ihrer Freizeit in das geliebte Hobby. Weil ihr Lebensunterhalt durch in der Regel den Beruf gesichert ist, verlieren sie das Verhältnis zum Wert dieser Arbeit. Ein professioneller Anbieter von Gespannen kann aber so nicht rechnen; er ist in das komplizierte Gefüge von Sach- und Finanzzwängen eingebunden, das unsere Gesellschaft ausmacht.

Kauf

Bevor man sich zum Kauf eines Gespanns entscheidet, sollte man prüfen, welchem Zweck das Gespann dienen soll. Sind zum Beispiel längere Urlaubsreisen nicht vorgesehen, und reichen Ausflüge am Sonntagnachmittag aus, so ist auch kein teures PS-starkes Gespann nötig. Den Genuß am Fahren auf drei Rädern kann man sich auch problemlos mit 27 oder 34 PS gönnen.
Eine Rolle spielen selbstverständlich auch irrationale Fragen, so ob man aus Prinzip einen Zweizylinder fahren will oder ob auch ein zweifellos durchzugstärkerer Vierzylinder in Frage kommt.
Einzylinder im Gespann sind, obgleich in der Anschaffung recht preiswert, auf Dauer gesehen nicht unbedingt günstig. Wegen ihrer begrenzten Motorleistung müssen sie ständig Vollgas gefahren werden, um im bundesdeutschen Straßenverkehr so mithalten zu können. Das erhöht den Verschleiß natürlich mächtig.
Darüber hinaus ist es generell nicht jedermanns Sache, auf der Autobahn mit einem 95 Stundenkilometer »schnellen« Nuovo-Falcone-Gespann dahinzuzuckeln und pausenlos von fluchenden Brummis überholt zu werden, um dann hinter der Werratalbrücke in den Kasseler Bergen in den zweiten Gang zu schalten und mit 30 Stundenkilometer vollends zur Schnecke zu werden. Natürlich ist ein MZ-Gespann schon um einiges schneller, nur das Problem bleibt.

Den klassischen Gespannfahrer mit seinem BMW-Boxer oder seiner Zweizylinder-Guzzi, die preislich gesehen im Mittelfeld liegen, fechten solche Probleme natürlich nicht an. Auf der Landstraße kann er ganz prima mitmischen und auf der Autobahn hält er zumindest mit modernen Kleinwagen wie Polo und Fiesta mit. Was aber ein Ford Fiesta ohne Murren wegsteckt, nämlich eine Autobahntagesetappe von Hamburg nach München, wird beim doppelt so teuren BMW-Boxer-Gespann zum verschleißtreibenden Hochgeschwindigkeitsabenteuer. Richtgeschwindigkeit 130 bedeutet für die Zweizylindergespanne schon fast Vollgas und für die antiquierten Ventiltriebe Schwerstarbeit.

Mit gleichem Gewicht, aber 30 Pferdchen mehr als ein Guzzi-Gespann, kommt ein K-100-Gespann daher, bei der K 1100 sind's noch zehn Pferde mehr. Richtgeschwindigkeit 130 bedeutet hier mittlerer Drehzahlbereich und noch genug Luft zum Überholen. Der Fahrer kommt einigermaßen erholt in München an, und die Tassenstößel zeigen sich unbeeindruckt vom Besuch in der bayerischen Geburtsstadt.

Das Gold-Wing-Ventilspiel der vierzylindrigen Konkurrenz aus Japan (hergestellt in Gottes eigenem Land USA) wird gar hydraulisch ausgeglichen und gibt sich völlig wartungsfrei.

Die ausgeklügelte Motorelektronik mit Schubabschaltung einer der BMW-K-Reihe sorgt dafür, daß der Benzinverbrauch bei Richtgeschwindigkeit 130 Stundenkilometer nicht wesentlich über etwa 8 Liter auf 100 Kilometer ansteigt, Traumwerte, die kaum ein anderes Gespann erreicht.

In den Alpen dann, wenn enge Kurven und Serpentinen sich in enger Folge ablösen, gerät der Fahrer eines Vierzylinder-Familiengespanns mit breiter Spurweite schon mal ins Schwitzen, während ein schmales Guzzi-Gespann recht leichtfüßig in den heimatlichen Süden rollt.

Langer Rede kurzer Sinn: Wer den Kauf eines Gespanns beabsichtigt, muß einerseits Kassensturz machen und überprüfen, wieviel Geld er ausgeben kann und will. Andererseits muß er kritisch überprüfen, wozu er sein Gespann nutzen möchte und welche Art von Gespann ihm am meisten zusagt, damit er beurteilen kann, wieviel Geld zur Verwirklichung des Traums von den drei Rädern erforderlich ist.

Preiswert zum Gespann

Selbstbau ist für manchen angehenden Gespannfahrer die Alternative, wenn es um ein preiswertes Gespann geht. Diese Logik geht allerdings nur dann auf, wenn der angehende Gespannfan die für den Umbau aufgewandte Zeit nicht in Geld rechnet. Manch einem bringt die Pusselei am künftigen Gespann vielleicht sogar mehr Spaß als das eigentliche spätere Fahren. In einem solchen Fall ist alles keine Frage.

Ein solcher Schrauber wird in der Regel auch über die nötigen praktischen Fähigkeiten und die eigene kleine Werkstatt in der heimischen Garage verfügen, um die Aktion erfolgreich zu Ende führen zu können.

Preiswertes Gespann: Donghai aus China

Meisterleistung: kompletter Eigenbau aus Holland mit Subaru-Motor

Wer jedoch keine solchen Voraussetzungen mitbringt, sollte es sich zweimal überlegen, ob er ein Gespann in Eigenregie aufbauen will. Manch einer denkt sich den Ablauf recht einfach: das Motorrad ist vorhanden, der Umbausatz nebst Seitenwagen wird gekauft - und fertig ist das Gespann.

Die Erfahrung zeigt, daß selbst mancher gewiefte Schrauber beim Selbstaufbau eines Gespanns schon der Verzweiflung nahe war. Manche Hersteller von Umbaukits für Gespanne stellen nicht allzu hohe Forderungen an die Paßgenauigkeit ihrer Produkte. Da kann es zu fast unüberwindbaren Problemen kommen, wenn der Bastler keine Drehbank sein eigen nennt. Zuweilen kommt es auch vor, daß falsche Umbauteile und Schraubensätze mitgeliefert werden, was der unkundige Bastler natürlich erst nach vielem Herumprobieren und dem vierten Blick sieht.

Manchem professionellen Gespannbauer sind die Probleme bewußt, die von einem Eigenumbau ausgehen, so daß er höchst ungern Umbaukits außer Haus verkauft. Später entstehen durch kleine Mißgeschicke jene unzerstörbaren Legenden über die Unzulänglichkeit mancher Gespanne, die nur aus der mangelnden praktischen Erfahrung des Hobbybastlers resultieren. Bei einem fertig gekauften Gespann wäre das nicht passiert.

Auch mit dem TÜV hat der Hobbybastler zuweilen Schwierigkeiten, wenn das fertige Fahrzeug angemeldet werden soll. Es ist daher in jedem Fall zu empfehlen, beim Kauf eines Umbaukits mit dem Verkäufer des Kits abzusprechen, daß dieser später dem fertigen Gespann zu TÜV-Segen verhilft.

Gebrauchtgespann

Der günstigste Weg zum preiswerten Gespann ist der Kauf eines gebrauchten Gespanns. Der Wertverlust eines neugekauften Gespanns ist erheblich. Ein Gespann für 35.000 DM büßt nach dem Neukauf satte 10.000 DM an Wert ein.

Trotzdem verliert mancher Besitzer nach ein oder zwei Jahren die Lust an seinem dreirädrigen Untersatz, so daß man hier manches Schnäppchen machen kann. Erforderlich ist nur eine gesunde Portion Geduld und ein erfahrener Freund, der das angebotene Gebrauchtfahrzeug in Augenschein nimmt.

Die Kilometerleistung läßt sich beim Gebrauchtkauf eines Gespanns meist nur eingeschränkt zur Beurteilung des Fahrzeugs heranziehen. Häufig ist das Motorrad schon länger solo gelaufen, bevor es umgebaut wurde. Ein anderes Mal wurde der Tacho nicht auf die kleinere Autobereifung angepaßt, so daß er 10-20 Prozent voreilt.

Man sollte daher tunlichst all die Teile in näheren Augenschein nehmen, die im Gespannbetrieb besonderen Belastungen unterliegen, zum Beispiel Rad-, Schwingen- und Lenkkopflager. Bei Kardanmaschinen unterliegen Achsantrieb und Kardanwelle bekanntlich außerordentlich hohem Verschleiß. Verrostete Rahmenteile lassen auf Winterbetrieb schließen und mindern den Wert natürlich entsprechend.

Der Käufer eines gebrauchten Gespanns hat vordergründig keine Probleme mit der Zulassung seiner Neuerwerbung. Bei der nächst fälligen Hauptuntersuchung kann es beim heimischen TÜV aber ein böses Erwachen geben, wenn nicht darauf geachtet wird, daß alle Umbauten ordnungsgemäß in den Fahrzeugbrief eingetragen sind.

Unterhalt

Gespannfahren ist teurer als Solofahren, daran besteht kein Zweifel. Es ist zugleich aber auch teurer als ein Auto und wird damit in erster Linie zum reinen Freizeitobjekt, wenn es auch viele Unentwegte gibt, die mit viel Initiative und Elan die Unkosten ihres dreirädrigen Untersatzes soweit drücken, daß es den Einsatz als Alltagsfahrzeug lohnt.

Buchhalternaturen sollten getrost die Kosten eines Gespanns einmal nüchtern durchrechnen, sie werden ihr blaues Wunder erleben.

An dieser Stelle sollen exemplarisch (und leicht pauschalisierend) die Kosten eines ehemaligen K-100-Gespanns des Verfassers errechnet werden. Dabei wird von einem Neuwert von 35.000 DM beim Kauf im Mai 1986 ausgegangen und von einer Gesamtfahrleistung von 105.000 Kilometern bis zum Verkauf im Februar 1992.

Der Benzinverbrauch wurde mit durchschnittlich 7,5 Liter/100 Kilometer angenommen, was auf 105.000 Kilometer 7.875 Liter Benzin erforderlich macht, und der Benzinpreis mit durchschnittlich 1,10 DM (normal, bleifrei). Inspektionen (alle 7500 Kilometer, wie von BMW vorgeschrieben, das heißt 14mal) wurden pauschal mit 200 DM einberechnet (was vielleicht zu niedrig gegriffen ist). Für den im Gespann arg gebeutelten Motor wurde ein etwas besseres Öl zu 15 DM den Liter vorgesehen. Die Ölwechselintervalle für das Motoröl seien mit 7500 Kilometern angenommen (das heißt 14 Intervalle zu 3,5 l Öl), die für Getriebeöl alle 15.000 Kilometer (das heißt 7 Intervalle zu 1,5 Litern Öl). Alle 15.000 Kilometer, also siebenmal, wurden auch Zündkerzen (vier Stück 20 DM) und Luftfilter (40 DM) gewechselt. Der Hinterreifen hält etwa 10.000 Kilometer, das macht 10 Reifen zu etwa 100 DM erforderlich. Der vordere Reifen läuft dagegen doppelt so lange (5 Reifen zu 100 DM), während am Seitenwagen der Reifen nur ein einziges Mal gewechselt werden muß. Die Bremsbeläge (45 DM/Satz) müssen vorn alle 10.000 Kilometer ersetzt werden (10 x je zwei Sätze), hinten dagegen nur alle 20.000 Kilometer (5 x ein Satz) und am Seitenwagen alle 30.000 Kilometer (3 x ein Satz). Dazu kommen noch Beträge für Glühbirnen, verschlissene Radlager und Bremsflüssigkeit.

Nach 85.000 Kilometer mußten außerdem Kupplung, Schaltgetriebe, Kardanwelle und Hinterradantrieb ersetzt werden (4700 DM). Eine gebrochene Schwingengabel (!) wurde nach 100.000 Kilometern vom Importeur auf Kulanz kostenlos ersetzt. Kurz darauf riß der Gaszug (15 DM Material- und 135 DM Arbeitskosten!). Ein neues Konifederbein für das Hinterrad kostete 650 DM.

Die Kraftfahrzeugsteuern für das K 100-Gespann betrugen 144 DM im Jahr, die Haftpflichtversicherung (50 % Schadenfreiheitsrabatt vorausgesetzt) durchschnittlich 700 DM und die Teilkaskoversicherung (bei einem so kostspieligen Spielzeug unverzichtbar) 650 DM.

Beim Verkauf erzielte das Fahrzeug einen Erlös von 14.000 DM, was einem Wertverlust von 21.000 DM entspricht.

Insgesamt ergibt sich bei dieser Rechnung ein Betrag von 0,48 DM, den der K-100-Gespannkilometer gekostet hat. Gegenüber der streckenweise hypothetischen Abrechnung in der ersten Auflage dieses Buches liegt hier eine konkrete Abrechnung zugrunde.

Kostenrechnung K-100-Gespann
(Beispiel)

Fahrzeug

Neuwert	35.000,00 DM
Restwert	+14.000,00 DM
Zwischensumme	*21.000,00 DM*

Fixkosten

Steuern	840,00 DM
Haftpflichtversicherung	4.083,10 DM
Teilkaskoversicherung	3.791,20 DM
Zwischensumme	*8.714,30 DM*

Betriebsstoffe

7.875 l Benzin	8.662,50 DM
49 l Motoröl	735,00 DM
10,5 l Getriebeöl	157,50 DM
Zwischensumme	*9.555,00 DM*

Wartung

14 Inspektionen	2.800,00 DM
20 Sätze Bremsbeläge vorn	900,00 DM
5 Sätze Bremsbeläge hinten	225,00 DM
3 Sätze Bremsbeläge SW	135,00 DM
Bremsflüssigkeit	50,00 DM
7 Sätze Zündkerzen	140,00 DM
7 Luftfilter	280,00 DM
Glühbirnen	30,00 DM
Zwischensumme	*4.560,00 DM*

Reparaturen

verschlissene Lager	165,00 DM
Antrieb, Komplett	4.700,00 DM
Gaszug	150,00 DM
Federbein	650,00 DM
gebrochene Gabel	Kulanz
Zwischensumme	*5.665,00 DM*

Reifen

10 Hinterreifen	1.000,00 DM
5 Vorderreifen	500,00 DM
1 SW-Reifen	100,00 DM
Zwischensumme	*1.600,00 DM*

Gesamtberechnung

Fahrzeug	21.000,00 DM
Fixkosten	8.714,30 DM
Betriebsstoffe	9.555,00 DM
Wartung	4.560,00 DM
Reparaturen	5.665,00 DM
Reifen	1.600,00 DM
Gesamtsumme	*51.094,30 DM*

Kilometerkosten
0,48 DM/km auf 105.000 km in siebzig Monaten

Paragraphen

Die Bundesrepublik Deutschland ist ein Land, das seine festgefügten gesetzlichen Regelungen hat. Ordnung heißt das Zauberwort, das manche Ausländer insgeheim bewundern und manche Deutsche insgeheim verfluchen. Selbstverständlich ist gerade der Bereich Verkehr streng reglementiert. Straßenverkehrsordnung, abgekürzt StVO, und Straßenverkehrszulassungsordnung, abgekürzt StVZO, heißen die beiden Gesetzeswerke, die das Treiben auf bundesdeutschen Straßen bestimmen.
Motorradgespanne und ihre Fahrer sind selbstverständlich von diesen gesetzlichen Regelungen auch betroffen. Natürlich sehr zum Unmut der Gespanngemeinde, und allgemein gehört es zum guten Ton, über den TÜV herzuziehen. Viele Negativerlebnisse hätten nicht sein müssen oder lassen sich in Zukunft vermeiden, wenn man einige Grundregeln beachtet und sich einige Grundkenntnisse des bundesdeutschen Straßenverkehrsrechts aneignet.
Doch jede positive Grundeinstellung täuscht nicht über eine Tatsache hinweg: es gibt Länder (und die sind nicht weit entfernt), wo Dinge möglich sind, die in Deutschland kraft StVZO, Ausführungsbestimmungen und TÜV nicht möglich sind. Nein, man denke nicht an bekanntermaßen »leichtlebige« südliche Länder, sogar in sonst recht ordentlichen Staatsgebilden wie Dänemark und Schweden sind Gespanne mit Originalrädern, Originalgabel und 1000-cm^3-Hubraum unterwegs. Und sie fallen nicht auseinander. Treffen im Ausland beweisen dies jedes Jahr erneut.
Dennoch: Motorradgespanne sind höchst eigentümliche Fahrzeuge, die vom Gesetz nur lückenhaft erfaßt werden. Gäbe es sie bisher nicht, würde man ihnen als Neuerfindung kaum eine Zulassung geben. Die meisten Gespanne sind in Kleinserien oder als Unikat gefertigt und werden in sogenannter Einzelabnahme zugelassen. Da eröffnen sich Spielräume, an die manch Newcomer nicht zu denken wagt.

Führerschein

Gemäß § 1 der StVZO ist in der Bundesrepublik jedermann zum Verkehr auf öffentlichen Straßen zugelassen. Das ist ein hoffnungsfrohes Versprechen, das allerdings zugleich wieder eingeschränkt wird, denn der gleiche Paragraph legt fest, daß für bestimmte Verkehrsarten eine Erlaubnis vorgeschrieben werden kann.
Der § 4 wird dann schon konkreter. Er verlangt für das Führen von Kraftfahrzeugen eine Fahrerlaubnis, besser bekannt als »Führerschein«. Bekanntlich gibt es nicht nur einen Führerschein, und tatsächlich regelt der folgende § 5 die Klasseneinteilung.
Klasse1 erfaßt die Motorräder oder, wie es im Amtsdeutsch so schön heißt, »Krafträder«. Und – siehe da – der Gesetzestext schließt Beiwagen ausdrücklich mit ein. Zum Fahren eines Motorrads mit Beiwagens benötigt man also den Führerschein der Klasse 1.

Autoführerschein?

Eingefleischte Autofahrer reizt immer wieder die Vorstellung, ein Motorrad-Gespann mit dem Führerschein der Klasse 3, also

§ 5 Einteilung der Fahrerlaubnisse
(1) Die Fahrerlaubnis wird in folgenden Klassen erteilt: Klasse 1: Krafträder (Zweiräder, auch mit Beiwagen) mit einem Hubraum von mehr als 50 ccm oder mit einer durch die Bauart bestimmten Höchstgeschwindigkeit von mehr als 50 km/h; Klasse 1a: Krafträder der Klasse 1, jedoch mit einer Nennleistung von nicht mehr als 25 kW und einem Verhältnis von Leistung/ Leergewicht von nicht mehr als 0,16 kW/kg; Klasse 3: alle Kraftfahrzeuge, die nicht zu einer der anderen Klassen gehören.
StVZO

§ 18 Zulassungspflichtigkeit
(1) Kraftfahrzeuge ... dürfen auf öffentlichen Straßen nur in Betrieb gesetzt werden, wenn sie durch Erteilung einer Betriebserlaubnis und durch Zuteilung eines amtlichen Kennzeichens für Kraftfahrzeuge oder Anhänger von der Verwaltungsbehörde (Zulassungsstelle) zum Verkehr zugelassen sind. StVZO

§ 19 Erteilung und Wirksamkeit der Betriebserlaubnis
(1) Die Betriebserlaubnis ist zu erteilen, wenn das Fahrzeug den Vorschriften dieser Verordnung, den zu ihrer Ausführung erlassenen Anweisungen des Bundesministers für Verkehr ... entspricht.
StVZO

dem Auto-Führerschein, fahren zu dürfen. Tatsächlich gelten beispielsweise die bekannten Trikes als dreirädrige Sonderfahrzeuge und dürfen tatsächlich mit Klasse 3 gefahren werden. Lediglich die Fahrzeugpapiere verlangen das Tragen eines Helms.

Das Beispiel zeigt, daß diesem Problem mit den Gesetzestexten zum Thema Führerschein nicht beizukommen ist. Hier geht es darum, zu welcher Fahrzeugart das Fahrzeug bei der Zulassung zugeordnet wurde, und das ist schon das Thema des nächsten Abschnitts.

Konkret ist es aber so, daß die Absicht, ein Gespann mit dem Führerschein der Klasse 3 fahren zu dürfen, nur in sehr seltenen Fällen durchgesetzt werden konnte. Meist handelte es sich um Fahrzeuge, die irgendwo zwischen einem »Kraftrad mit Beiwagen« und einem »Kraftwagen« lagen. Bekanntlich gab und gibt es auch dreirädrige Kraftwagen. Im Einzelfall mag der entscheidende TÜV-Mann mehr zum Kraftwagen tendieren, dies ist häufig auch eine Ermessensfrage.

Sicher reicht es allein nicht aus, wenn der Seitenwagen angetrieben ist. Das bekannte Wehrmachtsgespann oder die Dnepr-Gespanne aus der UdSSR sind trotz ihres angetriebenen Seitenwagens immer noch Krafträder, denn sie tragen alle Merkmale eines Kraftrads. Trikes an sich sind zwar historisch auch aus Motorrädern hervorgegangen (zum Beispiel das Servicar von Harley), insbesondere die modernen Trikes auf VW-Basis zeigen aber die Verwandtschaft zum Auto. Sie verfügen über die komplette VW-Antriebseinheit vom Käfer mit Motor, Getriebe und Hinterachse (inklusive Differentialgetriebe). Auch wenn sie statt des Lenkrads eine Lenkstange besitzen, ihre Fahreigenschaften gleichen denen eines Autos - und wer wollte das von einem Motorrad-Gespann behaupten?

Einer der wenigen Fälle, in denen die Zulassung als PKW gelang, ist das MotoWig-Gespann der Sonthofener Firma Moto Wilhelm. Um den Anforderungen der PKW-Zulassung gerecht zu werden, wurde eigens ein zweiter Scheinwerfer am Boot, eine Feststellbremse und eine Auspuffanlage mit niedrigen Geräuschwerten konzipiert. Dennoch ließen Schwierigkeiten mit den Zulassungsbehörden nicht auf sich warten.

Wer sich mit dem Gedanken trägt, den Weg der PKW-Zulassung zu gehen, sollte sich klarmachen, daß er mit dem Argument des gesunden Menschenverstands bei den Straßenverkehrsbehörden kaum weiterkommt. TÜV-Sachverständige sind Ingenieure, und als solche werden sie ein Fahrzeug anhand technischer Merkmale einordnen.

Tatsächlich ist es wohl eher ein Geschenk des Himmels, daß der Gesetzgeber auf diesen Umstand noch nicht aufmerksam geworden ist, sonst hätten wir wohlmöglich längst eine Klasse 1 g für Gespannfahrer mit eigenen Fahrlehrern, Fahrschulen, Fahrstunden und und und ...

Zulassung

Auch bei den Fahrzeugen gilt wieder das bereits oben erwähnte Prinzip von Radio Eriwan: »Ja, aber«. Gemäß § 16 StVZO darf jedes Fahrzeug am Straßenverkehr teilnehmen, wenn es nur der StVO und StVZO entspricht.

Aber: Nicht nur der Mensch darf nicht ohne Erlaubnis am Kraftverkehr teilnehmen. Auch für Kraftfahrzeuge muß eine solche Erlaubnis ausgesprochen sein. Diese Erlaubnis heißt im Behördendeutsch »Zulassung«.

Vielleicht tröstet es den Gespannfahrer, daß »Rodelschlitten, Kinderwagen, Roller, Kinderfahrräder und ähnliche Fortbewegungsmittel« laut § 16 (2) nicht Fahrzeuge im Sinne der StVZO sind. Da tut sich ein abgrundtiefer, rechtsfreier Raum auf ...

Der § 18 sagt noch einmal ganz genau, welche Kraftfahrzeuge zulassungspflichtig sind

(nämlich die, die schneller als 6 km/h sind) und was eigentlich genau zur Zulassung gehört. Danach besteht die Zulassung aus zwei Teilen, erstens der Erteilung einer Betriebserlaubnis und zweitens der Zuteilung eines amtlichen Kennzeichens.
Ein Kennzeichen bekommt man bekanntermaßen schnell und unbürokratisch. Man zahlt Gebühren und Steuern, läßt in einer einschlägigen Werkstatt das erforderliche »Kuchenblech« prägen - und los geht's ...
Wenn, ja wenn die Götter davor nicht die Erteilung einer Betriebserlaubnis gesetzt hätten. Auch hier liefert der Gesetzgeber den Fahrzeugbesitzer zunächst nicht der Willkür der Beamten aus. Absatz 1 von § 19 regelt einigermaßen genau, unter welchen Voraussetzungen eine Betriebserlaubnis zu erteilen ist. Das Fahrzeug muß dazu der StVZO und den dazu erlassenen Ausführungsanweisungen des Bundesministers für Verkehr oder den einschlägigen EG-Richtlinien entsprechen.
Damit bei der Erteilung von Betriebserlaubnissen eine gewisse Ordnung gewahrt bleibt, sieht die StVZO zwei unterschiedliche Verfahren zur Erteilung der Betriebserlaubnis vor. § 20 regelt die sogenannte »Allgemeine Betriebserlaubnis für Typen« und § 21 die »Betriebserlaubnis für Einzelfahrzeuge«. Umgangssprachlich nennt man die Allgemeine Betriebserlaubnis auch kurz »ABE« und die Betriebserlaubnis für Einzelfahrzeuge auch kurz »Einzelabnahme«. Was heißt das im einzelnen?

Allgemeine Betriebserlaubnis

Fertigungstechnisch unterscheidet man bei der Herstellung von Waren, ob diese in Reihe (zum Beispiel am Fließband) oder in werkstattmäßiger Einzelfertigung entstehen. Fahrzeughersteller, die ihre Fahrzeuge in Reihe herstellen, können (selbstredend auf eigene Kosten) für einen bestimmten Fahrzeugtyp diese allgemeine Betriebserlaubnis beim Kraftfahrtbundesamt beantragen.
Ein amtlich anerkannter Sachverständiger begutachtet den Typ, und nach Erteilung der Erlaubnis darf der Fahrzeughersteller (der selbstverständlich auch »zuverlässig« sein muß) für jedes Fahrzeug des betreffenden Typs einen Fahrzeugbrief ausgeben.
Das ganze Verfahren ist recht aufwendig und daher teuer. Es lohnt sich nur, wenn Fahrzeugtypen in einer angemessenen Stückzahl verkauft werden. Bei Motorradgespannen ist dies meist nicht der Fall, bei Solomaschinen allerdings schon.
Die meisten für den Umbau zum Motorrad-Gespann vorgesehenen Solomotorräder verfügen über eine Allgemeine Betriebserlaubnis. Manchmal heißt es in dieser Allgemeinen Betriebserlaubnis ausdrücklich (zum Beispiel bei BMW): »Für Beiwagenbetrieb nicht geprüft«. Dann ist ein Umbau zum Gespann nur möglich, wenn das Fahrzeug durch einen neuen Rahmen weitgehend umgebaut wird. Der Umbauer gilt in diesem Fall als neuer Hersteller und kann das »neue« Fahrzeug dann als Einzelfahrzeug zulassen.
Andere Hersteller (zum Beispiel Moto Guzzi) haben (beziehungsweise hatten) keine Bedenken gegen die Verwendung von Seitenwagen an ihren Motorrädern. In einem solchen Fall darf das Motorrad auch offiziell ein Produkt seiner Marke mit Allgemeiner Betriebserlaubnis bleiben.

Betriebserlaubnis für Einzelfahrzeuge

Für Fahrzeuge, die nur einzeln oder in sehr geringen Stückzahlen gefertigt werden, lohnt sich die Beantragung einer Allgemeinen Betriebserlaubnis für Typen natürlich nicht. Für solche Fälle hat der Gesetzgeber in § 21 die »Betriebserlaubnis für Einzelfahrzeuge« vorgesehen.
In einem solchen Fall kann der Fahrzeughersteller einen Vordruck für den Fahrzeugbrief bei einer Zulassungstelle beziehen. In diesem Vordruck muß ihm dann ein amtlich anerkannter Sachverständiger bescheinigen,

§ 20 Allgemeine Betriebserlaubnis für Typen
(1) Für reihenweise zu fertigende oder gefertigte Fahrzeuge kann die Betriebserlaubnis dem Hersteller nach einer auf seine Kosten vorgenommenen Prüfung allgemein erteilt werden (Allgemeine Betriebserlaubnis), wenn er die Gewähr für zuverlässige Ausübung der dadurch verliehenen Befugnisse bietet.
StVZO

§ 21 Betriebserlaubnis für Einzelfahrzeuge
Gehört ein Fahrzeug nicht zu einem genehmigten Typ, so hat der Hersteller oder ein anderer Verfügungsberechtigter die Betriebserlaubnis bei der Verwaltungsbehörde (Zulassungsstelle) zu beantragen. Bei zulassungspflichtigen Fahrzeugen ist der Behörde mit dem Antrag ein Fahrzeugbrief vorzulegen ... In dem Brief muß ein amtlich anerkannter Sachverständiger für den Kraftfahrzeugverkehr bescheinigt haben, daß das Fahrzeug richtig beschrieben ist und den geltenden Vorschriften entspricht; hat der amtlich anerkannte Sachverständige dies nicht im Brief, sondern in einem besonderen Gutachten bescheinigt, so genügt die Übertragung des Gutachtens in den Brief, wenn ein amtlich anerkannter Sachverständiger bescheinigt hat, daß die Eintragungen im Brief mit dem Gutachten übereinstimmen.
StVZO

daß das betreffende Fahrzeug den geltenden Vorschriften entspricht.
Umgangssprachlich nennt man dieses Verfahren meist »Einzelabnahme«. Um diesen Vorgang trotzdem etwas zu vereinfachen, lassen sich die meisten Gespannbauer von häufig hergestellten Gespannkombinationen sogenannte »Mustergutachten« erstellen. Dann wird die Erteilung der »Betriebserlaubnis für Einzelfahrzeuge« formal erleichtert, weil nicht jedes neue Fahrzeug von einem amtlich anerkannten Sachverständigen für den Kraftfahrzeugverkehr vollständig neu beurteilt werden muß.
Bei Gespannen wird eine Einzelabnahme meist angewandt, wenn im Zuge des Umbaus zum Gespann der Originalrahmen durch einen neuen, gespanntauglichen Rahmen ersetzt oder durch einen Hilfsrahmen ergänzt wird. Die ehemalige Solomaschine wird dann formaljuristisch endgültig aus dem Verkehr gezogen, ihr Brief wird vernichtet.
Das fertige Gespann bekommt im Zuge einer Einzelabnahme dann einen neuen Brief, in welchem der Gespannbauer als Hersteller eingetragen ist.

Betriebserlaubnis für Fahrzeugteile
Bekanntlich gestattet es der Gesetzgeber nicht, beliebige Zusatzteile an ein Fahrzeug anzubauen. § 22 der StVZO bestimmt, daß auch Fahrzeugteilen, die als Teil eine technische Einheit bilden (ein Seitenwagen könnte dies zum Beispiel sein), eine Betriebserlaubnis erteilt werden kann.
Im folgenden § 22 a der StVZO wird außerdem penibel aufgelistet, welche Fahrzeugteile *»in einer amtlich genehmigten Bauart ausgeführt sein müssen«*. Sechsundzwanzig Einzelpunkte umfaßt die Liste, und unter Punkt vierundzwanzig fand der Leser bis 1990 *»Beiwagen von Krafträdern«*. Dann wurde der Punkt 24 aufgehoben.
Baute man einen Seitenwagen nachträglich an ein zugelassenes Fahrzeug an, mußte man bis zu eben dieser Änderung vom 27.12.93 das Fahrzeug anschließend einem amtlich anerkannten Sachverständigen oder Prüfer für den Kraftfahrzeugverkehr vorführen. Mit der zu diesem Zeitpunkt ebenfalls vorgenommenen Änderung des § 19, Absatz 3 ist dies erstaunlicherweise nicht mehr ausnahmslos zwingend erforderlich, denn: *»Die Betriebserlaubnis des Fahrzeugs erlischt nicht, wenn bei Änderung durch Ein- oder Ausbau von Teilen (...) ein Gutachten eines Technischen Dienstes (...) über die Vorschriftsmäßigkeit eines Fahrzeugs bei bestimmungsgemäßem Ein- oder Anbau dieser Teile (Teilegutachten) vorliegt (...)«*. Es genügt, *»die Ablichtung der betreffenden Betriebserlaubnis, Bauartgenehmigung (...) oder die Ablichtung des Teilegutachtens (...) mitzuführen und zuständigen Personen auf Verlangen zur Prüfung auszuhändigen«*.
Eine Betriebserlaubnis für Fahrzeugteile wird nach § 22 (2) erteilt. Für reihenweise gefertigte Teile kann eine Allgemeine Betriebserlaubnis bestehen. In dieser Allgemeinen Betriebserlaubnis wird dann auch stehen, ob das Fahrzeug nach Anbau des Teils noch vorgeführt werden muß oder nicht.
Für die in geringen Stückzahlen gefertigten Beiwagen bekommt man allerdings meist keine Allgemeine Betriebserlaubnis mitgeliefert. Meist liefert der Beiwagenhersteller wenigstens ein Teilegutachten mit. Seit der Neufassung des § 19 soll es nun genügen, daß *»die Abnahme des Ein- oder Anbaus unverzüglich durch einen amtlich anerkannten Sachverständigen oder Prüfer oder durch einen Kraftfahrsachverständigen oder Angestellten (...) durchgeführt und (...) auf dem Teilegutachten bestätigt worden ist (...)«* (§ 19 (3)).
Allerdings muß man sich immer wieder in Erinnerung rufen, daß dieser Weg nur dann möglich ist, wenn der Hersteller des Motorrads keine Einwände dagegen hat. Bei Moto-Guzzi-Gespannen wurde in der Regel so verfahren. BMW aber sperrt sich dage-

gen. Dort heißt es im Fahrzeugbrief: *»Für Beiwagenbetrieb nicht geprüft«.* Neue BMW-Gespanne müssen deshalb immer mit neuem Rahmen oder Zusatzrahmen als komplett neues Fahrzeug eine neue Betriebserlaubnis bekommen. Eigentlich gilt dies für fast alle modernen Gespannumbauten.

Bürokratie und Willkür

Ahnungslose Gespanneulinge fühlen sich dem Paragraphenwirrwar der Straßenverkehrsgesetze und dem Gehabe der Zulassungsstellen und Technischen Prüfstellen meist schutzlos ausgeliefert. Aus genau diesem Grunde wurde das Thema Rechtsvorschriften in diesem Buch bislang überhaupt behandelt. Trotz aller Rechtsvorschriften bleibt dem amtlich anerkannten Sachverständigen oder Prüfer immer noch genug Ermessensspielraum für eigene Entscheidungen. Dies mag man als Nachteil werten, kann aber auch ein Vorteil sein.

Daher kann es möglich sein, daß manche Prüfstellen Dinge akzeptieren, die andernorts empört abgelehnt würden. Es laufen sogar tatsächlich moderne BMW-K-1100-Gespanne, die auch in den Papieren eine BMW geblieben sind – nach den zuvor beschriebenen Grundsätzen eigentlich ein Unding. Auf dem juristischen Weg der Einzelabnahme nach § 21 StVZO lassen sich noch Dinge verwirklichen, die man in unserem sonst so geregelten Staatswesen nicht für möglich hält. Man muß halt nur wissen wie, wo und mit wem.

Rein juristisch und verwaltungstechnisch sind in Deutschland das eigentliche Zulassungsverfahren und die technische Überprüfung voneinander getrennt. Amtlich anerkannte Sachverständige und Prüfer können Angestellte beim Technischen Überwachungsverein, dem TÜV, sein, aber auch bei der DEKRA arbeiten.

Anders als viele Kraftfahrer vermuten, sind beides keine Behörden, sondern privatrechtlich organisierte Organisationen. In Hessen gibt es allerdings statt eines Technischen Überwachungsvereins die »TÜH«, ein staatlicher Betrieb. Ebenso existiert in Hamburg neben dem TÜV Norddeutschland die Technische Prüfstelle für den Kraftfahrzeugverkehr, die der Innenbehörde unterstellt ist.

Dieser Unabhängigkeit von der Zulassungsstelle muß man sich als Fahrzeugbesitzer bewußt sein, bedeutet sie doch, daß man sich seine Prüforganisation frei auswählen kann. Auch die manchmal anzutreffende räumliche Einheit von Zulassungsstellen und Prüfstellen darf darüber nicht hinwegtäuschen.

Nicht alle diese Stellen verfügen über das technische Wissen, ein Gespann beurteilen zu können. Manche dieser Stellen mögen einem Gespann gegenüber aus technischen Erwägungen auch negativ eingestellt sein, während wieder andere der ganzen Sache wohlwollend gegenüberstehen.

Wie dem auch sei, bevor man ein Gespann in Eigenregie vorführt, sollte man sich bei Fahrerkollegen umhören, wo sich ein Sachverständiger oder Prüfer mit Wissen über Gespanne befindet.

Dort sucht man vor der eigentlichen Vorführung, am besten noch bevor man überhaupt etwas zusammenschraubt, um ein Gespräch nach. Am besten erledigt man dies mit einem kurzen Brief, man bekommt dann einen Termin.

Nun kann man dem Ingenieur erläutern, was man bauen möchte, und ihn um Rat und Stellungnahme bitten. Rein menschlich erweist es sich bei solchen Gelegenheiten immer als zweckmäßig, nicht allzu prahlend aufzutreten, sondern den Herren geduldig zuzuhören. Ein solches Gespräch kann Anhaltspunkte für die spätere eigentliche technische Abnahme geben.

Trotzdem dürfen alle Vorbereitungen nicht darüber hinwegtäuschen, daß manche Sachverständige oder Prüfer sich wie der sprichwörtliche liebe Gott vorkommen und auch so benehmen. Genauso neigen manche Fahrzeugbesitzer dazu, den Prüfern gegenüber von vornherein dreist aufzutreten. Beides ist falsch. Wer sich jedoch mit den gesetzlichen Bestimmungen auskennt, eine technisch saubere und einwandfreie Arbeit vorführt und sich selbst korrekt und höflich benimmt, wird weit weniger Schwierigkeiten haben.

Gespannkauf

Der Kauf eines Gespanns ist wegen der ganzen zulassungsrechtlichen Probleme in jedem Fall eine Vertrauenssache. Am unproblematischsten dürfte häufig der Kauf eines gebrauchten Gespanns sein. In einem solchen Fall muß man lediglich darauf achten, daß der Umbauzustand des Fahrzeugs auch korrekt im Fahrzeugbrief eingetragen ist. Man erspart sich langwierige Verhandlungen mit TÜV und Zulassungsstelle.
Bei der Anschaffung eines neuen Gespanns neigen manche Käufer dazu, alles selbst machen zu wollen, um Geld zu sparen. Häufig ist es aber der sicherere Weg, zu einem Gespannhändler zu gehen. Der hat meist die richtigen Beziehungen zu seinem Sachverständigen und erledigt alle Zulassungshürden im Handumdrehen, während dies für den normalen Privatmann einen erheblichen Aufwand bedeuten würde.
Bei der Suche nach einem Gespannhändler sollte man darauf achten, ob es sich auch um eine vertrauenswürdige Firma handelt. Manche Firmen verlangen hohe Summen als Anzahlung, bevor überhaupt mit dem Umbau begonnen wird. Dies läßt darauf schließen, daß die Finanzdecke des Händlers so dünn ist, daß er das Gespann ohne Anzahlung nicht vorfinanzieren kann.
Doch dies dürfte die Ausnahme sein. Wichtiger ist es, darauf zu achten, daß der Gespannhändler auch die technische Kompetenz besitzt, ein Gespann zu bauen.
Es sind Fälle bekannt, in denen die Seitenwagenschwinge bei einem Neufahrzeug während der Fahrt brach oder der Hilfsrahmen am Motorrad abgerissen ist. In einer Zeit, in der viele Werkstätten mit dem Bau von Seitenwagengespannen die schnelle Mark machen wollen, tut man gut daran, den vorgeblichen Fähigkeiten einer Werkstatt skeptisch gegenüberzustehen. Ein sicheres Merkmal ist es zweifellos, wenn eine Firma schon länger besteht, über einen gewissen Ruf verfügt und ihre Fahrzeuge häufig im Verkehr beziehungsweise bei Treffen auftauchen.

Gewährleistung
Bekanntlich muß jeder Warenhersteller in der Bundesrepublik Deutschland nach dem Bürgerlichen Gesetzbuch (BGB) mindestens sechs Monate die einwandfreie Funktion seiner Ware gewährleisten. Man spricht deshalb auch von einer Gewährleistungsfrist. Manche Hersteller, zum Beispiel Moto Guzzi, gewähren nur dieses gesetzliche Mindestmaß. Andere Hersteller verlängern diese Frist freiwillig und nennen das dann Garantie. Honda beispielsweise garantiert zwei Jahre lang für die fehlerfreie Funktion seiner Motorräder.
Problematisch wird der Fall, wenn ein Motorrad zum Gespann umgebaut wird, dabei einen neuen Rahmen erhält und im neuen Fahrzeugbrief deshalb auch ein neuer Hersteller eingetragen wird. Der Hersteller des Motorrads wird wahrscheinlich dann alle Gewährleistungs- und Garantieansprüche zunächst ablehnen. Bezieht sich die Forderung auf ein Teil, das durch den Gespannumbau nicht berührt wurde, müßte man diesen Fall mit Sicherheit juristisch überprüfen lassen. In jedem Fall muß aber der neu eingetragene Hersteller des Gespanns nun in vollem Umfang sechs Monate lang eine Gewährleistung bieten. Umgehen kann man dieses Problem, wenn man über einen guten Draht zu seinem Vertragshändler verfügt, der das Solomotorrad geliefert hat. Der wird fällige Garantiearbeiten erledigen und sie dem Werk beziehungsweise dem Importeur

unter Angabe der Originalrahmennummer melden. Da Werk oder Importeur vom Gespannumbau nichts wissen, werden sie dem Vertragshändler die fälligen Auslagen ersetzen.

Auch dieser Weg kann erfolglos sein, wenn clevere EDV-Leute beim Herstellerwerk ihre Rahmennummern regelmäßig beim Kraftfahrtbundesamt prüfen lassen und von dort die Nachricht über die erloschene (Solo-)Rahmennummer erhalten. Dann hilft nur noch, daß der freundliche Vertragshändler das Garantieteil einem anderen typgleichen Motorrad unterschiebt ...

Problematisch kann es für den Gespannhändler werden, wenn er das Gespann aus einem gebrauchten, älteren Motorrad gebaut hat. In diesem Fall wird er mit ziemlicher Sicherheit vorsichtshalber die Gewährleistung für das Motorrad ausschließen, andernfalls hätte er sechs Monate lang die einwandfreie Funktion des Motorrads zu gewährleisten. Das ist aber kein Automatismus, sondern muß im Kaufvertrag oder den ihm zugrundeliegenden Geschäftsbedingungen festgelegt sein.

Produzentenhaftung

Darüber hinaus ist der Gespannhändler als Warenhersteller gemäß geltender Rechtssprechung unter anderem verpflichtet, beim Bau des Gespanns den gegenwärtigen Stand technischer Erkenntnisse zu berücksichtigen und sich von der fachlichen Qualifikation seiner Mitarbeiter zu überzeugen.

Durchaus verhängnisvoll kann es für den Gespannbauer sein, wenn er einem Kunden Teile baut, die nicht zulassungsfähig sind, also vom TÜV so nicht akzeptiert würden. Beispielsweise bei einem nicht genehmigten Zusatztank kann dies der Fall sein. Kommt es zu einem Unfall, kann der Gespannbauer als Hersteller regreßpflichtig gemacht werden.

Große Motorradhersteller wissen um die Problematik der Produzentenhaftung und stehen den technisch ohnehin heiklen Gespannen deshalb im allgemeinen recht skeptisch gegenüber. Bekanntlich hat sich BMW vom Gespann zu dem Zeitpunkt abgewandt, als die Motorleistungen über 30 PS hinausgingen. In den sechziger Jahren erklärte man dort starkmotorisierte Gespanne für unfahrbar und sprach der neuen /5-Baureihe die Gespanntauglichkeit kurzerhand überhaupt ab. Man kann es nur vermuten, aber mit Sicherheit haben dabei die Hausjuristen ein Wörtchen mitgeredet.

Ebenso wird berichtet, daß 1968 Kawasaki zwei Gespanne auf der Tokyo Motor Show ausstellte. Kawasaki verlor aber rasch das Interesse an Dreirädern, als die japanische Zulassungsbehörde Schwierigkeiten machte. Wenn man weiß, wie empfindlich gerade japanische Firmen auf das Thema Produzentenhaftung reagieren, dann klingt diese Geschichte durchaus plausibel.

Inoffiziell wurde von MZ-Leuten berichtet, daß man in der Bundesrepublik Deutschland über den hiesigen Importeur vor Jahren in mehr als einen Prozeß um Regreßansprüche nach einem Gespannunfall verstrickt war. MZ soll es aber in jedem Fall gelungen sein, diese Unfälle auf die Unkenntnis des Fahrers über die Eigenarten eines Gespanns zurückzuführen.

Wer heute den Lenker eines Gespanns in die Hand nimmt, muß wissen, daß er kein Solomotorrad und kein Auto fährt. Er muß mit völlig veränderten Fahreigenschaften rechnen und sich entsprechend vorbereiten. Wer dies unterläßt, handelt grob fahrlässig und braucht sich keine Hoffnungen zu machen, später einen Schaden vom Gespannhersteller ersetzt zu bekommen.

Instruktionspflicht

Genau für solche Fälle hat die Rechtsprechung eine Instruktionspflicht des Warenherstellers vorgesehen. Dieser Instruktionspflicht kommt allerdings praktisch (noch?) kaum ein Gespannhändler nach. Be-

§ 2 Eingeschränkte *Zulassung*
(1) Wer sich infolge körperlicher oder geistiger Mängel nicht sicher im Verkehr bewegen kann, darf am Verkehr nur teilnehmen, wenn in geeigneter Weise - für die Führung von Fahrzeugen nötigenfalls durch Einrichtungen an diesen - Vorsorge getroffen ist, daß er andere nicht gefährdet.
StVZO

dienungsanleitungen für Gespanne gibt es bislang nicht.
Es sind aber Händler bekannt, die ein Fahrzeug nur nach gründlicher Einweisung an den Kunden übergeben. Dies muß man als vorbildlich bezeichnen. So eine Instruktion ist für den Gespannbauer die sicherste Möglichkeit, sich vor rechtlichen Komplikationen zu schützen.
Die angemessene Instruktion betrifft nicht nur die Einweisung in die Fahreigenschaften des Gespanns, sondern auch in dessen Wartung. Jeder Gespannbauer weiß, daß der Kunde aufgrund der meist erheblichen Entfernung die Wartung in eigener Regie vornimmt oder örtliche Werkstätten ohne Gespannerfahrung damit beauftragt.
Aus diesem Grund dürfte man aber erwarten, daß der Gespannbauer wenigstens in einem Merkblatt verbindliche Angaben über die Fahrzeuggeometrie seiner Gespannkonstruktion macht. Wahrscheinlich wird der Instruktionspflicht von seiten der Gespannbauer so lange nicht nachgekommen, bis der erste findige Anwalt eines geschädigten Gespannfahrers hier eine Chance wittert, Geld herauszuschlagen.

Produkthaftung

Gemäß dem neuen Produkthaftungsgesetz (PHG) haftet der Gespannhersteller neuerdings sogar für alle Personenschäden, die durch ein fehlerhaft hergestelltes Gespann entstehen, auch wenn dies ohne sein Verschulden geschah. Dies ist ein recht brisantes Thema, das durch zahlreiche Presseberichte aus den Vereinigten Staaten noch zusätzlich aufgebauscht wurde.
Verantwortungsbewußte Warenhersteller haben eine entsprechende Versicherung abgeschlossen, um Schäden aus dem Produkthaftungsgesetz abzudecken. Besteht keine solche Versicherung, dürfte das Vermögen der meisten Gespannbauer kaum ausreichen, den bei einem Unfall entstandenen gesundheitlichen Schaden zu ersetzen.

Behinderte

Für manchen Behinderten ist ein Motorrad mit Seitenwagen die einzige Möglichkeit, überhaupt die Freuden des Motorradfahrens zu genießen. Trotzdem haben die Behörden gerade Behinderten besondere Steine in den Weg gelegt, die den Weg zum eigenen Motorrad versperren.
Grundsätzlich dürfen gemäß § 2 StVZO Behinderte nur dann am Verkehr teilnehmen, wenn andere Menschen dadurch nicht gefährdet werden. Der Behinderte selbst ist verpflichtet, Vorsorge zu treffen, daß eine solche Gefährdung nicht eintritt.

Führerschein

Beantragt jemand einen Führerschein, so muß die zuständige Behörde gemäß § 9 StVZO ermitteln, ob *»Bedenken gegen die Eignung des Antragstellers ... (z.B. ... Bedenken gegen die körperliche ... Eignung)«* bestehen. Wird bei der Beantragung des Führerscheins der Behörde die Behinderung bekannt, so gibt ihr der § 12 der StVZO zusammen mit dem § 3 (2) StVZO die Handhabe, zusätzliche Gutachten zu fordern. Aufgrund dieser Gutachten kann die Behörde die Erteilung der Fahrerlaubnis grundsätzlich verweigern oder dem Antragsteller Auflagen erteilen. Sogar die Beschränkung der Fahrerlaubnis auf ein bestimmtes Fahrzeug ist zulässig.
Glück im Unglück hat scheinbar derjenige, der schon über einen Führerschein der Klasse 1 verfügt, dann aber wegen eines schweren Unfalls auf ein Gespann umsteigen muß. Trotzdem droht ihm ständig der Entzug des Führerscheins, denn die Verwaltungsbehörde darf ihm diesen Führerschein entziehen, wenn er sich gemäß § 4 des Straßenverkehrsgesetzes (StVG) *»als ungeeignet zum Führen von Kraftfahrzeugen erweist«*. Zweckmäßig ist es also, sich rechtzeitig um eine Anpassung der Fahrerlaubnis an die neuen Gegebenheiten zu bemühen.

Fahrzeug

Der Behinderte benötigt nicht nur eine entsprechende Fahrerlaubnis, auch sein Fahrzeug muß den Erfordernissen der Behinderung angepaßt sein. In der Regel betrifft dies die Teile, die der Nicht-Behinderte mit den Händen am Lenker und mit den Füßen bedient. Hier sind individuelle Lösungen unabdingbar. Nicht nur die Art der Behinderung spielt eine Rolle, auch die Konstruktion des Fahrzeugs. Der Behinderte ist hier entweder auf Eigenkonstruktionen oder die Mithilfe von Freunden bei der entsprechenden Anpassung angewiesen. Manche Gespannwerkstätten verfügen ebenfalls über Erfahrungen in diesem Bereich.

In den meisten Fällen wird es unabdingbar sein, rechtzeitig Kontakt zur Führerscheinstelle wie zu einem amtlich anerkannten Sachverständigen für den Kraftfahrzeugverkehr aufzunehmen. Man kann bestimmte Forderungen der Behörden dann von vornherein berücksichtigen. Häufig wird die Erteilung einer Fahrerlaubnis von einer Fahrprüfung auf dem umgebauten Fahrzeug abhängig gemacht.

Rollstuhl am Seitenwagen

Mein Blick wird plötzlich eingefangen von einem Gold-Wing-Gespann, das am Rande der Straße steht. Ich glotze, daß es mir fast peinlich ist. Reiß dich zusammen und fahr weiter und tu so, als wär nix, außer einer Gold Wing mit Behindertenaufkleber und Rollstuhl am Seitenwagen. Jürgen ist seit einem Motorradunfall vor 12 Jahren querschnittsgelähmt und fährt wieder. Das war ihm schon klar nach dem Unfall, trotzdem hat es ein paar Jahre gedauert, bis es möglich wurde. Man hatte ihm nämlich nach dem Unfall den Führerschein Klasse 1 entzogen. So mußte er warten, bis er über Honda Deutschland einen Mann in Siegen kennenlernte, der trotz Lähmung Motorrad fuhr. Die Gold Wing seiner Behinderung gerecht zusammenzubauen, war für ihn und

(Foto: Steinbeck)

seine Freunde kein Problem. Jürgen hatte auch schon vorher mit einem selbstgestrickten Dreirad geübt, das Problem war der Führerschein. Beim TÜV in Frankfurt wollte man ihm zuerst das ganze Vorhaben ausreden. Bei der Prüfung mußte Jürgen dann auf- und absteigen, ein paar Runden fahren, um schließlich doch den ersehnten Schein zu bekommen. Mittlerweile hat er einige größere Touren hinter sich, schraubt selber, fährt in Urlaub mit dem Motorrad und hat sich wohl auch an die Aufregung gewöhnt, die es um das Gespann gibt. Dann drückt er auf den Anlasserknopf, legt per Handschaltung den ersten Gang ein und rauscht davon.

Klaus Steinbeck, in: KURVE 0/1985

Gespann für Rollstuhlfahrer

Der Schweizer Hersteller ARMEC liefert unter dem Namen Korsan Handycap ein spezielles Gespann für Rollstuhlfahrer. An eine Moto Guzzi T 5 hängten die Schweizer einen für die Bedürfnisse des Rollstuhlfahrers umgebauten Seitenwagen ihres Typs Tremola. Der ist jetzt von hinten offen. Der Fahrer rollt mit seinem Stuhl in den Seitenwagen und klinkt sich dort ein.

Am Seitenwagen findet er die komplette Lenkereinheit mit allen Armaturen. Lenkbewegungen werden über einen Umlenkhebel auf die Gabel des Motorrads übertragen. Geschaltet wird mit elektrischer Unterstützung durch einen Doppelhubmagneten. Möchte der Fahrer das Gespann rangieren, steht ihm ein Rückwärtsgang zur Verfügung: ein Elektromotor wirkt über ein Planetengetriebe und eine Reibrolle auf das Hinterrad. Damit der Strom nicht ausgeht, ist im Seitenwagen eine Autobatterie hoher Kapazität untergebracht. Als Ersatz für den durch den hinteren Einstieg verlorengegangenen Kofferraum findet der Rollstuhlfahrer im Vorderteil des Seitenwagens einen geräumigen Kofferraum.

Das Motorrad selbst kommt ohne Sitzbank und Lenker ungewöhnlich nackt daher. Die auf den ersten Blick ungewöhnliche Positionierung des Fahrers im Seitenwagen bietet aber für das Gespannfahren eine günstige Lastenverteilung und soll, so wirbt der Hersteller, eine zügige Fahrweise ermöglichen.

Unterwegs

Problemlos ist die Fahrt mit einem Gespann beileibe nicht, das hat sich mittlerweile herumgesprochen. Jahrelange Erfahrung auf dem Solomotorrad ist für den frischgebackenen Gespannfahrer keinen Pfifferling wert, im Gegenteil. Eingefahrene Reflexe gerade von perfekten Solopiloten behindern geradezu das Gespannfahren. Das Umlernen gestaltet sich schwieriger als anfangs gedacht.

Fahren lernen

Bevor man mit einem Gespann am öffentlichen Straßenverkehr teilnimmt, sollte man vorher tunlichst ein Training absolvieren. Die teuerste Methode dafür ist es, sich eine Fahrschule mit eigenem Gespann zu suchen. Doch die dürften ohnehin ziemlich dünn gesät sein.

Besser ist es, an einem Gespannfahrerlehrgang teilzunehmen, wie er von verschiedenen Organisationen angeboten wird. Man sollte sich aber vergewissern, daß dieser Kurs für Anfänger vorgesehen ist und man gegebenenfalls auch ohne eigene Maschine daran teilnehmen kann. Gerade der »Bundesverband der Motorradfahrer« (BVDM) ist sehr engagiert in Sachen Gespannfahrerlehrgänge.

Problemlos gestaltet sich der Gespannunterricht, wenn man einen guten Freund hat, der bereits Gespann fährt und bereit ist, auf seinem Gespann üben zu lassen. Selbstverständlich darf man dies auf öffentlichem Gelände nur tun, wenn man bereits über einen Führerschein der Klasse 1 verfügt. Das wird aber wohl in der Regel der Fall sein.

Unterrichtsgespann

Bevor man sich kritiklos auf des Freundes Gespann schwingt, sollte man hinterfragen, ob dieses Gespann auch für Unterrichtszwecke geeignet sei. Fahrzeuge, die auch von Könnern nur mit Mühe und viel Kraft dazu zu bringen sind, geradeaus zu fahren, sind als Übungsfahrzeuge gänzlich ungeeignet. Darauf muß an dieser Stelle deshalb so besonders hingewiesen werden, weil es viele Gespanne gibt, an denen die Besitzer in völliger Unkenntnis technischer Erfordernisse solange herummanipuliert haben, bis alle positiven Fahreigenschaften endgültig beseitigt waren.

Am besten absolviert man eine Gespannfahrschule schon vor dem Kauf eines Gespanns. Dann läßt sich das eine oder andere technische Detail auch besser beurteilen. Gespannhändler sollten bei Probefahrten ihrer Käufer im eigenen Interesse darauf achten, daß diese wirklich Gespann fahren können.

Übungsparcours

Für die ersten Gehversuche mit dem Gespann suche man sich einen möglichst großen und leeren Parkplatz aus. Vor Großbetrieben und Einkaufszentren ist am Wochenende meist eine freie Fläche zu finden. Zweckmäßig ist es, wenn dort keine Lampenmasten, Blumenkübel oder Bäume vorhanden sind, denn die pflegen immer gerade dort aufzutauchen, wo der Übende gerade entlangfahren will.

Beim Abstecken eines Übungsparcours helfen die einschlägig bekannten orangeweißen »Hütchen«. Alternativ eignen sich auch halbierte Tennisbälle, wenn sie neon-

Glaub mir, deine ersten Kilometer auf einem Gespann werden dich durcheinanderbringen wie kaum je zuvor. Dein Rücken wird klatschnaß sein, dein Hirn wird nach Hilfe funken, und du wirst auf dem – sich unabhängig von deinem Willen bewegenden – Dreirad verzweifelt deinen Erfahrungsschatz von unten nach oben durchjagen, um endlich die gespeicherten Reflexe zu finden, die dich auf diesem Extremgerät wie einen gesitteten Verkehrsteilnehmer aussehen lassen. Aber da gibt's in den Kammern und Speichern deines großen Hirns nix, was dir hilfreich zur Verfügung stünde.
W. Wiesner in: Droge Motorrad, München 1985

gelb eingefärbt sind. Zur Not tut es aber auch ein langes Seil. Gänzlich ungeeignet sind dagegen Dosen oder Flaschen, bei unbeabsichtigtem Überfahren können sie im schlimmsten Fall die Reifen des Fahrzeugs beschädigen.
Entgegen allen guten Ratschlägen wird sich der Neuling nun kaum noch zügeln können. Erst einmal draufsetzen und losfahren. Diesem Drang sollte man ruhig nachgeben, denn der Platz ist hoffentlich groß genug, so daß nichts kaputtgehen kann.
Vorsicht sollten allerdings jene Gemüter walten lassen, die einen forschen Dreh am Gasgriff gewohnt sind. Ihnen entgleitet die Beherrschung des dreirädrigen Monstrums noch am ehesten. Besser ist es, wenig Gas zu geben und die Kupplung vorsichtig kommen zu lassen. Der erschrockene Neuling wird sofort von allein feststellen, daß das Gespann beim Anfahren leicht nach rechts zieht. Zum Lenken muß man Kraft aufwenden, und beim Abbremsen zieht das Gespann, je nach Bremsenanordnung und Beladung.
Apropos Beladung: Zweckmäßig ist es, wenn der Fahrzeugbesitzer zunächst im Seitenwagen Platz nimmt. Kann er dies beim besten Willen nicht ertragen, sollte man statt dessen Ballast in den Seitenwagen stellen. Die ersten Fahrversuche im Straßenverkehr sollten aber stets ohne Beifahrer, allerdings mit Ballast erfolgen. Mancherorts wird statt dessen neuerdings empfohlen, grundsätzlich ohne Ballast zu fahren, um die körperliche Beherrschung des Gespanns zu trainieren. Ob dies, schon aus Sicherheitsgründen, zweckmäßig ist, darf bezweifelt werden.
Wenn der Neuling einige Runden absolviert hat, fängt es an, ihn zu langweilen. Nun ist es Zeit, tatsächlich der Reihe nach einige Übungen zu absolvieren. Dazu hält man an, stellt den Motor ab und steigt vom Gespann. Beim Abstellen eines Gespanns sollte man sich von Anfang angewöhnen, den ersten Gang einzulegen, gleichgültig, ob dies vor oder nach dem Abschalten des Motors erfolgt. Der Gang muß eingelegt sein, um das Gespann gegen unbeabsichtigtes Fortrollen zu sichern.

Gespann schieben

Die erste Übung besteht darin, das Gespann ohne Motor, also nur mit eigener Körperkraft zu schieben. »Wer sein Gespann liebt, der schiebt!« lautet die Devise in dieser Übung. Wegen des zuvor eingelegten ersten Gangs sollte man daran denken, die Kupplung zu ziehen. Schön ist, wenn man verschiedene Gespanne probehalber schieben kann. Dann wird man sehr schnell himmelweite Unterschiede feststellen.

Schweißtreibend: Gespann schieben

Während sich ein leichtes MZ-Gespann mit seinen großen und schmalen Rädern fast spielerisch bewegen läßt, wird bei großen Vierzylindergespannen auf breiten Autoreifen rasch der Ruf nach einem zweiten Mann laut. In jedem Falle wird man feststellen, daß es etwas anderes bedeutet, linksherum zu schieben als rechtsherum.

Geradeaus fahren

Weil das Schieben doch anstrengend sein kann, setzt man sich ruhig wieder auf das Motorrad und startet es. Nun sucht man sich eine langgezogene gerade Linie, zum Beispiel von einer Parkplatzmarkierung. Zunächst soll der Fahrer mit den beiden Rädern des Motorrades an dieser Linie ohne überflüssige Schlenker entlangfahren.

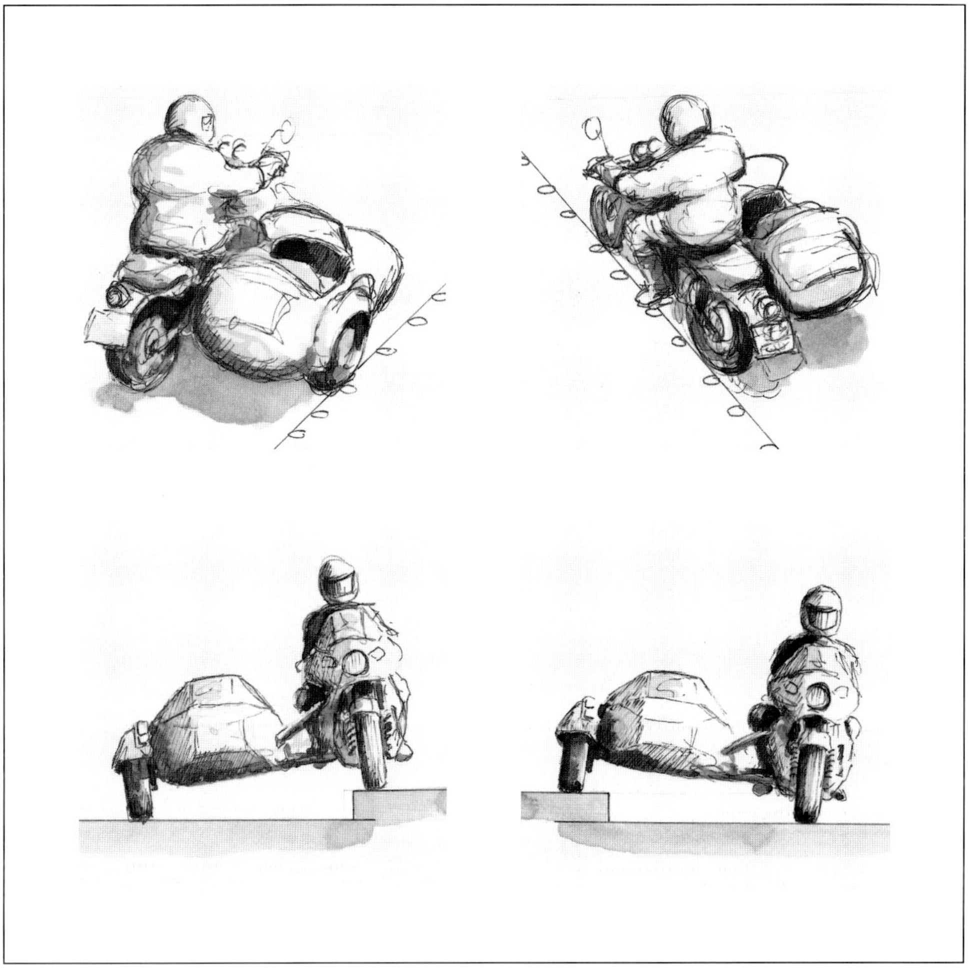

Gelingt dies, wiederholt man das Ganze, hält aber zwischendurch immer wieder an und fährt erneut los. Dabei muß man überhaupt nicht schnell fahren, Schrittempo genügt. Worauf es ankommt, ist, daß man den Rechts- und Linksdrall des Gespanns beim Anfahren und Bremsen erkennt und abzufangen lernt.

Ist man einigermaßen in der Lage, auf einer Linie geradeaus zu fahren, dann wiederholt man alles noch einmal. Diesmal soll allerdings das Seitenwagenrad auf der Linie bleiben. Diese Übung ist schon nicht ganz so einfach, weil es hier darauf ankommt, nicht nur in der Spur zu bleiben, sondern auch ein Gefühl für die Breite des Gespanns und die Lage des Seitenwagenrads zu bekommen.

Weiter zu erschweren ist die Übung, wenn man statt einer langgezogenen Linie einen Kantstein üblicher Höhe auswählt. Zunächst versucht man, mit den beiden Rädern des Motorrads auf dem Kantstein zu fahren. Der Seitenwagen läuft dabei unten und versucht, das schrägstehende Motorrad vom Kantstein nach rechts zu ziehen. Früher war diese Übung von noch größerer Bedeutung als heute, denn vor Jahren waren alle Landstraßen sehr stark gewölbt. Die Wölbung sorgte für einen ständigen Rechtsdrall des Gespanns.

Schon schwieriger ist die umgekehrte Version dieser Übung, nämlich das Seitenwagenrad auf dem Kantstein laufen zu lassen. Nun neigt sich das Motorrad nach links, der Seitenwagen läuft höher als die Maschine und übt einen Linksdrall aus.

Kurven fahren

Wer nun in der Lage ist, perfekt geradeaus zu fahren, sollte sich daranmachen, Kurven zu trainieren. Mit Hilfe der oben erwähnten Tennisbälle steckt man einen Slalom ab. Der Abstand der Tennisbälle richtet sich nach der Wendigkeit des Gespanns (die meist von der Spurweite abhängig ist). Hier sollte der eigentliche Besitzer des Fahrzeugs beratend eingreifen.

Der Slalom wird zunächst langsam durchfahren, um ein Gefühl für das Lenken in Kurven zu bekommen. Dann kann man langsam schneller werden und dabei eventuell nur jeden zweiten Tennisball umfahren, um den Kurvenradius zu vergrößern. Der frischgebackene Gespannfahrer wird spüren, wie sich das Motorrad in Linkskurven im Heck hebt, in Rechtskurven dagegen zusammensackt. Ist er schnell genug, hebt der Seitenwagen in Rechtskurven leicht ab. Keine Angst, der Seitenwagen ist meist sofort wieder unten, weil der Mann am Lenker vor Schreck bestenfalls das Gas wegnimmt oder schlimmstenfalls nach links gegenlenkt.

Nun ist es Zeit, in Kreisen oder besser beim Durchfahren der berühmten liegenden Acht das Kurvenverhalten zu trainieren. Abwechselnd kann mit und ohne Ballast gefahren werden. Der Schüler merkt, daß der Seitenwagen mit Ballast weitaus später hochkommt als ohne; es sind also höhere Kurvengeschwindigkeiten möglich.

Lernziel sollte es sein, daß das Abheben des Seitenwagens beim Fahrer keine Panik und kopflosen Reaktionen auslöst. Keinesfalls darf er dem Abheben mit Gegenlenken begegnen. Auf der Straße würde dieser Schlenker geradewegs in den entgegenkommenden Verkehr führen. Gaswegnehmen genügt meist, um den Seitenwagen wieder auf den Boden zu bekommen. Könnern gelingt es nach einiger Übung, den Seitenwagen durch die richtige Menge Gas, leichten Zug am rechten Lenkerende und die nötige Balance trotz Geradeausfahrt nahezu beliebig lange oben zu halten.

Sicherheitstraining

Die ersten Gespannfahrten sollte man allein, mit ausreichend Ballast im Boot absolvieren. Belebte Innenstädte sind genauso zu meiden wie Autobahnen. Auf der Autobahn kann man zwar schnell geradeaus fahren, das nützt jedoch dem Gespanneuling wenig. Muß man trotzdem eine Autobahn befahren, zum Beipiel bei der Überführungsfahrt des neu erworbenen Gespanns, so sollte man insbesondere beim Verlassen der Autobahn in der engen Kehre der Anschlußstelle höchste Vorsicht walten lassen. Bekanntlich verliert man nach längeren Fahrten mit hoher Geschwindigkeit das Gefühl für das Tempo.

Daher schaue man beim Verlassen der Autobahn bewußt auf den Tacho, damit das gute Stück nicht gleich auf der ersten Fahrt in der Leitplanke der heimischen Anschlußstelle endet.

Ebenso ungeeignet für die erste Gespanntour sind stark befahrene Bundesstraßen. Hier rollt auch überregionaler Verkehr, für den vielleicht zögerlichen Gespannfahrer ist da kein Platz. Weit besser geeignet sind kleine Kreisstraßen oder lokale Verbindungsstraßen zwischen Dörfern. Hier gibt es genügend Kurven, die den Übenden ordentlich fordern. Der geringe Verkehr hält das Risiko klein. Vorsicht ist aber bei einspurigen asphaltierten Feldwegen geboten. Diese werden von den Bewohnern der anliegenden Dörfer häufig als Abkürzung benutzt, und weil da ja doch nie einer fährt, fahren die Autofahrer meist entsprechend schnell. Zu schnell, als daß der Gespanneuling mit seinem ungewohnt breiten Fahrzeug dem urplötzlich um die Ecke zischenden GTI noch ausweichen könnte.

Richtige, das heißt nicht asphaltierte Feldwege zu befahren, kann dagegen nur förderlich sein. Voraussetzung ist allerdings, daß das eigene Gespann über ausreichend Bodenfreiheit verfügt. Hier gibt es genügend Schlaglöcher, Buckel und ausgefahrene Spurrillen, die den Neuling Fahrzeugbeherrschung trainieren lassen, ohne daß hohe Geschwindigkeiten notwendig wären. Man sollte sich allerdings vergewissern, daß der ausgewählte Feldweg auch tatsächlich legal benutzt werden darf, in unserem dicht besiedelten Land keine Selbstverständlichkeit.

Verfügt man im Laufe der Zeit schon über einige Fahrpraxis, dann wird es Zeit, diese Erfahrung zu weiterer Perfektion zu führen. Im Autobereich und für Solomotorräder ist die Einrichtung des Sicherheitstrainings bereits einigermaßen etabliert. Dort hat sich insbesondere der ADAC stark engagiert. Viele Verkehrsteilnehmer stehen dieser Einrichtung allerdings zu Unrecht skeptisch gegenüber. Einige verwechseln das Sicherheitstraining mit einem Perfektionstraining auf der Rennstrecke. Das ist es jedoch nicht. Es will den Kraftfahrer lediglich bewußt typische Gefahrensituationen des Straßenverkehrs trainieren lassen und ihn so besser vorbereiten.

Perfektionskurse

Leider sind die üblichen Motorradsicherheitstrainings für Gespanne nicht geeignet, das Autotraining schon gar nicht. Erst in allerjüngster Zeit haben Verbände wie der BVDM und Motoaktiv das Konzept eines Gespannintensivkurses auch für Fortgeschrittene entwickelt. Zu hoffen ist, daß diese Kurse auch angenommen werden.

Üblicherweise werden beim Sicherheitstraining Gefahrensituationen simuliert und trainiert. In erster Linie gehören dazu Gefahrenbremsungen. Dabei geht es darum, das Fahrzeug in möglichst kurzer Zeit, ohne Blockieren der Bremsen, zum Stehen zu bekommen. Nun mag man einwenden, daß man dies auch allein trainieren könne. Das stimmt und stimmt wieder nicht. Zunächst übt es kaum jemand allein. Dann fehlt einem meistens bei Alleinübungen der kritische Beobachter. Das ist während eines Sicherheitstrainings der Instruktor. Seine Ausbildung und seine Erfahrung verleihen ihm genügend Autorität, den Teilnehmern wertvolle Hinweise zur Verbesserung ihrer Fahrfertigkeiten geben zu können.

Eine weitere Übung besteht darin, plötzlich auftauchenden Hindernissen auszuweichen. Bei einem Solomotorrad ist dies schon weitaus schwieriger als bei einem Auto, beim Gespann wachsen sich plötzliche Richtungswechsel zum Problem aus. Erschwerend kommt wieder hinzu, daß rechtsherum anders reagiert werden muß als linksherum. Sich darauf theoretisch vorzubereiten, ist zwar nützlich, ersetzt aber keine praktische Übung. Die verlangt aber in diesem Fall einen erfahrenen Instruktor.

Meine Großmutter honorierte den Kauf eines Gespanns: »Endlich wirssu vernünftig, mien Jung! Wart ook Tied.« Was die ahnungslose Frau nicht wissen kann, ein Gespann ist nur scheinbar sicherer als ein Solomotorrad. Zugegeben – man kann im Stand nicht umfallen. Doch dann hört die Fahrsicherheit schon rasch auf.
R. Heinsohn in: Das andere Motorradbuch, Köln 1987

„Dann griff ich mir einen Jüngling, setzte ihn auf meine Puch (das war dermalen gerade meine Testmaschine) und brachte ihm binnen fünf Minuten das Seitenwagen-hoch-Fahren bei. Jetzt kann er es und übt es bei jeder passenden und auch unpassenden Gelegenheit. Es ist also gar nicht soo schwer, wie es vielleicht im Anfang aussehen mag, und ich bin überzeugt, daß es jeder halbwegs geübte Seitenwagenfahrer ebenfalls binnen fünf Minuten erlernen wird.“
Hans Patleich in: Das Motorrad, Heft 8/1954

Neben dem fahrerischen Können gibt es noch eine andere Art der Erfahrung, die auch dem Gespannfahrer zugute kommt. Die Rede ist vom sprichwörtlichen siebten Sinn, den ein Verkehrsteilnehmer im Laufe der Zeit entwickeln sollte. Er hilft, gefahrenträchtige Situationen schon von weitem zu erahnen und entsprechend defensiv zu reagieren.

Kleine Tricks

Alte Hasen wissen eine Menge über Tricks und Kunststückchen zu erzählen, die erst die rechte Würze ins Gespannfahren zu bringen scheinen. 1954 hat Hans Patleich in »Das Motorrad« unter der Überschrift »Den Wagen hoch, die Knie fest geschlossen« detailliert beschrieben, wie man das Fahren mit angehobenem Seitenwagen perfekt beherrschen lernt. Wenn die Überschrift des Artikels auch unangenehme Erinnerungen weckt (neun Jahre nach Kriegsende eigentlich eine Geschmacklosigkeit), so liefert der Autor doch eine praktikable Beschreibung über das Fahren mit angehobenem Seitenwagen, selbst in Linkskurven.

Patleich empfiehlt, mit leerem Seitenwagen im ersten Gang bei etwa 10 km/h zunächst Rechtskurven zu fahren, bis der Seitenwagen langsam (!) hochkommt. Anschließend ist zu versuchen, mit angehobenem Seitenwagen geradeaus weiter zu fahren und dies ausgiebig zu trainieren. *»Wesentlich ist, daß der Tank fest zwischen die Knie genommen wird, denn man hält das Gewicht der Maschine mit dem Oberkörper, der die Feinbalance gibt. Das Hebelmoment des Oberkörpers wird durch das rechte Knie auf den Tank übertragen«*, schreibt Patleich. Durch Hineinlegen in die Kurve will Patleich mit angehobenem Seitenwagen auch Linkskurven fahren, gesteht aber zu, daß dies *»verteufelt schwer«* sei.

Es versteht sich von selbst, daß derartige Übungen in den neunziger Jahren unseres Jahrhunderts im öffentlichen Straßenverkehr nicht angebracht sind. Diese Aussage gilt im übrigen auch für den heute noch gern geübten Trick der Altvorderen, bei glatter Straße und leichter Steigung das Gespann um 360 Grad zu drehen (Bremsen, Lenkeinschlag nach links und Vollgas). Trotzdem sollte man dies getrost trainieren, dann aber auf abgesperrtem Gelände.

Leider ist es so, daß viele dieser Kunststückchen mit modernen Gespannen entweder gar nicht oder nur bei gefährlich hohen Geschwindigkeiten möglich werden. Das beste Übungsgespann ist in diesem Fall das gute alte MZ-Gespann.

Beherrscht man einmal die Technik, kann sie in Gefahrensituationen helfen, instinktiv das Richtige zu tun. Im Straßenverkehr sind solche Kunststückchen aber eher geeignet, arglosen Verkehrsteilnehmern einen gehörigen Schrecken einzujagen. Es hat daher schon Gesetzeshüter gegeben, die gegen das Fahren mit angehobenem Seitenwagen eingeschritten sind. Eine solche Reaktion dürfte aber überzogen sein, weil der angehobene Seitenwagen beileibe kein Zeichen mangelnder Fahrzeugbeherrschung ist.

In Heft 1/84 der Zeitung »Megaphon« ist der Bußgeldbescheid des Straßenverkehrsamts Hagen vom 13.1.84 im Faksimile abgedruckt, worin dem Fahrer eines MZ-Gespanns ein Bußgeld in Höhe von DM 45,- auferlegt wurde wegen *»Verletzung der Pflichten eines Fahrzeugführers«* (Az.: 9755/4 708/0/131/0). Zitat aus dem Bußgeldbescheid: *»(...) hob sich der Beiwagen infolge nicht angepaßter Geschwindigkeit an (etwa 30 Zentimeter). Nachdem der Beiwagen wieder aufgesetzt hatte, neigten Sie sich nach links zur Seite und hoben den Beiwagen über eine längere Strecke erneut an. Das Beiwagenrad befand sich etwa 40 bis 50 cm über der Fahrbahn.«*

Der betroffene zwanzigjährige Fahrer war jedoch clever und legte Einspruch ein: *»Die Aussage, das Beiwagenrad habe sich etwa 40 bis 50 Zentimeter über der Fahrbahn be-*

funden, ist falsch. Denn dann, so haben Untersuchungen meinerseits ergeben, hätte der Schwerpunkt links vom Reifenaufstandspunkt gelegen. Die Folge wäre ein Umkippen des Gespanns gewesen, was jedoch in meinem Fall nicht erfolgte. Die Tatsache, daß sich in der Rechtskurve der Beiwagen einmalig um circa 20 Zentimeter anhob, ist meiner Meinung nach kein Verstoß gegen die §§ 3, 23 und 49 STVO. (...) Aufgrund der Fahrphysik eines Gespanns kann es in Rechtskurven leicht zum Abheben des Beiwagens kommen. Insofern ist die Ansicht, der Führer eines Gespannes habe sein Fahrzeug nicht mehr unter Kontrolle, unzulässig, insbesondere dann, wenn kein anderer Verkehrsteilnehmer geschädigt, gefährdet, behindert oder belästigt wurde (...)«.
Das Verfahren wurde eingestellt.

Unfälle

Kann man aus der Erfahrung anderer Leute lernen? Das Thema ist alt und unerschöpflich. Mancher behauptet zu Recht, jeder müsse Fehler erst einmal selber mit eigenem Fahrzeug im wahrsten Sinne des Wortes erfahren, bis sich der eigene Erfahrungsschatz füllt. Daran mag etwas Wahres sein, dennoch erscheint es zweckmäßig, sich kurz mit gespanntypischen Unfallsituationen auseinanderzusetzen.

Anfängerpech

»Im Grunde war so ein dummer Schnösel am Steuer eines Golf GTI schuld an dem Unfall. Der glaubte nämlich, schneller als ein K-100-Gespann zu sein. War er nicht, jedenfalls nicht bis zu der Kreuzung, wo die Hauptstraße mit ihren drei Spuren fast rechtwinklig abknickte. Ich fuhr mit meinem Gespann auf der ganz linken Spur, links von mir befand sich (glücklicherweise) ein Grünstreifen. Plötzlich verließen mich meine Fahrkünste. Im Affenzahn um die Ecke -

Die Motorradakrobaten der Hamburger Polizei entfernen das dritte Rad

... und kommen auch ohne recht gut zurecht

Der Seitenwagen ist zum Turnen wie geschaffen,
Aufnahmen 1965 (Foto: Schilling)

Am gefährlichsten wird die Situation nach Erfahrung des ADAC übrigens erst nach den ersten 10.000 Kilometern, wenn sich eine trügerische Sicherheit bei Fahranfängern einstellt. Dann neigen sie dazu, sich zu überschätzen, und verursachen typische Anfängerunfälle durch überhöhte Geschwindigkeit, Abkommen von der Fahrbahn und ähnliches. aus einer Pressemitteilung des ADAC, 4.1.90

schwupp kam das Beiboot hoch, und ich flog auf den Mittelstreifen. Das Moped schrammte ein wenig in Schräglage auf dem Kantstein entlang, dann kippte die Fuhre wieder auf alle drei Räder und blieb stehen. Mir war nichts weiter geschehen, und rasch hatte ich mich aufgerappelt. Ein Blick aufs Motorrad - oh Schreck! Ein faustgroßes Loch im linken Seitendeckel - die Steuerkette schaute heraus. Das linke untere Verkleidungsteil war ebenfalls nur noch Schrott.«

Die erste Schilderung belegt den beinahe klassischen Ablauf eines Gespannunfalls. Lediglich der Grünstreifen in der Fahrbahnmitte hat hier Schlimmeres verhütet. Nicht auszudenken, wenn das Gespann in den Gegenverkehr der insgesamt sechsspurigen Ausfallstraße gefahren wäre.

Der Fahrer selbst war das Gespann schon etwa 10.000 km gefahren, meinte also, es recht gut zu beherrschen. Auch bei Fahranfängern ist bekanntlich zu beobachten, daß diese sich nach einer gewissen Eingewöhnungszeit selbst überschätzen. Zu dieser Selbstüberschätzung gesellte sich in diesem Fall ein zweiter kapitaler Fehler: das Boot war leer, auch Ballast wurde nicht mitgeführt, obgleich der Fahrer sonst stets mit Sozia unterwegs war.

Eine Handbreit

»Es machte Spaß, die kurvenreiche Straße am Fjord entlangzufahren. Und es war ein schaurig-schönes Gefühl, links die hochaufragenden schwarzen Felswände und rechts tief unten das glitzernde Wasser des Fjords zu sehen. Die vielgerühmte Fjordlandschaft fesselte meinen Blick und lenkte ihn oft von der Fahrbahn weg. Vielleicht wirkte die Straße dadurch so schmal, als wäre sie nur eine Fahrspur breit. Sobald mir ein Fahrzeug entgegenkam, bremste ich ab und peilte angestrengt und unsicher, ob wir denn aneinander vorbeikämen. Der andere, in der Regel ein PKW, zog dagegen mit seiner unverminderten Geschwindigkeit und zwei Meter Abstand souverän an mir vorbei. Von Begegnung zu Begegnung fühlte ich mich dann zunehmend sicherer. Endlich kam der Zielort in Sicht. Die erlaubten 50 Stundenkilometer waren für die Ortsdurchfahrt eigentlich zu schnell, und darum ging ich etwas vom Gas. Im leichten Bogen führten die dicht an der Straße stehenden Häuserzeilen auf eine Gitterbrücke zu, die über den Fjord führte. Als ich meine Augen auf die Fahrbahn in dem Stahlgerippe richtete, erschrak ich, denn aus der Öffnung kam ein Bus, der den ganzen Durchlaß ausfüllte. Ich sah keine Chance, an dem Bus vorbeizukommen. Wohin?! Frontal drauf? Oder gegen den Begrenzungsstein vor der Brücke? Zum Anhalten war ich wohl zu schnell. Ich bremste, so gut ich konnte, und entschied mich dabei, den Begrenzungsstein als Prellbock zu benutzen, denn er erlaubte wenigstens einen Überflug in den Fjord. Ich hörte einen dumpfen Schlag vom Seitenwagen her und erwartete im Bruchteil von Sekunden meinen Abflug. Aber der kam nicht. Ich stand, im wahrsten Sinne des Wortes, schlagartig, und neben mir der Bus im Abstand von einem Meter. Ich schaute verschreckt nach oben. Der Busfahrer schüttelte verständnislos mit dem Kopf, streckte die flach gehaltene Hand aus dem Fenster und sagte: ‚es hätte doch gereicht!' In der Tat, der Begrenzungsstein war nur vom Schutzbügel des Seitenwagens seitlich leicht angefahren worden. Wenn ich mir meiner Gespannbreite sicherer und langsamer gewesen wäre, dann hätte ich mit einem halben Meter Abstand an dem Bus vorbei durch die Brücke gepaßt.«

Bei dieser Schilderung ist leicht zu erraten, was dem Fahrer fehlte: das Gefühl für die Breite des Gespanns. Die einige Seiten zuvor für Anfänger beschriebenen Übungen zur Breite des Gespanns (Seitenwagenrad auf einer Linie und auf dem Kantstein fahren lassen), sind also nicht ganz ohne Hintergrund.

Die Hausecke

»Ich wollte schnell ankommen und jagte die Guzzi mit Vollgas über die Autobahn von Hamburg bis Kassel. Nach vier Stunden schneller Geradeausfahrt ist der Wechsel auf kurvenreiche Landstraßen umso deutlicher spürbar. Aber es macht Spaß, durch diese Mittelgebirgslandschaft zu bummeln. Manchmal sind die Häuser in den Ortschaften recht sonderlich gebaut, mit Erkern, mit Geschoßvorsprüngen oder auch mit einer eingezogenen Ecke. Die eine Hausecke an der engen und rechtwinklig abknickenden Ortsdurchfahrt war wohl schon früher den Erntewagen der Bauern im Wege gewesen, so daß die Ecke bis zum ersten Stock des Gebäudes abgesägt worden ist. Hier konnte man nur im Schrittempo herumfahren, weil die Straßenbreite gerade eben für zwei PKW ausreicht und weil man bis unmittelbar zum Eck nicht sieht, ob ein anderer entgegenkommt. Diese Ecke mußte ich mir für die Ruckfahrt merken. Am anderen Morgen schaltete ich dann auch rechtzeitig in den ersten Gang zurück. Im eleganten Bogen wollte ich rechts um das abgesägte Eck herum. Einen PKW im Gegenverkehr hatte ich dabei schon einkalkuliert. Mir kam jedoch unmittelbar am Eck ein agrarischer Frontlader entgegen. In reinem Reflex riß ich den Lenker nach rechts. Weil aber ein Gespann so abrupte Richtungsänderungen nicht mag, näherte es sich dem Trecker mit hochkommendem Seitenwagen. Vor Schreck trat ich auf die Hinterradbremse, und dank der Erdklumpen auf der Straße rutschte das Hinterrad unter der hochgestellten Ladevorrichtung hindurch in die richtige Richtung.«

Dieser Fall beschreibt recht anschaulich, wie schwer abrupte Richtungsänderungen beim Gespann zu realisieren sind. Soll nach rechts ausgewichen werden, kommt in der Regel der Seitenwagen hoch und macht die Sache noch schlimmer. Die hier darauf folgende Reflexhandlung hatte zufällig eine richtige Wirkung - keine Rede von Kontrolle.

Schneetour

»Seit wir morgens losgefahren waren, hatte es geschneit, was das Zeug hielt. Eine schöne Schneetour hatten wir uns vorgenommen. In einem kleinen Ort kam dann plötzlich eine scharfe Rechtskurve, sachte bergab ging's auch noch. Hinterher meinte meine Frau: ‚Hatte gleich das Gefühl - das schaffen wir nicht.' Wir schafften es tatsächlich nicht. Zielstrebig bewegte sich das Gespann geradeaus, trotz eingeschlagenem Lenker, trotz Schrittempo. Da war dann dieser Bretterzaun und das Tor darin. Im Zeitlupentempo näherten wir uns dem Tor, es krachte, die Torflügel flogen auf, und wir standen auf dem Hof«.

Im vierten Fall wird ein Unfall geschildert, wie er leicht bei glatten Straßenverhältnissen vorkommt. Dazu muß es überhaupt nicht schneien – Schmutz oder Laub genügen schon. Beim Gespann ist nur das eine Vorderrad für die Spurführung verantwortlich. Geht der Kraftschluß des Vorderrads auf rutschigem Untergrund verloren, wird ein Gespann unlenkbar und fährt aufgrund seines Trägheitsmoments einfach geradeaus. Das Antiblockiersystem von BMW kann im Gespann deshalb auch sehr nützlich sein, selbst wenn es nur das Blockieren des Vorderrads verhindert und so die Lenkfähigkeit des Fahrzeugs sichert.

In diesem Fall handelte es sich jedoch um ein Guzzi-T5-Gespann mit ungebremstem Seitenwagen, serienmäßiger Integralbremse an der Guzzi und Sommerbereifung (Pirelli Phantom). Als der Fahrer gewohnheitsgemäß die Fußbremse betätigte, blockierte sofort das Vorderrad, denn Guzzis Integralbremssystem läßt bekanntlich den Fußbremshebel auf Hinterrad und eine Bremsscheibe des Vorderrads wirken. Was bei normalen Straßenverhältnissen im sonnigen Italien und bei Solomotorrädern eine vernünftige Konstruktion sein mag, wird bei glattem Untergrund leicht zur tödlichen Gefahr. Der Solonachlauf dieses Gespanns tat ein übriges, es schnurstracks geradeaus rutschen zu lassen.

Urlaub mit dem Gespann

Mit dem Motorrad-Gespann auf großer Fahrt zu sein heißt, bekannte Straßen und neue Wege mit völlig anderen Augen zu sehen. Selbstverständlich bietet ein Gespann auch im Urlaub ganz andere Möglichkeiten, was die Mitnahme von Gepäck angeht.

Tatsächlich, der Deckel geht auch noch zu (Foto: Sauer)

Gepäck

Gespanneulinge unterliegen mitunter dem Irrtum, auf drei Rädern sei man alle Gepäcksorgen los. Dem ist leider nicht so. Völlig ohne Stauprobleme sind nur die Gespannfahrer, die zwar einen anderthalbsitzigen Seitenwagen ihr eigen nennen, aber diese anderthalb Sitzplätze niemals ausnutzen. So ein Schiff läßt sich dann nach Herzenslust vollstopfen.

Kofferraum

Bei zwei oder mehr Passagieren ist aber die Gepäckfrage sehr überlegt anzugehen, wenn man die für einen typischen Motorradurlaub nötigen Utensilien problemlos unterbringen will. Jedermann wird nun an den obligatorischen Kofferraum des Seitenwagens denken, der selten groß genug ist, daß tatsächlich Koffer hineinpassen.
Soll das Fahrzeug auch profanen Nutzzwecken, zum Beispiel dem Einkaufen, dienen, muß wenigstens eine Kiste Bier oder Cola, selbst die Großpackung Wegwerfwindeln in den Kofferraum passen. Kleine Seitenwagen sind mitunter überhaupt nicht von außen zugänglich. Zum Einpacken muß man wohl oder übel die Sitzlehne vorklappen oder ganz herausnehmen, um an den meist eher bescheidenen Gepäckraum zu gelangen. Wo keine Kofferraumklappe ist, kann auch keine Klappe undicht werden, sagt sich mancher Gespannfahrer. Recht hat er, denn trotz der Flut neuer Seitenwagenkonstruktionen gelingt es den Gespannschmieden nicht immer, eine regendichte Kofferraumklappe zu bauen.
Manche Seitenwagen sind so überlegt konstruiert, daß auf der Kofferraumklappe noch Platz für zusätzliches Gepäck, zum Beipiel in Form einer Gepäckrolle, bleibt. Mitunter werden sogar eigene Gepäckträger für diesen Zweck angeboten, was insbesondere die Lackierung der Klappe schont.
Problematisch kann mit zusätzlich aufgeschnalltem Gepäck unterwegs das Öffnen

der Kofferraumklappe werden. Sind die Klappenscharniere wie üblich oben angeschlagen, kollidiert das Zusatzgepäck unweigerlich mit dem Sturzbügel oder dem Kopf des Seitenwageninsassen, der aussteigen muß. Letzteres ist leichter gesagt als getan, zuweilen sind zum Verlassen des Seitenwagens Turnübungen unerläßlich.

Nicht ohne Grund haben manche Seitenwagenhersteller (zum Beispiel die Firma Walter beim TR-500-Nachbau) die Kofferraumklappe unten angeschlagen. Ein stabiler Riemen sorgt in diesem Fall dafür, daß die Klappe in rechtem Winkel geöffnet bleibt.

So ein Detail läßt sich häufig auf den ersten Blick nicht als Konstruktionsvorteil erkennen. Selbst Testfahrer der großen Fachblätter haben die unten angeschlagene Kofferraumklappe der Walter-Seitenwagen schon kritisiert. Die positiven Seiten solcher Details machen sich aber erst im täglichen Gebrauch bemerkbar und zählen dann vielleicht mehr als technische Spielereien.

Zusätzlich bietet diese Konstruktion den Vorteil, daß dem Gespannfahrer beim »Wühlen« im Kofferraum der Deckel nicht ständig ungewollt auf den Kopf fällt, was bei manchen Seitenwagen nicht zu vermeiden ist. Perfekte Konstruktionen bedienen sich hier eines Gasdruckdämpfers, wie er bei den Kofferraumklappen von Autos und bei Möbeln längst selbstverständlich geworden ist.

Fußraum

Ist der Fußraum des Seitenwagens geräumig genug, und sind die Beine des Beifahrers nicht zu lang, so läßt sich auch dort manches Gepäck unterbringen; so Teile, die unterwegs schnell zur Hand sein sollen, wie die Kartentasche, der Fotoapparat, Regenbekleidung oder die Thermoskanne.

Koffer

Tourenfahrern auf zwei Rädern sind die Motorradkoffer am Heck der Maschine längst selbstverständlich geworden. Gespannfahrer benötigten wie immer etwas mehr Zeit, die Vorteile derartiger Neuerungen zu erfassen. Motorradkoffer lassen sich leicht abnehmen und komplett in das Zelt oder in das Hotel tragen.

Sowas gibt's nur im Ausland: Falt-Wohn-Seitenwagen an einer dänischen Nimbus

Zudem schützen sie die Waden des Fahrers vor Dreck, der bei manchen Fahrzeugen vom Hinterrad hochgeschleudert wird. Motorradkoffer haben am Gespann aber einen gravierenden Nachteil. Sie verlangen ausreichend Zwischenraum zwischen Maschine und Seitenwagen.

Nun verlangen Puristen heute wie eh und je, daß die Spurweite der Gespanne möglichst gering sei. Platz für Koffer bleibt da nicht. Moderne Gespanne werden aber meist verschwenderisch breit gebaut, ohne Rücksicht auf hergebrachte Forderungen bezüglich Spurweite. Platz für Koffer bleibt bei 130 Zentimetern Spurweite allemal. Wer ein schmales Gespann fährt, kann sich zur Not mit nur einem Koffer auf der Außenseite des Motorrads begnügen. Ob dies asymmetrische Erscheinungsbild den eigenen ästhetischen Ansprüchen gerecht wird, muß jeder selbst entscheiden.

Gepäckträger

Neben den Koffern bietet das Motorrad selbstverständlich den klassischen Gepäckträger zur Unterbringung von allerlei Krims-

Flüchtlingstreck oder Chaoten-Gespann?

krams. Gerade dem klassischen Gespannfahrer bietet der Gepäckträger ausreichend Gelegenheit, eine nicht enden wollende Auswahl an Utensilien mehr oder minder abenteuerlich unterzubringen. Mit den Gummistrapsen genannten, dehnbaren Gummispannriemen wird noch ein Seesack und noch ein Seesack und noch ein ... auf den Gepäckträger geschnallt, gekrönt von einer flatternden Müllsacktüte, die den Schlafsack mehr schlecht als recht vor Regen schützt. Kommentar eines alten Gespannhasen: *»Die meisten Gespannfahrer sehen aus wie der letzte Flüchtlingstreck aus Ostpreußen.«* Glücklicherweise nimmt die Zahl der fahrenden Müllsackberge ständig ab. An ihre Stelle treten Gepäckrollen aus schwarzem oder farbigem Nylon, gut verzurrt mit Nylonspannriemen, Top-Cases aus Kunststoff oder stabile Kisten aus Aluminium, die einen halben Hausstand aufnehmen können.

Tankrucksack

Tankrucksäcke sind bei Gespannfahrern weniger beliebt. Das liegt an dem einfachen Umstand, daß Richtungswechsel bei Gespannen durch Einschlagen des Lenkers eingeleitet werden, der dann meist unvermeidlich mit dem Tankrucksack in Berührung kommt.
In der Folge gehen Lampen an und aus, und schlimmstenfalls betätigt der Tankrucksack ungewollt den Kill-Schalter, was mitten auf einer Kreuzung unangenehm sein kann. So wird der Gespannfahrer schon im Einzelfall prüfen müssen, ob die Fahrt mit Tankrucksack sinnvoll ist oder nicht.

Nur das Nötigste

Motorradfahrer auf großer Tour - wer kennt das nicht. Da wird nur das Nötigste mitgenommen. Es gab Jahre, da sind wir zu zweit auf einer untermotorisierten R 45 in Urlaub gefahren. Später werden wir unseren Kindern erzählen, wie sehr Mama und Papa sich einschränken mußten: Zweimannzelt, Iso-Matte, außer Lederhose eine Jeans pro Person, Trockensuppen als Essensvorrat und ein Alugeschirr. Eines Tages gesellte sich ein drittes Rad zu den beiden vorhandenen. Das erste Jahr waren wir dumm und unerfahren. Den ersten Urlaub auf drei Rädern absolvierten wir doch tatsächlich mit Zweimannzelt. Nachträglich ist es kaum zu fassen, wie wir das überleben konnten. Im Ernst: Wir stellen eigentlich nur geringe Anforderungen an unser Zelt. Hauptbedingung ist, daß man darin stehen kann. Das ist wohl nicht zuviel verlangt. Ein abgeschlossenes Schlafzelt muß schon sein. Im Vorraum sollten vier Personen bequem sitzen können (falls es mal regnet). Dazu kommt natürlich das Rolltischchen, man will ja nicht vom Erdboden essen. Die Stühle müssen mit Lehne sein, der älter werdende Rücken dankt es. Wenn man so am Abend beieinander sitzt, möchte man natürlich nicht im Dunkeln sitzen, eine Benzinlampe wirkt da Wunder. In ihrem Licht kann man sogar im Falle eines Falles das Steilwandzelt im Dunkeln aufbauen. Und weil man von einer Lampe nicht satt wird und die ewigen Ravioli vom Spirituskocher auch nicht das Gelbe sind, macht sich ein Grill nicht schlecht. Unser ward an einer schwedischen Tankstelle erstanden und läßt sich recht praktisch in einem kleinen Plastikköfferchen verstauen. Im Morgengrauen fällt der Gespannreisende erschöpft ins Bett. Daß er nicht zu hart fällt, dafür sorgt die Doppelluftmatratze. Ganz ehrlich, der letzte Schrei sind Feldbetten, aber das ist nun wirklich übertrieben. Wacht man auf, so schlägt einem die kalte Morgenluft unangenehm ins Schlafzelt. Kein Problem, wenn man eine Zeltheizung hat. Im Vorraum wird der Benzinheizstrahler entzündet, rauscht leise vor sich hin und erleichtert das Aufstehen ungemein, besonders auf Wintertreffen macht er das Zelt richtig heimelig. Nach ausgedehnter Morgentoilette mit Akku-Rasierer für ihn und gasbetriebenem Lockenstab für sie geht's ans Ankleiden. Die ewig schmuddeligen Motorradkoffer haben wir kürzlich endgültig aus dem Schlafzelt verbannt. Die Klamotten werden jetzt in hübschen dezent grau-blau-roten Innentaschen verpackt. So weit, so gut. Jeder halbwegs normale Motorradfahrer wird nachvollziehen können, daß bislang kein einziger überflüssiger Ausrüstungsgegenstand erwähnt wurde. Neulich wurden wir dann auf einem Treffen beim Fernsehgucken ertappt. Dabei ist für den modernen Menschen Information alles, da wird man wohl noch mal die Tagesschau sehen dürfen.

Hier endete in der ersten Auflage von 1990 die Aufzählung der »nötigsten« Reiseutensilien. Vier Jahre später ist diese Liste unbedingt durch ein Mobiltelefon zu ergänzen, daß sich dank GSM-Technologie in ganz Europa verwenden läßt.

Der auf Understatement setzende BMW-Gespannfahrer wird vielleicht ein unauffälliges Handy aus der Jackentasche ziehen. Auf Außenwirkung bedachte Gold-Wing-Piloten setzen möglicherweise auf festeingebaute Geräte mit höherer Sendeleistung. Aber im Ernst: Ob ein Faxgerät im Seitenwagen wirklich sein muß? Oder ein Modem für das mitgeführte Notebook?

erschienen in TURBO 7/89, Kiel

Anhänger

In hartnäckigen Fällen reicht auch das dritte Rad mit Beiboot nicht aus, um der Gepäckflut Herr zu werden. Wer dann trotzdem nicht auf ein Wohnmobil umsteigen möchte, dem bleibt nur ein Ausweg: der Anhänger

Ganz zu Unrecht erfreuen sich Anhänger in Deutschland nur geringer Beliebtheit. Grund dafür ist die Tatsache, daß § 3, Absatz 3 der Straßenverkehrsordnung Motorrädern mit Anhängern außerhalb geschlossener Ortschaften eine Höchstgeschwindigkeit von 60 Stundenkilometern vorschreibt.

Das ist zwar völlig praxisfremd und in anderen Ländern Europas, keinesfalls so doch man braucht sich in diesem Punkt wohl keinen Illusionen hinzugeben – hier wird sich so schnell nichts ändern. Diese Höchstgeschwindigkeit gilt auch auf Autobahnen, die man so zwar rein juristisch gesehen befah-

Federnder Seitenwagen-Anschluß an einem Sauer-Gespann (BMW K 1100 LT mit EML GT III). Bemerkenswert elegant gelöst: die Aufnahme für die Anhängerkupplung.

BMW-Boxer-Gespann mit Felber-Seitenwagen und einrädrigem Anhänger

ren darf. Doch ob man dies empfehlen kann, ist zweifelhaft; bei den Geschwindigkeiten dort bedeutet es höchste Lebensgefahr.

Testfahrten mit Anhänger und die tägliche Praxis in anderen europäischen Ländern beweisen aber, daß höhere Geschwindigkeiten, bis hin zur Höchstgeschwindigkeit eines K-100-Gespanns, gefahrlos erreicht werden können. Im Gegenteil, die Fahreigenschaften eines Gespanns mit Anhänger sind besser als die eines völlig bepackten, überladenen Gespanns ohne Anhänger. Zumindest dieses Argument spricht für den Anhänger.

Wegen der rigiden Geschwindigkeitsbestimmungen gibt es in Deutschland auch keine nennenswerte Produktion von Anhängern für Motorräder. Völlig anders sieht die Sache zum Beispiel in England aus, wo die Firma Squire ein breite Palette verschiedener Anhänger offeriert.

§ 32 der StVZO bestimmt darüber hinaus, daß Anhänger hinter Krafträdern maximal 1,0 Meter breit sein dürfen. Eine Bestimmung, die sich schon leichter erfüllen läßt. Die Anhängelast des Anhängers darf idealerweise das zulässige Gesamtgewicht des Gespanns gemäß § 42, Absatz 1 StVZO nicht überschreiten. Allerdings gilt dies nur, wenn der Anhänger gebremst ist. Verfügt der Anhänger über keine Auflaufbremse, ermittelt man die zulässige Anhängelast gemäß Absatz 2, indem man zu dem Leergewicht des Gespanns 75 Kilogramm addiert und die Summe durch zwei teilt. Allerdings darf der Anhänger nur ungebremst sein, wenn der Seitenwagen gebremst ist. Gemäß § 18 Absatz 2 bleibt ein einachsiger Anhänger hinter Krafträdern zulassungsfrei.

Anhängerkupplungen an Gespanne zu bauen, ist eine Sache, die nur wenige Gespannschmieden ausführen. Hier bedarf es nicht nur der einschlägigen Fachkenntnisse, viel wichtiger ist der gute Draht zum örtlichen TÜV, der das Werk schließlich in die Fahrzeugpapiere eintragen soll. Für manchen Gespannfahrer unverständlich ist der Umstand, daß Anhängerkupplungen üblicherweise am Motorrad angebracht werden müssen. Trotzdem sind hin und wieder Gespanne zu sehen, deren Anhängerkupplung sich in der Mitte, zwischen Motorrad und Seitenwagen, befindet.

Gespanne von Peter Sauer aus Karby sind problemlos mit einer Anhängerkupplung auszurüsten. Zwischen Motorrad und Seitenwagen verläuft ein Rechteckrohr, das die Anschlußstreben aufnimmt. Von hinten läßt sich in dieses Rechteckrohr ein kleineres Rechteckrohr mit Kupplungskugel einschieben. Beide Rohre werden dann verschraubt. Mit einer solchen Anhängerkupplung bekommt Sauer auch Anhänger mit mehr als einen Meter Breite zugelassen. Von der Art der Seitenwagenbremse hängt die Zuladung des Anhängers ab, die der TÜV einträgt. Der neueste Sauer-Seitenwagen Wing ist daher auf Wunsch auch mit zwei Bremszangen am Seitenwagen lieferbar.

Zusatztanks

Im Gespannbetrieb verbraucht ein Motorrad mehr Benzin, als wenn es solo gefahren wird. Umso rascher ist der Benzinvorrat im serienmäßigen Tank erschöpft. Naheliegend ist deshalb die Mitnahme eines handelsüblichen Reservekanisters von fünf oder zehn Litern Inhalt. Bei manchen Gespannen findet er sogar einen günstigen Platz zwischen Maschine und Seitenwagen.
Weitaus teurer ist die Lösung, den serienmäßigen Tank durch einen größeren zu ersetzen. Das ist aber nicht in allen Fällen möglich, weil solche Tanks nicht oft angeboten werden. Für BMW-Boxer gibt es aber ein breites Angebot, zum Beispiel die Heinrich-Tanks, die von der Firma Theofried Jeckel in Frankfurt/Main vertrieben werden. Perfekt ist die Lösung, den Tank im Seitenwagen unterzubringen. Bevor man einen solchen Zusatztank ordert, sollte man prüfen, ob dieser auch vom TÜV so akzeptiert wird, denn Zusatztanks unterliegen den gleichen gesetzlichen Vorschriften wie serienmäßige Kraftstoffbehälter. Eine weitere angenehme Eigenschaft eines Zusatztanks im Seitenwagen ist der Ballast, der durch den Benzinvorrat geschaffen wird. Andererseits nehmen solche Tanks häufig dringend benötigten Stauraum weg. Man überprüfe also anhand der Fahrgewohnheiten und angestrebten Fahrziele, ob ein solcher nicht ganz billiger Tank wirklich notwendig ist.

Abseits der Straße

Bei den Solomaschinen erfreuen sich Enduros seit Jahren steigender Beliebtheit. Im Gespannsektor fristen Enduros noch ein Schattendasein, sind aber stark im Kommen.

Enduro-Gespanne

Zum Bau eines Enduro-Gespanns werden in der Regel Rahmen und Teile aus Moto-Cross-Fahrwerken verwendet. Als Motor findet dann aber ausnahmslos ein ziviles Triebwerk Verwendung. Das kann der viertaktende Einzylinder einer Enduro (DR Big, XT 500, XT 600) ebenso sein wie Zweizylinder (BMW Boxer, Africa Twin, CB 650, Guzzi, XS4 00, XS 650, Super Ténéré) oder Mehrzylinder (K 75, GSX 750, FJ 1200).
Enduro-Gespanne dieser Art werden vom VMC-Importeur Dobben, vom Wasp-Importeur Hermeling, von Peter Römer und Horst Ullrich zusammengebaut.
Horst Ullrich beispielsweise baut eine Boxer-BMW in zwei Stufen um. Der Fahr-

HU-Enduro-Gespann auf XS-650-Basis (Foto: Ullrich)

werkskit I enthält den Maschinenrahmen (mit Seitenwagen), die vordere Schwingengabel, die Seitenwagenschwinge, alle Kotflügel, eine Sitzbank sowie den Cross-Lenker. Im Fahrwerkskit II werden zusätzlich Federbeine von Bilstein oder White Power angeboten, dazu eine verlängerte und verstärkte Hinterradschwinge sowie ein Lenkungsdämpfer.

Eine preiswerte Möglichkeit, zum Enduro-Spaß im Gespann zu kommen, bietet Peter Sauer aus Karby, der aus einer 250er MZ ein flottes, kleines Enduro-Gespann baut.

Allen diesen Gespannen ist das vom Cross-Gespann abgeleitete Konzept eigen: der Beifahrer kauert auf einer gepolsterten Zarges-Box und krallt sich an der Diagonalstrebe des Seitenwagens fest, was namentlich bei längeren Landstraßenetappen ermüdend sein kann. Enduro-Gespanne sind also eher etwas für den Spaß in der Kieskuhle.

Fernreisegespanne

Es ist nicht jedermanns Sache, auf dem Weg in den sonnigen Süden zunächst 1000 Kilometer Autobahn oder Landstraße auf der Zarges-Box abzuspulen, noch dazu mit dem Dröhnen eines Einzylinders im Ohr. Für solche akuten Fälle von Fernweh haben die Gespannbauer das Fernreisegespann erfunden.

Manche dieser Fernreisegespanne sollten eigentlich lieber Expeditionsgespanne heißen. In diese Rubrik gehören die großvolumigen Enduro-Gespanne von Horst Ullrich ebenso wie das Jürgenssen-Guzzi-Gespann, das eigens für die Erfordernisse einer Weltreise entwickelt worden war.

Eine ganz neue Fahrzeuggattung ist momentan noch im Entstehen begriffen, hat aber sicherlich noch eine Zukunft. Gemeint sind Gespanne, die es erlauben, auch lange Strecken auf der Landstraße zurückzulegen, trotzdem aber vor Schlaglöchern und Schotterpisten nicht schlappmachen.

Dies sind Gespanne im Stile der Zündapp KS 601, mit bulligem Motor und geschlossenem Seitenwagen, der dem Passagier einen gewissen Wetterschutz bietet. Dennoch erlaubt ein solcher Seitenwagen eine aufrechte Sitzposition und verfügt über einen Handgriff, an dem sich der geplagte Passagier auf schlechten Wegstrecken hochziehen kann, um die Bandscheiben zu schonen. Wer die Länder Osteuropas auf drei Rädern bereisen will, ist mit einem solchen Gespann besser bedient als mit einem Flitzer auf 13-Zoll-Rädern.

Ein klassisches Gespann dieser Art ist die Dnepr MT 16 mit angetriebenem Seitenwagenrad. Peter Sauer veredelt die Dnepr mit einem BMW-Motor und verschafft ihr so eine gewisse Standfestigkeit, die man als Fernreisender benötigt. Mit Rückwärtsgang und Differentialsperre dürfte die Sauer-Dnepr nicht zu stoppen sein. Mit 38 Liter Benzin am Motorrad und 80 Liter im Zusatztank des Seitenwagens ist man auch nicht mehr auf mitteleuropäische Tankstellendichte angewiesen.

Von EML-Importeur Falk Hartmann stammt die Idee, aus dem Behördenseitenwagen von EML und einer BMW R 80 ein klassisches und dennoch modernes, geländegängiges Straßengespann auf die Räder zu stellen. Der Seitenwagen ist von den klassischen EML-Booten abgeleitet, im Einstiegsbereich großzügig ausgeschnitten und mit einem Bügel zum Festhalten versehen. Anders als bei der Dnepr ist die Seitenwagenkarosserie aus GfK und nicht aus Stahlblech, was Gewicht einspart. Wie normale EML-Seitenwagen verfügt er über einen geräumigen, von außen zugänglichen Kofferraum. Auf den 16-Zoll- Rädern drehen sich Bridgestone-Reifen, die normalerweise auf der Honda Transalp Dienst tun.

Mit Sicherheit ist dieses Gespann das geeignete Fahrzeug, wenn man beispielsweise von Deutschland nach Osteuropa fährt, um dort dann ein paar Schotterpisten zu befahren und anschließend wieder ohne Streß zurückzufahren.

Im Drift

Mit dem Gespann zu driften, ist eine schöne, kitzlige Sache. Aber wann hat man als normaler Gespannfahrer dazu schon Gelegenheit? Um so mehr freute ich mich darüber, daß die Schotterstraßen in Norwegen die Möglichkeit dazu boten, wenn man allein auf weiter Flur war. Den Fjord entlang, in Serpentinen hinauf auf die Paßhöhe, oben über Schotterstraßen den Höhenzug entlang und drüben auf der anderen Seite wieder in Serpentinen hinunter und am Fjord entlang wieder zurück. Ich konnte der Versuchung nicht widerstehen und freute mich, wie gut berechenbar auf tiefem Schotter ein langgezogener Drift möglich war.

Nachdem ich mich so genügend vergnügt hatte, wurde mein Fahrkönnen bei der Paßabfahrt in engen Serpentinen noch mal gefordert. Heil unten angekommen, fuhr ich ziemlich zügig die kurvenreiche, asphaltierte Fjordstraße entlang. Bei breiteren Passagen legte ich noch einen Zahn zu, denn ich wollte vor Einbruch der Dunkelheit im Quartier sein. Zur Abwechslung kam hier noch einmal eine breite Schotterpassage um eine langgezogene Felsnase (rechts) herum. Ich ließ das Gas stehen, um noch einmal den Drift zu genießen. Aber ungewollt driftete das Gespann langsam auf die linke Fahrbahnseite, denn die Kurve zog sich zu. Ich war zu schnell. Als ich Gas wegnahm, schob das Gespann noch mehr nach links. Zum Glück war ich allein auf der Straße. Ich erfaßte mit einem Seitenblick die Straßenbegrenzungssteine aus Granit. Ihr Abstand war so großzügig, daß mein Gespann bequem dazwischen hindurch gepaßt hätte. Dahinter ging es steil hinunter ins Wasser. Bevor es zu spät war, hatte ich meine innere Barriere zu überwinden, mußte das Gegenteil vom Normalfall tun und Gas geben. Beim ersten zögerlichen Versuch merkte ich, daß die gelernte Theorie in der Praxis richtig war. Mit zwei, drei kurzen Gasstößen drehte sich das Gespann tatsächlich in die richtige Fahrtrichtung nach rechts, ohne daß der Seitenwagen hochkam. Damit war auch die Fliehkraft und Geschwindigkeit soweit abgefangen, daß ich normal weiterfahren konnte. Aber eine kurze Verschnaufpause habe ich an der nächsten Parkbucht dann doch erst einmal eingelegt.

Peter Schmidl

Die legendäre Zündapp KS 601 - der »Grüne Elefant« - im harten Geländeeinsatz (Fotos: Zündapp)

Kinder im Gespann

Kindersitz für Stoye-Seitenwagen, 1937

Kein Zweifel, Kinder lieben Gespanne. Wo immer Kinder am Straßenrand stehen und ein Gespann sehen, geraten sie ganz aus dem Häuschen. Da wird gewinkt, gekreischt, Mama oder Papa am Ärmel gezerrt, damit sie oder er das urige Fahrzeug ebenfalls zu Gesicht bekommen. Die erklären dem Sprößling dann gewichtig, dieses sei ein »Motorrad mit Beiwagen«. Offene Münder und ungläubiges Staunen stellen sich ein. Daß es so etwas Komisches gibt ...

Der eigene Nachwuchs

Für manchen eingefleischten Motorradfahrer ist Nachwuchs der eigentliche Anlaß, an ein drittes Rad zu denken. Doch sofort melden sich die Mahner zu Wort: auch Gespannfahren sei Motorradfahren und demnach gefährlich, die Mitnahme eines Kindes daher verantwortungslos. Selbst wenn kein Unfall passiere, die ständige Zugluft mache das Kind krank, und eine Übernachtung im Zelt sei ohnehin für Kinder indiskutabel. Wenn, dann sollte man zumindest abwarten, bis das Kind im Kindergarten- oder besser Schulalter sei, dann könne man das alles machen.

Den beiden bringt die Fahrt auf Opas selbstgebautem Jawa-Gespann sichtlich Spaß (Foto: Dornwaß)

Ausrüstung

Diese Bedenken sollten niemals der Grund sein, ein Kind nicht mitzunehmen. Selbst im zarten Alter von wenigen Wochen macht Kindern die Gespannfahrt weniger aus, als die besorgten Eltern annehmen. Voraussetzung ist allerdings, daß sich verantwortungsbewußte Eltern um eine perfekte Ausrüstung des Sprößlings kümmern. Dazu gehört in erster Linie ein geeigneter Seitenwagen.

Ist das Kind noch klein, so kann es in einer der für PKW obligatorischen Babyschalen untergebracht werden. Um den Wurm vor Kälte und Zugluft zu schützen, dürfte in diesem Alter eine geschlossene Kabine auf dem Seitenwagen unerläßlich sein. Ob der fehlende Helm dem Sicherheitsanspruch der Eltern gerecht wird, müssen diese allerdings mit sich selbst und ihrem Gewissen ausmachen. Fest steht allerdings, daß sie rein juristisch gesehen das Kind mit einem Helm ausrüsten müssen.

Mit zunehmendem Alter benötigt das Kind einen eigenen Sitzplatz in einem handelsüblichen PKW-Kindersitz. Beim Kauf des Sitzes sollte man auf dessen Breite achten. Je schmaler, desto besser.

Dann wird es auch unumgänglich sein, dem Kind einen passenden Helm zu besorgen, was kein leichtes Unterfangen ist, denn Helme in sehr kleinen Größen sind rar. Andererseits sind echte Motorradhelme bei Kleinkindern nicht unbedingt angezeigt. Solche Helme sind für die zarte Halswirbelsäule viel zu schwer.

Ein Babyfahrradhelm ist vom Gewicht her günstiger. Alternativ bieten sich auch Skihelme in Kindergrößen an, die ebenfalls nicht so schwer sind. Am praktischsten sind Jethelme mit Vollvisier. Ohne Verrenkungen kann dem Nachwuchs so während der Fahrt die Flasche gereicht werden.

Kleinkinder schlafen üblicherweise während der Fahrt rasch ein. Beim Zwischenstop stellen heiße Motorenteile die größte Gefahr für den kleinen Entdecker dar. Auch sollten Pausenstellplätze etwas abseits der Straße gelegen sein, damit das Kind nicht unter die Räder kommt.

Aus Sicherheitsgründen sollte man auch für richtige Bekleidung, zum Beispiel Lederzeug, sorgen. Der Aufwand beim Nähen einer Kinderkombi entspricht dem einer Erwachsenenkombi, daher stehen sich die Preise in nichts nach. Zweckmäßig dürfte es daher sein, sich rechtzeitig mit anderen gespannfahrenden Eltern zusammenzutun, um Kinderkleidung auszutauschen. Natürlich spricht nichts dagegen, Kinderbekleidung »auf Zuwachs« anfertigen zu lassen.

Was den Einfluß von Wind und Wetter angeht, so sind die meisten Sorgen der Eltern eher unbegründet. Es versteht sich von selbst, daß man Kinder nicht unnötigen Witterungseinflüssen aussetzt. Andererseits hat frische Luft Kindern noch nie geschadet. Gerade Kinder brauchen den unmittelbaren Kontakt zur Umwelt, um ihr Immunsystem aufzubauen und zu stärken. Stubenkinder neigen eher zum Kränkeln.

Achten sollte man darauf, daß man den Seitenwagen bei Schlechtwetter vollständig schließen kann, denn passende wasserdichte Regenkombis für Kinder dürften nur schwer erhältlich sein. Bei gutem Wetter sollte man das Verdeck ruhig entfernen und die lieben Kleinen den Fahrtwind spüren lassen.

Wie zugig der Seitenwagen tatsächlich ist, läßt sich nur in praktischen Tests überprüfen. Das Aussehen und die Karosserieform eines Seitenwagens lassen nur selten Rückschlüsse auf die aerodynamischen Verhältnisse hinter der Seitenwagenscheibe zu. Manche Beiwagen, die wegen ihrer weit herumgezogenen Scheibe sehr zugluftsicher aussehen, nerven ihre Passagiere mit Zugluft im Nacken, die durch den Sog hinter der vermeintlich vorteilhaften großen Scheibe entsteht.

Ein weitaus größeres Problem als der Schutz vor Zugluft dürfte es sein, die lebhaften Kleinen vor dem Hinauslehnen während der Fahrt zu schützen. Im Einstieg weit ausgeschnittene Seitenwagen erweisen sich insbesondere dann als unvorteilhaft, wenn ein Elternteil allein am Lenker sitzt, die unstete Brut zu zweit oder dritt den Seitenwagen bevölkert und dort Nahkämpfe ausficht.

Sicherheitsgurte sind für Kinder daher obligatorisch. Selten sind sie serienmäßig im Seitenwagen vorhanden. Geeignete Befestigungspunkte sind ebenfalls nur schwer zu finden. Beckengurte sollten es aber mindestens sein.

For Children's Fun – Jumbo-Run

Die Jumbofahrer spinnen, die zahlen auch noch Geld dafür, daß sie anderer Leute Kinder spazierenfahren dürfen, und machen eine abartige Geheimniskrämerei um ihre Jumbofahrten. In Motorradzeitschriften findet man so gut wie nie Berichte darüber. Infos bekommt man zufällig und unter der Hand. Wenn man an einer solchen Jumbofahrt teilnehmen will, dann werden Bedingungen gestellt, daß man den Eindruck hat, der elitäre Haufen will unter sich bleiben.

So oder so ähnlich klingt es, wenn bei einem normalen Motorradfahrertreffen das Gespräch auf Jumbofahrten kommt. Und wie es so mit Halbwahrheiten ist, ein Stück Wahrheit steckt halt doch drin: ein bißchen elitär ist die Jumbofahrerei schon, und das hat neben emotionalen auch einige rationale Gründe.

Ausflugsfahrten

Jumbofahrten sind Ausflugsfahrten von Seitenwagenmotorrädern mit schwerbehinderten Kindern und Jugendlichen im Seitenwagen. Die Idee entstand 1961 in England und hat seither in vielen Ländern Europas Verbreitung gefunden, so in Norwegen, Schweden, Dänemark, Deutschland, den Niederlanden, Belgien und Frankreich. In jedem dieser Länder gibt es heute mehrere solcher Jumbofahrten.

Die Teilnahme an Jumbofahrten ist im Prinzip für jeden offen. Allerdings wird meist eine termingerechte Anmeldung aufgrund einer Ausschreibung verlangt. Diese sind nicht immer veröffentlicht. Manche Veranstalter stellen eine Reihe von Bedingungen für die Teilnahme an ihrer Jumbofahrt. Die penibelste und längste Checkliste dieser Art hat die Stichting Jumbo-Run Nederland mit rund 20 Punkten.

So erwartet man von einem Jumbofahrer eine verbindliche Anmeldung und eine rechtzeitige schriftliche Absage bei voraussehbarer Verhinderung, denn *»ein behindertes Kind erwartet dich ungeduldig, enttäusche es nicht«*. Als selbstverständlich gilt, daß das Gespann verkehrssicher und auch sonst technisch einwandfrei ist. Dazu gehört eine ausreichende Radabdeckung, Windschutzscheibe und Spritzdecke am Seitenwagen. Man erwartet die korrekte Einhaltung der Verkehrsvorschriften und die Befolgung von Anweisungen der Organisatoren, der Ordner und der Polizei auch von ausländischen Teilnehmern. Man erwartet die Einhaltung des Veranstaltungs- und Zeitplans, weil ohne dessen Einhaltung die Versorgung der Behinderten nicht gesichert werden kann. Man erwartet die verantwortliche Betreuung des Behinderten durch den Jumbofahrer während der Fahrt. Dazu gehört auch, daß man einen Helm sowie Regenzeug, Schirm und Verpflegungsreserve für den behinderten Beifahrer dabei hat. Bei Bedarf tauscht man die richtige Größe ein. Schließlich erwartet man auch, daß das Gespann für die Jumbofahrt einigermaßen sauber aussieht.

Die meisten der aufgelisteten Punkte sind für Jumbofahrer selbstverständlich. Als Neuling erhält man überall Rat und Hilfe. Oft bekommt man auch ungefragt mehr oder weniger freundliche Hinweise, was da und dort üblich oder notwendig ist. Verständigungsprobleme sind trotz der Internationalität relativ gering; wenn Hände und Füße zum Gestikulieren nicht ausreichen, dann hilft ein anderer Teilnehmer als Dolmetscher.

Die Beteiligung an Jumbofahrten ist teils national, teils international, je nach Konzept der Veranstalter. Die Teilnehmerzahl reicht von 30 bis 300 Gespannen. Das entspricht einer Personenzahl von 100 bis 1000 Beteiligten: Fahrern, Beifahrern, Betreuern, Organisatoren und Angehörigen.

Der Charakter der Jumbofahrten ist so verschieden wie die Zahl der Veranstaltungen. Das Spektrum reicht von der kleinen privaten Clubveranstaltung, wie bei den »Gespannfreunden Hamburg«, bis hin zur öffentlichen Großveranstaltung, wie beim »Instituut Dominiek Savio« in Belgien. Die Motorradfahrer treffen sich bei einem Behindertenzentrum und schlagen dort ihr Zeltlager auf. Oft leben Motorradfahrer und Behinderte ein bis drei Tage zusammen. Manchmal holen die Motorradfahrer die behinderten Kinder nur zur Ausflugsfahrt im Heim ab und bringen sie danach dorthin zurück.

Die behinderten Kinder sind in der Regel zwischen fünf und 18 Jahre alt. Sie sind körperlich oder geistig behindert und deshalb auf umsichtige Hilfe angewiesen. Auf dem Startplatz oder schon vorher im »Fahrerlager« suchen sich die Behinderten ihren Jumbofahrer. Natürlich wird dabei mit Hilfe des Pflegepersonals auf das Harmonieren von Behinderungsart, Beiwagenart und Gespannbesatzung geachtet, damit die Fahrt zu einem schönen Erlebnis werden kann.

In der Regel besteht ein Jumboteam aus drei Personen: dem Fahrer, dem Sozius oder der Sozia und dem behinderten Kind. Oft fährt ein solches Team mehrere Jahre zusammen, so daß sich eine freundschaftliche Verbindung entwickelt, über Länder- und Sprachgrenzen hinweg. Für die Dauer der Ausfahrt ist die Gespannbesatzung für alle Belange des behinderten Beifahrers verantwortlich. Es ist immer wieder beeindruckend, mit welcher Selbstverständlichkeit und mit welch gutem Einfühlungsvermögen die Motorradfahrer/innen mit ihren behinderten Beifahrern umzugehen verstehen und wie umsichtig sie diese versorgen. Dies gilt vor allem, wenn diese querschnittsgelähmt oder spastisch erkrankt sind und deshalb an- und ausgezogen, gefüttert und zur Toilette gebracht werden und vom Rollstuhl in den Seitenwagen und zurück gehoben werden müssen.

Der Fahrtablauf wird in der Regel so gestaltet, daß die Gespanne entweder einzeln oder in Gruppen oder in einer Kolonne fahren. Bei allen Jumbofahrten ist eine bestimmte Fahrtroute festgelegt, in die bestimmte Kontrollpunkte oder Zwischenstationen aus recht unterschiedlichen Überlegungen heraus eingebaut sind.

Die Zwischenstops dienen der Versorgung und Betreuung der Behinderten, der Erholung, der Unterhaltung, der Lösung origineller Aufgaben für Fahrer und Beifahrer, der Ehrung verdienstvoller Teilnehmer, der Zeitkontrolle und der Reorganisation des Ablaufplans der Veranstaltung – aber auch der Werbung für die Jumbofahrtidee bei der Bevölkerung, bei der Presse und bei den Behörden.

Pannen gelten allgemein als Blamage. Und einem solchen Pechvogel kann es passieren, daß er im nächsten Jahr keine Zusage mehr für eine Teilnahme bekommt. Zuverlässigkeit von Mann/Frau und Maschine gilt als wichtigste Voraussetzung für die Teilnahme an einer Jumbofahrt. Deshalb werden Ausschreibungen oft nur über Insider an geeignete Freunde und Bekannte weitergegeben.

Die Jumbofahrt muß bei den Behörden angemeldet werden. Sie wird von diesen teils großzügig unterstützt, wie in Holland und Belgien, oder mit bürokratischer Genauigkeit in engen Grenzen gehalten, wie in Deutschland.

Ohne Zweifel hängt die behördliche Unterstützung wesentlich davon ab, wie die Veranstalter es verstehen, die Jumbofahrtidee darzustellen, und wie sie mit den Behörden verhandeln. Polizei und Solomotorradfahrer sichern als Ordner den Ablauf der Jumbofahrt. Wenn nötig, werden Seitenstraßen, Kreuzungen und auch Autobahnabschnitte gesperrt; dies geschieht vor allem bei Fahrten in einer geschlossenen Kolonne, so zum

(Foto: Schmidl)

Beispiel in Arnheim (Holland) und Gits (Belgien).
Nach der Rückkehr ins Behindertenzentrum und ins Fahrerlager sitzen dann die Kinder, Eltern, Betreuer, Motorradfahrer, die Organisatoren und ihre Helfer mit meist müden, aber glücklichen Gesichtern beisammen und freuen sich über einen gelungenen Tag.
So eine Jumbofahrt ist ganz nebenbei dann auch noch ein Gespanntreffen besonderer Art. Wann hat man sonst die Gelegenheit, das sonore Brummen von 300 Gespannen zu hören? Und wann hat man schon erlebt, daß die Kolonne einer Gespannausfahrt so lang war, daß man mittendrin weder den Anfang noch das Ende sieht? Auch das sind Aspekte, die eine Jumbofahrt zu einem Erlebnis besonderer Art werden lassen.

Die Blamage

Die Niederländer organisieren mit ihrer staatlich anerkannten »Stichting Jumbo-Run Nederland« alle Jahre eine eindrucksvolle öffentliche Großveranstaltung mit gut 250 Seitenwagenmotorrädern, interessanter und schöner Streckenführung und attraktiven Veranstaltungen in den Etappenpausen.

Am Morgen wurde ich durch das emsige Treiben rund um mein Zelt geweckt. Es war schon halb sieben. Ich hatte verschlafen. Das bedeutete, daß ich das Frühstück auf den Startplatz im Behindertenzentrum verlegen mußte. Als ich meinen Kopf aus dem Zelt steckte, sah ich Lothar vor meiner Guzzi stehen. Auf mein hanseatisches »Moin, Moin« antwortete er mit der lakonischen Frage, was denn mit dem Vorderradreifen meiner Guzzi los sei. Fassungslos starrte ich auf einen völlig platten Reifen.

Bei der äußerlichen Kontrolle konnte ich keinen Reifenschaden feststellen. Ich wechselte das Ventil und pumpte den Reifen auf. Als ich mit Waschen und Anziehen fertig war, fuhren die ersten schon zum Startplatz. Mein Vorderreifen zeigte erste Ermüdungserscheinungen. Also könnte ich vielleicht eine Stunde damit fahren. Aber die erste Etappe dauerte zwei Stunden. Was tun? Ich entschied mich, zum Behindertenzentrum zu fahren, und hoffte, daß ein Wunder geschieht.

Pünktlich um acht Uhr war ich da. Die Lenkung war durch den weich gewordenen Reifen schwergängig geworden. Gut eine Stunde konnte ich mithalten, dann mußte ich Luft tanken. Sollte ich mitfahren oder absagen? Wenn ich die Reifenpanne offen eingestand, würde ich im nächsten Jahr wohl keine Ausschreibung mehr bekommen, fürchtete ich. Auch wartete in diesem Jahr ein querschnittsgelähmter Teenager auf mich und mein Gespann, um den ich mich den ganzen Tag zu kümmern hatte. Daß Linda kein Deutsch und ich nur wenig Flämisch sprechen konnte, war auch keine gute Voraussetzung für den Notfall. Zum Glück war Linda noch nicht da. Und so pumpte ich möglichst unauffällig meinen Reifen wieder mit der Fußpumpe auf. Als mich dann Linda im Rollstuhl erwartungsvoll begrüßte, entschied ich mich, zu fahren.

Mit gemischten Gefühlen ging ich zum Einschreibungstisch, um meine Startunterlagen abzuholen. Die freundliche Begrüßung und die übliche Frage, ob alles »klar« sei, habe ich recht wortkarg beantwortet und zog wieder von dannen.

Die Unterlagen belegten, daß alles perfekt organisiert war. Für alle Notfälle gab es Hilfsdienste: medizinische, pflegerische und technische. Man brauchte als Kolonnenfahrer nur die Hand zu heben, sofort war ein Ordonnanzfahrer auf einem Solomotorrad zur Stelle, der die notwendige Hilfe leistete oder sie umgehend herbeiholte. Aber das wollte ich in meinem Falle lieber vermeiden. Ich spekulierte darauf, nach einer Stunde bei einer Ortsdurchfahrt in einer Tankstelle mit Preßluft schnell und unbemerkt den Reifen nachfüllen zu können.

Es ging los. Die faszinierende Atmosphäre der Jumbofahrt und das strahlende Gesicht meines behinderten Teenagers im Beiwagen ließen mich eine Weile meine Reifensorgen vergessen. Dann erinnerte mich meine schwergängig werdende Lenkung daran, daß mein Vorderreifen Luft brauchte. Angespannt hielt ich bei Ortsdurchfahrten Ausschau nach Tankstellen. In den Orten standen die Bewohner als dichtes Spalier und winkten den Jumbofahrern herzlich zu. Da konnte ich nicht so ohne weiteres durch. Ich schwitzte.

Dann im nächsten Ort die ersehnte Tankstelle. Noch bevor die winkenden Menschen begriffen hatten, warum ich aus der Kolonne ausgeschert war, hatte ich den Preßluftschlauch auf das Reifenventil gedrückt. Sekunden später zwängte ich mein rotes Gespann wieder durch die Menschenmauer und in die Kolonne hinein.

Erstes erleichtertes Aufatmen. Jetzt mußte ich noch unbemerkt wieder vorziehen bis zu meinem ordnungsgemäßen Kolonnenplatz. Der war am Etappenziel wichtig für die Versorgung meiner behinderten Beifahrerin. Ich schaute mich um und wartete, bis der nächste Ordonnanzfahrer (»blöder Aufpasser«) vorbei war. Dann fuhr ich vor. Linda freute sich über die Spurteinlage. Die Kolonne war unendlich lang. Endlich konnte ich wieder auf meinen Platz einscheren. Und es hatte den Anschein, als ob keiner von den Ordonnanzen meinen Ausflug bemerkt hätte. Gemachlich rollte ich wieder in der Kolonne mit. Erleichtert und zufrieden blickte ich mich um und sah in das offene Visier eines Ordonnanzfahrers.

Es war auch ausgerechnet noch Vater Berends vom Leitungsteam der Jumbofahrt. Was ich denn in der Tankstelle zu tun gehabt hätte? fragte er barsch. Benzin? Ich schüttelte den Kopf und brüllte: »Luft« und deutete auf meinen Vorderreifen. »In der nächsten Pause wird geflickt, sonst kannst du nicht weiter mitfahren«, bekam ich zur Antwort.

Er fuhr noch eine Weile neben mir und beäugte meinen Vorderreifen, dann patroullierte er weiter. Die restliche Strecke bis zur Pause zog sich unangenehm in die Länge. Endlich bog die Kolonne auf einen großen Parkplatz ein. Wie immer war alles so perfekt organisiert, daß an dem Platz, an dem man zum Halten kam, genau der richtige Rollstuhl für den Beifahrer stand.

An meinem Halteplatz stand neben dem Rollstuhl noch ein Mann im blauen Overall. Er begrüßte Linda und mich freundlich. Dann hob er Linda in ihren Rollstuhl und wandte sich an mich: »Ich bin Kfz-Meister vom technischen Hilfsdienst. Ich werde in der Pause Ihren Reifen flicken. Kümmern Sie sich inzwischen um Ihre Beifahrerin.« Mein reichlich verdutztes Gesicht ließ ihn noch ergänzen: »Sie können ruhig gehen, ich kenne diese Guzzi ganz gut. Ich habe alles nötige Werkzeug.« Das war wie das am Morgen erhoffte Wunder.

Ich schob Linda im Rollstuhl zum Festplatz. Das Pausenprogramm ließ mich meine Reifenpanne (fast) vergessen. Am Ende der Pause stand die Guzzi mit gefülltem Reifen auf ihrem Platz. Nach einigen Stunden fand ich den »blauen Engel« wieder und bedankte mich bei ihm mit einem Gastgeschenk, das eigentlich für jemand anders gedacht war.

Dann wollte ich natürlich die Ursache des Schadens wissen. Er zeigte mir einen scheinbar unversehrten Schlauch. Erst beim kräftigen Dehnen konnte ich erkennen, daß der Schlauch porös war. Ich hatte ihn beim letzten Reifenwechsel nicht ausgetauscht, weil er noch »wie neu« ausgesehen hatte.

Dieser Jumbofahrttag in Arnhem klingt abends immer mit einem Grillfest am Lagerfeuer aus. Dort durchfuhr mich noch ein Schreck, als aus dem dunklen Hintergrund heraus eine Stimme fragte: »Na, Peter, ist alles gut gelaufen?« Es war Vater Berends, dessen schelmisches Gesicht zeigte, daß er genau wußte, was vorgefallen war. Er hat mir im nächsten Jahr dennoch eine Ausschreibung für den »Jumbo-Run Nederland« geschickt.

Im Winter

Wenn die Tage kürzer werden, die Temperaturen fallen und statt warmer Tropfen weiße flockige Kristalle vom Himmel rieseln, dann beneiden selbst eingefleischte Solisten den Gespannfahrer. Wegen des dritten Rads haben Gespanne in der Tat bei Glätte, Eis und Schnee einen unzweifelhaften Vorteil - sie können nicht umfallen!

Doch trotzdem trifft der Gespannenthusiast und eingefleischte Winterfahrer unterwegs nur selten Gleichgesinnte. Woran liegt das, wo es doch sogar Gespannfahrer gibt, die behaupten, sie meldeten ihr gutes Stück nur im Winter an, der Sommer wär' zum Schrauben da? Nun, die Fahrerei in der kalten Jahreszeit will gut vorbereitet sein, sonst wandelt sich der erwartete Spaß rasch zu üblem Streß, und aus ist's mit den Winterfreuden.

Wer aber sein dreirädriges Fahrzeug gezielt vorbereitet, sich selbst warm einpackt und die richtige innere Einstellung mitbringt, auf den warten bei Schnee und Eis völlig neue Motorraderfahrungen. Altbekannte Strecken fahren sich wie unbekanntes Terrain. Schlechtes Wetter und starker Schneefall können einem selbst unweit der heimischen Garage noch Abenteuer bescheren. Wenn aber die Sonne bei klirrender Kälte vom Himmel lacht und Landschaft wie Straße einheitlich weiß gefärbt sind, dann bietet sich dem Gespannpiloten ein so unbeschreibliches Fahrgefühl, wie es selbst der schönste Sommer nicht liefern kann.

Wer sich selbst gegenüber einmal ganz ehrlich ist, der gesteht noch eine weitere Empfindung ein: ein Gefühl tiefster innerer Befriedigung. Während sich Autofahrer in ihren Blechbüchsen am Heizgebläse wärmen und die sommerlichen Buntkombifahrer hinter dem heimischen Ofen in Motorradprospekten blättern und die neuesten Vergleichstests der Fachzeitschriften studieren, bezwingt der Winterfahrer auf drei Rädern den inneren Schweinehund genauso wie die widrigen Witterungseinflüsse und bahnt sich seinen Weg ...

Auf glatter Straße

»Der tiefe Winter ist die beste Gespannzeit: dann zeigt sich die überlegene Fahrsicherheit gegenüber der Solomaschine. Mit einem Gespann kommt man auch noch durch, wo Autos schlapp machen ...« So schreiben Johannes Damm und Gerold Lignau in ihrem Buch »Eine Klasse besser - Schnell und sicher auf dem Motorrad.«

Mit dem ersten Satz haben die beiden Autoren zweifelsohne Recht. Man sollte sich jedoch nichts vormachen, die Zeiten, da Gespanne auf verschneiter Straße selbst Autos überlegen waren, sind endgültig vorbei.
Frontantrieb, Antiblockiersysteme oder gar Vierradantrieb haben moderne PKW auch im tiefsten Winter zu sicheren Fahrzeugen gemacht, die Zeit der Heckschleudern ist vergangen. Als zukünftiger Winterfahrer sollte man den Stammtischerzählungen der alten Fahrensleute mit der nötigen Portion Skepsis begegnen. Die Zeiten haben sich halt geändert.
Antriebstechnische Probleme wie bei Autos waren bei Motorrädern mit Seitenwagen, von Ausnahmen abgesehen, seit jeher völlig unbekannt. Da in der Regel nur ein Rad, nämlich das Hinterrad, angetrieben wird, verfügt ein Motorrad nicht über ein Differentialgetriebe. Folglich verlangt das Motorrad auch über keine Differentialsperre, wie viele Geländewagen sie haben.

Traktion

Hauptproblem jedes Fahrzeugs auf winterlich glatter Straße ist es, den notwendigen Kontakt zur Fahrbahn herzustellen. Dieser Fahrbahnkontakt ist aus dreierlei Gründen nötig.
Zunächst muß die Kraft des Motors erst einmal in Vortrieb verwandelt werden, was überhaupt nur möglich ist, wenn das angetriebene Rad Traktion hat.
Zum zweiten müssen die Räder die einmal gewonnene Vorwärtsbewegung bei Bedarf auch wieder abbauen können, sprich: Bremsen muß möglich sein.
Drittens verlangt das Vorderrad nach Bodenkontakt, damit es seiner Aufgabe, der Einleitung der vom Fahrer gewünschten Fahrtrichtung, nachkommen kann.
In allen drei Fällen besteht »nur« das Problem, den Kraftschluß zwischen Rad und Fahrbahn beziehungsweise Untergrund aufrecht zu erhalten. Drei Faktoren spielen hier eine Rolle: zum einen ist dies die Beschaffenheit des Untergrunds und fahrzeugseitig der Durchmesser des Rads und zum anderen die Beschaffenheit der Reifen, wobei die verfügbaren Reifentypen selbstverständlich immer vom Raddurchmesser abhängen.

Raddurchmesser

18-Zoll- oder gar 19-Zoll-Räder haben im Winter, insbesondere bei Tiefschnee ihre Vorteile, denn wegen ihres großen Raddurchmessers fahren sie sich viel weniger leicht fest. Fahrer moderner Gespanne mit 15-Zoll-Rädern oder noch kleineren Rädern, womöglich mit Niederquerschnittreifen, haben stärker mit sich in Kuhlen festfahrenden Rädern zu kämpfen.
Darüber hinaus ist die Bodenfreiheit bei solchen Gespannen geringer, weswegen der Seitenwagen bei Tiefschnee leicht aufsetzt und dann festliegt.
Trotzdem spielt der Raddurchmesser eigentlich für die Fahrtüchtigkeit im Winter eine untergeordnete Rolle. Echter Tiefschnee ist auf mitteleuropäischen Straßen die Ausnahme. Wenn überhaupt Schnee liegt, befindet sich eine festgefahrene Schneedecke auf der Fahrbahn, häufiger noch ist blankes Eis oder angetauter, salzhaltiger Schneematsch.

Reifenprofil

18-Zoll- oder 19-Zoll-Räder erlauben die Montage normaler Motorradreifen. Damit stehen dem Winterfahrer eine breite Auswahl von Enduro- und Cross-Reifen zur Verfügung. Leider haben solche Profile den Nachteil, sich im Gespannbetrieb überaus rasch abzufahren. Geländereifen sind im Gespannbetrieb nur für wenige tausend Kilometer gut.
Fahrer von Gespannen mit 15-Zoll-Rädern sind nicht unbedingt besser dran. Für die weit verbreitete Reifendimension 125-R-15 gab es bis vor einigen Jahren noch Restbestände des alten Firestone-Reifens »TCA«, dessen M+S-Profil allerdings schon leicht

§ 36 Bereifung und Laufflächen
(1) (...) Bei Verwendung von M+S-Reifen (Winterreifen) gilt die Forderung hinsichtlich der Geschwindigkeit auch als erfüllt, wenn die für M+S-Reifen zulässige Höchstgeschwindigkeit unter der durch die Bauart bestimmten Höchstgeschwindigkeit des Fahrzeugs liegt, jedoch 1. die für M+S-Reifen zulässige Höchstgeschwindigkeit im Blickfeld des Fahrzeugführers sinnfällig angegeben ist, 2. die für M+S-Reifen zulässige Höchstgeschwindigkeit im Betrieb nicht überschritten wird.
StVZO

angejahrt war. Er verfügte sogar noch über Löcher für Spikes.
In der nächst größeren Dimension 135 R 15 ist von Michelin ein sehr guter M+S-Reifen mit Lamellenausführung lieferbar. Dieser Reifen hat sich auch bei großer Glätte und starker Steigung als sehr brauchbar erwiesen.
In 14- und 13-Zoll-Größen ist eine breite Palette von Winterreifen lieferbar. Dennoch sollte man auch hier rechtzeitig an die Beschaffung denken. Nach den ersten Schneefällen gibt es nicht selten Lieferprobleme ...
Besondere Winterprofile sind vor allem auf dem Hinterrad wichtig, um eine ausreichende Kraftübertragung zu sichern. Doch auch das Vorderrad ist zu berücksichtigen, weil es die Lenkkräfte aufnehmen muß. Der Seitenwagen kommt noch am ehesten notfalls mit Sommerreifen aus, insbesondere wenn er ungebremst ist.

Anfahrhilfen
Unter Extrembedingungen, zum Beispiel im Gebirge, wird immer wieder der Ruf nach besonderen Anfahrhilfen laut. Spike-Reifen sind zum Leidwesen manchen Winterfahrers in Deutschland seit Jahren verboten.
In Skandinavien werden sie allerdings auch heute noch gefahren. Denkbar ist es also, auf dem Weg in den hohen Norden in Dänemark Spike-Reifen aufzuziehen. Man benötigt dazu Reifen, die die erforderlichen Löcher aufweisen. In diese Löcher werden per Luftdruck kleine Metallstifte, die sogenannten Spikes, geschossen. Auf eisglatter Straße gibt es nichts Besseres als Spikes.
Bei der Rückkehr in heimische Gefilde müssen sie wieder entfernt werden, bei Dutzenden von Spikes je Reifen ein mühsames Unterfangen. Die Chance, den Grenzposten bei der Einreise zu entgehen, ist übrigens gering. Dort hat man ein Ohr für rasselnde Spike-Reifen.
Bei Schneefahrten kann eine Schneekette von sehr großem Nutzen sein. Bei klassischen Gespannen ist an der Schwinge meist genügend Raum dafür vorhanden. Viele moderne Gespanne mit Autoreifen sind aber im Schwingenbereich so eng gebaut, daß die Kettenmontage unmöglich ist. Eine Ausnahme bilden manche BMW-K-Gespanne mit Einarmschwinge. Fahrten mit Schneekette auf festgefahrener Schneedecke wie in losem Schnee sind phantastisch. Da kann nur noch die Höhe der Schneedecke die Fahrt stoppen.
Eine Schneekette zieht Reifen wie Felge leider sehr in Mitleidenschaft. Alternativ kann

man es mit Anfahrhilfen versuchen, die aus zwei Ketten bestehen. Sie werden quer zur Fahrtrichtung über die Lauffläche des Reifens gelegt und felgenseitig mit einem Riemen abgespannt. Mindestens zwei gegenüberliegende Anfahrhilfen dieser Art pro Rad sind nötig und können einem an starken Steigungen weiterhelfen.

Eine einfache und wirkungsvolle Anfahrhilfe, die der Winterfahrer stets mit sich führen sollte, ist ein Stück Teppichboden, der an eine lange Schnur gebunden ist. Im Bedarfsfalle kann man den Teppichboden vor das Hinterrad legen, um vom Fleck zu kommen. Hat man die Schnur vorsorglich am Motorrad festgebunden, so zieht man den Teppich hinter sich her, bis man eine geeignete und sichere Stelle zum Anhalten gefunden hat.

Unschlagbar: Schneekette auf dem Hinterrad

Technische Vorbereitungen

Was nützen die besten Winterreifen, wenn das Gespann nach einer bei großer Kälte im Freien verbrachten Nacht nicht wieder anspringt? Wintertouren wollen deshalb auch technisch gezielt vorbereitet sein, damit sich unterwegs keine unliebsamen Überraschungen ergeben.

Naturgemäß bereiten Zweitaktmotoren im Winter weit weniger Probleme. Weil sie über keine Füllung des Motorgehäuses mit Öl verfügen, gibt es auch kein Öl, das bei großer Kälte zähflüssig werden könnte. Zweitakter springen deshalb auch bei sehr niedrigen Temperaturen meist problemlos an.

Ganz anders sieht es hier bei Viertaktern aus. Ob sie anspringen oder nicht, ist keinesfalls pure Hexerei, sondern läßt sich schon beeinflussen. Generell darf man wohl die Behauptung wagen, daß Mehrzylinder-, insbesondere Vierzylindermotoren sich sehr viel williger zeigen als Zwei- oder Einzylinder. Eine brauchbare Erklärung ist die Tatsache, daß Ein- oder Zweizylindermotoren in der Regel einen größeren Hubraum je Zylinder aufweisen und deshalb auch beim Start ein größeres Losbrechmoment der Kolben verlangen.

Entgegen allen Voraussagen alter Fahrensleute erweisen sich elektronisch geregelte Motoren wie die K-Motoren von BMW im Winter als viel startwilliger als die technisch simpleren Zweizylindermotoren. Ein Wunder ist das eigentlich nicht, denn die Mikrochips sorgen stets für optimale Einstellungen bei Gemischaufbereitung und Zündzeitpunkt. Die Elektronik selbst erweist sich in der Regel Kälte gegenüber als unempfindlich, wenn auch die meisten LCD-Displays bei Temperaturen um minus 20 Grad schlappmachen.

Inspektion

Selbstverständlich ist eine einwandfrei gewartete Maschine die beste Voraussetzung für eine sichere Funktion auch unter widrigen Wetterbedingungen. Besonderes Augenmerk ist der Kraftstoffversorgung zu widmen. Man sollte peinlich genau überprüfen, ob eventuell während eines feuchten Sommers Wasser in den Tank eingedrungen ist. Dieses Wasser wird im Winter unweigerlich einfrieren und damit die Kraftstoffzufuhr blockieren.

Alte Hasen mischen dem Kraftstoff vorsorglich Brennspiritus bei, der das Wasser aufnimmt, sich aber auch im Benzin löst. So gelangt das Wasser dann über den Auspuff ins Freie. Eine andere Möglichkeit wäre es, den Tank vollständig zu entleeren, zu trocknen und neu zu befüllen.

Alle Kabelverbindungen sollte man sorgfältig auf einwandfreien Kontakt überprüfen. Eine funktionierende Lichtanlage ist in der dunklen Jahreszeit wichtiger denn je. Im Winter verabschieden sich die Bremslichtschalter besonders gern, vor allem der am Bremspedal, weil sich Wasser, Salz und Matsch in den Schalter setzen. Auch hier kann ein vorsorglicher Ersatz von Nutzen sein.

Ist der Motor wassergekühlt, so muß die Kühlflüssigkeit unbedingt auf ihre Frosttauglichkeit kontrolliert werden. Dazu gibt es im Handel die bekannten Saugheber, mit deren Hilfe sich die Dichte der Kühlflüssigkeit testen läßt. Meist wird gleich der zulässige Temperaturbereich angegeben.

Öl geeigneter Viskosität

Bekanntlich ist Öl nicht gleich Öl. Es gibt dünnflüssige und dickflüssige Öle. Auch die Temperatur des Öls spielt hier eine Rolle. Wärme läßt Öl dünnflüssiger werden, während es bei Kälte dickflüssiger wird. Die Fließfähigkeit eines Öls bezeichnet man als dessen Viskosität. Öl hoher Viskosität ist dickflüssig, Öl niedriger Viskosität dünnflüssig.

Ein ganz besonderes Thema im Winter ist die Auswahl eines Motoröls geeigneter Viskosität. Es ist kaum zu glauben, welche wundersamen Geschichten gerade hierzu beim Dreiradvolk in Umlauf sind, dabei machen die meisten Hersteller exakte Angaben zu diesem Thema. Deshalb nehme man die Betriebsanleitung des Fahrzeugs zur Hand. Sie enthält in der Regel eine Grafik oder Tabelle, aus der die für unterschiedliche Temperaturbereiche zulässigen Öle zu entnehmen sind. Die Öle werden durch eine Kombination von Zahlen und Buchstaben, zum Beispiel 15W-40 kodiert. Was bedeuten diese Angaben?

Zur Kennzeichnung der Viskosität von Motorölen hat die amerikanische Society of Automotive Engineers (SAE) Viskositätsklassen festgelegt, denen die drei Buchstaben SAE voranstehen.

Die sogenannten Einbereichsöle sind für jeweils einen engen Temperaturbereich vorgesehen und tragen Ziffern von 10 (dünnflüssig) bis 50 (dickflüssig). Ein W hinter den Klassen 10 und 20 kennzeichnet diese als Winteröle.

Einbereichsöle haben sich bei den zunehmend länger werdenden Ölwechselintervallen als unpraktisch erwiesen. Zudem sind in unseren Breiten im Winter Temperaturschwankungen zwischen plus zehn Grad Celsius und minus zehn Grad Celsius durchaus nicht unüblich, so daß in einem solchen Fall ständig Ölwechsel nötig würden. Die Mineralölindustrie hat deshalb Mehrbereichsöle entwickelt, die gleich mehrere Temperaturbereiche abdecken (zum Beispiel von 10W bis 40 = 10W-40).

Der Einfachheit halber greifen manche Motorradfahrer zu Mehrbereichsölen mit dem größten Viskositätsbereich. Meist sind dies vollsynthetische Öle. Das bekannte Mobil SHC verfügt zum Beispiel über einen Viskositätsbereich von 5W-50. Diesen Vorteil erkauft sich der Motorradfahrer mit sehr viel Geld, denn diese Öle sind teilweise mehr als doppelt so teuer wie normale Öle auf mineralischer Grundlage.

Ohne Zweifel kommt man auch bei sehr niedrigen Temperaturen weit unter dem Nullpunkt mit einem Öl 10W-40 oder 10W-30 aus, obgleich zum Beispiel in Skandinavien an Tankstellen im Winter standardmäßig 5W-30 Öle verkauft werden (die es bei uns so nicht gibt).

Da im Winter bei rutschiger Straße generell nicht hochtourig gefahren wird, erreichen die Motoren nur sehr langsam ihre Betriebstemperatur. Deshalb ist es zweckmäßig, den Ölstand auf einem möglichst niedrigen (allerdings noch zulässigen) Level zu halten. So wird das Öl rascher erwärmt.

Wassergekühlte Motoren haben auch bei tiefen Temperaturen einen viel ausgeglicheneren Temperaturhaushalt als luftgekühlte Motoren. Zuweilen sieht man im Winter deshalb Fahrer von Zweizylindermaschinen, die die Zylinder teilweise abgedeckt haben. Bei dieser Methode kann eine Überhitzung des Motors nicht ausgeschlossen werden.

In Skandinavien verfügen viele Kraftfahrzeuge über eine eingebaute elektrische Heizung in der Ölwanne. Diese Heizung wird an Steckdosen angeschlossen, die sich an jedem besseren Parkplatz befinden. Manche Motorradfahrer stellen entsprechend morgens elektrische Herdplatten oder Bügeleisen unter die Ölwanne. Gegen diese Methode ist nichts einzuwenden; das Bügeleisen erscheint allerdings wegen der besseren Temperaturregelung die ausgefeiltere Technik zu sein.

Aus Sicherheitsgründen sollte man dringend davon Abstand nehmen, Motoren mit offenem Feuer aus Spiritus- oder Benzinbrennern vorzuwärmen. Auch wenn diese Technik in Dokumentarfilmen aus dem winterlichen Sibirien immer wieder zu sehen ist.

Was dem Motor recht ist, kann dem Getriebe nur billig sein. Verfügt das Motorrad über einen getrennten Ölvorrat im Getriebe, so sollte auch hier das Öl entsprechend gewechselt werden. In der Regel wird für Temperaturen über null eine Viskosität von 90 und für Temperaturen darunter eine von 80 empfohlen. Allerdings sind mittlerweile auch Mehrbereichsgetriebeöle 80W-90 erhältlich. Fahrer von Kardanmaschinen sollten auch an die Ölfüllung im Hinterradantrieb denken.

Um bei niedrigen Temperaturen den Start des Motors zu erleichtern, dürfte es nicht schaden, das Getriebe durch Ziehen der Kupplung vom Motor abzukoppeln. Dann muß der Startermotor nicht noch zusätzlich das zähe Getriebeöl mit durchdrehen.

Zuweilen kann es bei extrem niedrigen Temperaturen (zum Beispiel minus 30 Grad C) angezeigt sein, den Kupplungshebel mit einem Riemen einige Zeit festzubinden, damit der Motor Zeit hat, warmzulaufen. Hat die Temperatur des Motors auch das Getriebeöl etwas angewärmt, kann der Riemen wieder gelöst werden, und die Fahrt darf losgehen.

Batterie

Die Startwilligkeit eines elektrisch zu startenden Motors steht und fällt im Winter mit der zur Verfügung stehenden Strommenge. Daher kommt dem Ladezustand der Starterbatterie entscheidende Bedeutung zu

Doch unabhängig von der Batterie hängt dies auch vom Anlassermotor ab. Boxer-BMWs sind bekannt wegen ihres stromfressenden Bosch-Anlassers, der bei niedrigen Temperaturen nur wenige Startversuche zuläßt. Japanische Motorräder haben selten derartige Probleme, und deshalb kommen BMW-Vierzylinder auch mit einem japanischen Anlasser daher.

Rein technisch spricht man von der sogenannten Startgrenztemperatur. Dies ist die tiefste Motor- und Batterietemperatur, bei der ein Start noch möglich ist. Moderne PKW-Motoren sind in der Regel für eine Startgrenztemperatur von minus 18-25 Grad Celsius ausgelegt.

Motorradbatterien sind bis auf Ausnahmen Bleiakkumulatoren. Sie enthalten eine Plusplatte aus Bleioxid und eine Minusplatte aus Blei. Die beiden Platten sind in die Elektrolytflüssigkeit getaucht, die Schwefelsäure enthält. Der Ladezustand einer Batterie wird bestimmt durch die Säuredichte der Schwefelsäure in der Batterie. Eine hohe Dichte bedeutet, daß die Batterie geladen ist, eine niedrige Dichte, daß sie entladen ist.

Je stärker eine Batterie entladen wird, desto geringer wird ihre Säuredichte, und damit steigt der Gefrierpunkt. Während eine vollständig geladene Batterie eine Säuredichte von 1,28 Kilogramm/Liter aufweist und erst bei minus 68 Grad Celsius gefriert, kann eine entladene Batterie mit einer Säuredichte von 1,04 Kilogramm/Liter schon ab minus drei Grad Celsius einfrieren. Eingefrorene Batterien können aber nicht den zum Starten ausreichenden Strom liefern.

Bei aller Theorie bleibt es unerläßlich, die Batterie regelmäßig zu pflegen (Pegel der Batterieflüssigkeit kontrollieren). Der Ladezustand einer Batterie läßt sich recht einfach mit den dafür erhältlichen Saughebern kontrollieren, an deren Schwimmerskala gleich eine entsprechende Wertung abgelesen werden kann. Gegebenenfalls muß die Batterie nachgeladen oder gleich ganz ersetzt werden.

Zuweilen wird bei Ersatz der Originalbatterie von Gespannfahrern im Seitenwagen oder zwischen Motorrad und Seitenwagen eine Autobatterie installiert. Dies hat den Vorteil, daß solche Batterien billiger sind und meist eine höhere Kapazität aufweisen. Auf jeden Fall muß man darauf achten, daß die Zuleitungen ausreichend groß dimensioniert sind (Leitungsquerschnitt), die Batterie ordentlich befestigt und eine hinreichende Belüftung gewährleistet ist (bei Überladung der Batterie entwickelt sich explosives Knallgasgemisch).

Allerdings bleibt bei einer solchen Lösung der eigentliche Batterieraum (meist im Rahmendreieck des Motorrads) ungenutzt, während der Platz im Kofferraum gut anders genützt werden könnte.

Was den meisten Autofahrern recht ist, kann Motorradfahrern nur billig sein – das Starthilfekabel. Leider sind die modernen Kabel mit ihren allseits ummantelten Sicherheitsklemmen nur schwierig an Motorradbatterien heranzubringen. Im Fachhandel sind aber auch Starthilfekabel mit zierlichen Klemmen für Motorräder erhältlich. Für den Gebrauch gelten bei Motorrädern die gleichen Vorschriften wie für Autos.

Zuweilen ist an den Minuspol bei Motorrädern nur schwer heranzukommen. In einem solchen Fall kann das schwarze Starthilfekabel statt dessen an ein blankes, masseführendes Teil (zum Beispiel den Motorblock) geklemmt werden.

Korrosion

Ohne Zweifel – Winterbetrieb bedeutet eine erhebliche Belastung für ein Gespann. Feuchtigkeit und Salz setzen dem Fahrzeug enorm zu und führen zu Korrosionsschäden am Rahmen, Motorgehäuse, Rädern, Radlagern und der elektrischen Anlage. Glücklicherweise sind die Bootskörper der meisten modernen Seitenwagen aus Kunststoff und können deshalb nicht rosten. Trotzdem bleiben genug Fahrzeugteile, die unter dem Winterbetrieb leiden.

All dies ist Grund genug für viele Gespannfahrer, ihr Fahrzeug im Winter in der Garage stehenzulassen. Zweifellos bedarf es einer grundsätzlichen Entscheidung des Besitzers, ob man dem Fahrzeug diese Belastungen zumuten möchte. Diese Entscheidung wird auch vom Fahrzeugtyp abhängen. Besonders gepflegte Schmuckstücke mit viel Chrom und Sonderlackierung sind sicher den Winter über in der Garage besser aufgehoben. Mancher Gespannfahrer legt sich für den Winter auch eigens ein Billiggespann, zum Beispiel ein altes MZ-Gespann, zu.

Moderne vollverkleidete Motorräder haben im Winter nicht nur den Vorteil, daß die Verkleidung den Fahrer schützt. Obendrein schützt die Rundumverkleidung auch viele

Teile von Motor und Rahmen vor Witterungseinflüssen. Ebenso stecken moderne, glattflächige, wassergekühlte Motoren Witterungseinflüsse besser weg als luftgekühlte Zweizylinder mit ihren unzähligen Kühlrippen, in denen sich Feuchtigkeit und Salz festsetzen.

Alugußteile von Motoren- und Getriebegehäusen gehören zu den Teilen, die äußerlich am meisten unter dem Winterbetrieb leiden. Das Aluminium wird stumpf, unansehnlich grau und »blüht« schließlich auf. Viele Winterfahrer sehen darin die ärgste Beeinträchtigung durch den Winterbetrieb. Dabei unterscheidet sich die Oxidation von Aluteilen fundamental vom Rost bei Eisen- oder Stahlteilen.

Die Oxidschicht bei Aluteilen, mag sie auch noch so unansehnlich wirken, wird stets nur einige Millimeter dick. Dann kommt der Prozeß zum Stillstand, und die Oxidschicht liegt wie ein schützender Panzer auf dem restlichen Material. Bei Eisen und Stahl ist dies nicht der Fall. Eisen oxidiert solange zu Rost, bis alles Material zerstört ist.

Die Oxidation von Aluteilen ist daher nur ein optisch/kosmetisches Problem. Die Oxidschicht läßt sich im Frühjahr mit scharfen Felgenreinigungsmitteln einigermaßen wieder abtragen. Doch dies wäre eigentlich unzweckmäßig, denn dadurch würde man tatsächlich Material abtragen, und die schützende Oxidschicht ginge verloren.

Ganz besonders leiden auch Radlager unter dem Winterbetrieb. Feuchtigkeit und Salz zerstören die Dichtungen, dringen in das Lager ein, bis es schließlich festgeht. Einen erheblichen Schutz von Radlagern erreicht man, wenn man sie rechtzeitig äußerlich mit reichlich Fett bestreicht. Als besonders zweckmäßig haben sich hier Fette erwiesen, wie sie für Bootsmotoren Verwendung finden. Sie sind seewasserfest und trotzen daher auch salzhaltigem Tauwasser.

Auch die Räder selbst sind den Wintereinflüssen verstärkt ausgesetzt. Speichenräder sind für den Winterbetrieb denkbar ungeeignet, denn sie bieten der Korrosion zuviele Angriffsflächen. Leicht zu reinigen sind die EML-Rohrspeichenräder und moderne glattflächige Stahlscheibenräder. Hier genügt es, mit Schlauch und Bürste kurz das Rad zu säubern.

Auspufftöpfe leiden ganz besonders unter dem Winterbetrieb. Glücklicherweise sind für nahezu alle in Gespannen verwendeten Motorräder auch Schalldämpfer aus rostfreiem Stahl erhältlich. Für Winterfahrer dürfte dies eine überaus lohnende Anschaffung sein.

Nach jeder Winterfahrt bei Schnee oder Schneematsch sollte man das Gespann gründlich reinigen, um übermäßiger Korrosion vorzubeugen. An Tankstellen und in speziellen Waschanlagen gibt es Hochdruckreiniger, die sich im Winter hervorragend zur Reinigung des Gespanns einsetzen lassen.

Bei aller Sorge um Gründlichkeit sollte man es hier nicht übertreiben. Der Dampfstrahl sollte nicht zu intensiv auf die empfindlichen Weichteile des Motorrads (Reifen, Radlager, Elektrik) gehalten werden, sonst sind kostspielige Schäden vorprogrammiert.

Bei Korrosionsschäden an der elektrischen Anlage greifen viele zum Kontaktspray. Dies enthält jedoch aggressive Substanzen, die zunächst eine vorhandene kontakthemmende Oxidschicht anlösen und so die leitfähige Verbindung wieder herstellen. Langfristig bewirkt das Spray aber eine weitergehende Korrosion der Kontaktstellen.

Es ist daher überaus unsinnig, die Elektrik des Motorrads quasi vorbeugend mit Kontaktspray einzunebeln. Besser ist es, die sauberen Steckkontakte ganz leicht mit säurefreiem Fett (Vaseline, Polfett) zu bestreichen, so daß sie überhaupt nicht erst festrotten. Sie lassen sich dann auch später bei Bedarf ohne Probleme lösen.

Unter dem Winterbetrieb sehr zu leiden haben auch die Bremssättel von Scheiben-

bremsen. Hinter den Bremsklötzen setzt sich Dreck fest, der die Dichtringe der Bremskolben angreift, so daß die Bremsen schließlich festgehen.
Dies läßt sich vermeiden. Beim Einbau neuer Bremsklötze muß man darauf achten, daß deren Rückseite und der Bremskolben nebst Dichtring dünn, aber sorgfältig mit speziellem Fett bestrichen wird. Es ist wichtig, daß man zu diesem Zweck besonders hitzebeständiges Fett für Bremsen benutzt, damit es bei aufgeheizter Bremse nicht auf die Bremsscheibe geschleudert wird und damit jede Bremswirkung zunichte machen würde. Das Fett ist zwar recht teuer, die Anschaffung lohnt im Interesse der Bremsen aber unbedingt.
Ähnlich wie die Bremsen sind auch die Federbeine, insbesondere bei Schwingengabeln, der Witterung ausgesetzt. Schon beim Kauf sollte man darauf achten, daß die Federn selbst mit einer kräftigen Kunststoffschicht überzogen sind. Verchromte Federn, so schön sie auch aussehen, sind für den Winterbetrieb völlig untauglich. Besonders praktisch sind natürlich Federbeine, die außen glattflächig sind. An ihnen kann sich keinerlei Schmutz festsetzen.
Falsch wäre es, die Federn zum Schutz mit Fett zu bestreichen. An diesem Fett bleiben Sand und Steugranulat kleben, drücken beim Zusammenfedern gegen die Federwindungen und zerstören langsam deren Kunststoffbeschichtung. Besser ist es, die Federn dünn einzuölen. Als Schutz gegen Steinschlag kann man ein Stück alten Fahrradschlauch über die Federn ziehen.

Korrosionsschutz
Viele Mittel werden unterderhand als Geheimtip empfohlen, um das Fahrzeug rundum vor Witterungseinflüssen zu schützen. Eines davon ist das bekannte Radglanz, das vor allem in Fahrradgeschäften erhältlich ist. Es eignet sich hervorragend zum Putzen von Speichenrädern. Auch zu Konservierungszwecken ist es nützlich, wenn das Fahrzeug für längere Zeit in der Garage abgestellt werden soll. Seine Wirkung im harten Wintereinsatz ist jedoch nahezu gleich null.
Besser sind da schon spezielle Wachssprays, die eine feste Wachsschicht auf Rahmenteile legen. Ein komplettes Gespann derart einzuwachsen, bedeutet aber erheblichen Aufwand und Mühe, was sich jedoch sicher lohnen wird. Auf Teilen, die heiß werden (Auspuff!), ist das Zeug aber fehl am Platze, es brennt als schwarzer Rückstand ein und läßt sich nur schwer entfernen. Auch sollte man vermeiden, daß Wachs auf die Bremsen gerät.
Unterbodenschutz, wie er für Autos Verwendung findet, wird von manchem als Allheilmittel an sämtlichen Rahmenteilen angesehen. Dabei wird die Funktion des Unterbodenschutzes verkannt. Unterbodenschutz selbst schützt nicht vor Rost. Er bildet nur eine elastische Schicht und verhindert so, daß hochgeschleuderte Steine den eigentlichen Rostschutz anschlagen. Leider bemerkt man es häufig zu spät, wenn sich unter der elastischen Schicht Rost gebildet hat. Man sollte daher von der Anwendung von Unterbodenschutz bei Motorradrahmen Abstand nehmen.

Fahrerausrüstung

Nicht nur das Motorrad muß auf die Fahrt bei Eis und Schnee vorbereitet sein, auch Fahrer und Beifahrer – denn sie wollen selbstverständlich nicht frieren. Grundsätzlich ist es am vernünftigsten, sich mit Hilfe der einschlägig erhältlichen Ausrüstung so warm wie möglich anzuziehen. Trotzdem sind vielerlei Heizgeräte erhältlich, die teilweise wohl eher in die Rubrik Spielerei gehören. Um einen übermäßigen Stromverbrauch einzudämmen, sollte man den Einsatz elektrisch beheizbaren Zubehörs auf ein Minimum beschränken.

Thermoanzüge

Bekanntestes Utensil für Winterfahrer ist eine Thermokombi. Mittlerweile gibt es viele Ausführungen solcher Winteranzüge. Die Standardausführung ist außen vollständig aus wasserdichtem Nylon gearbeitet. Die bessere (sprich: teurere) Ausführung solcher Thermoanzüge hat unter einer Nylonhaut eine Gore-Tex-Membran.

Dieses Gore-Tex wird von der Werbung als wahres Wunderzeugs beschrieben. Es ist wasserundurchlässig, soll aber dampfförmiges Wasser (zum Beispiel Körperausdünstungen) durchlassen. Technisch besteht Gore-Tex aus einer Schicht Polytetrafluorethylen (PTFE), das auf ein Gewebe aufgedampft wurde. PTFE ist im Haushalt als Teflonbeschichtung von Bratpfannen bekannt.

Aus Dänemark kommt der Gore-Tex-Fahranzug Touring-Dress, für den ein zusätzliches Thermofutter lieferbar ist. Dieser Anzug wird auf Maß gearbeitet und ist einteilig wie zweiteilig mit kurzer und langer Jacke lieferbar. Gegen Gore-Tex sprechen die immer wieder festgestellte kürzere Lebensdauer und das Problem der Entsorgung.

Im Motorradzubehörhandel ist darüber hinaus noch eine umfangreiche Auswahl von billigen Thermokombis erhältlich. Meist sind dies einfache, gefütterte Regenkombis. An kühlen und feuchten Herbst- und Frühlingstagen erfüllen sie ihren Zweck voll und ganz.

Für den harten Wintereinsatz bei Temperaturen jenseits des Gefrierpunkts sind sie jedoch nicht geeignet. Das heißt nicht, daß man nicht hin und wieder Fahrer mit einer derartigen Kombi sieht. Diese Winterfahrer kehren gern den harten Mann heraus und behaupten, sie frören nicht. Man sollte sich jedoch gut überlegen, ob man seine Gesundheit in dieser Weise bewußt aufs Spiel setzen will.

Unter der Thermokombi

Eine Thermokombi allein genügt bei großer Kälte für einen optimalen Schutz nicht. Man sollte sich schon von Grund auf entsprechend einkleiden.

Die beste Grundlage bildet dünne, saugfähige Unterwäsche aus Baumwolle. Noch besser sind moderne Kunstfasern, die besonders für Sportwäsche verarbeitet werden, zum Beispiel Dunova von Bayer oder Lifa-Thermal von Helly-Hansen. Es versteht sich von selbst, daß man dabei lieber die geräumigeren Liebestöterversionen wählt. Die Zeiten für Tangaslip und Muskelshirt sind im Sommer.

Darüber trägt man eine zweite Schicht dichterer Thermounterwäsche. Sie übernimmt die eigentliche Wärmefunktion, während die untere Schicht dünner Unterwäsche nur Schweiß aufsaugt und täglich gewechselt werden muß. Für die zweite Schicht kommt zum Beispiel der bekannte norwegische Faserpelz von Helly-Hansen in Frage. Eine Alternative zu Motorradbekleidungsgeschäften sind hier Fachgeschäfte für Yacht- und Bootszubehör.

Wem diese Etablissements zu teuer sind, der sollte sich einmal in Fachgeschäften für Berufsbekleidung umschauen. Dort gibt es Thermounterwäsche aus Steppmaterialien, die ebenfalls sehr empfehlenswert ist.

Was man oberhalb trägt, wird wohl eher vom eigenen Geschmack und dem Geldbeutel bestimmt. Nicht teuer, aber recht warm sind dicke Sweat-Shirts und Jogginghosen, von denen man nach dem Zwiebelprinzip auch mehrere wärmend übereinanderziehen kann. Natürlich ist aber sonst die gesamte Palette an Winterbekleidung geeignet – vom alternativen Norwegerpullover über den klassischen Troyer, dicke Wollhemden Marke Holzfäller bis zu durchgestylten Schlupfpullis aus Fleece.

Praktisch und sehr warm sind auch mit Lammfell gefütterte Westen aus Berufsbekleidungsgeschäften. Grundsätzlich sollte der Winterfahrer in benachbarten Branchen einmal nach geeigneter Bekleidung suchen. Es lohnt sich in jedem Fall. In Frage kommen Rucksackläden und Berufsbekleidungsgeschäfte, Läden für Jagd- und Anglerbedarf und Fachgeschäfte für Boots- und Yachtzubehör.

Kalte Füße

Die üblichen Motorradstiefel schützen vor Kälte nur unzureichend. Matsch und Feuchtigkeit spritzen unablässig von der Straße auf die Fußspitzen und dringen in das beste Leder ein. Für die Übergangszeit schwören manche Winterfahrer daher auf gefütterte Gummistiefel, obgleich solche Stiefel natürlich niemals einen akzeptablen Unfallschutz bieten können. Man sollte sich stets vor Augen halten, daß das Sprunggelenk bei Motorradunfällen ein sehr gefährdeter Bereich ist.

Ebenso ungeeignet sind die sogenannten Moon Boots, die häufig von Winterfahrern benutzt werden. Sie sind meist vergleichsweise billig, bieten dem Fuß aber keinerlei Seitenhalt und schützen bei Unfällen überhaupt nicht.

Ein möglicher Kompromiß können Lederstiefel mit Unterteil aus Naturkautschuk sein, wie sie neuerdings aus Kanada und Schweden importiert werden. Manche dieser Stiefel werden mit dickem Filzeinsatz geliefert, der ganz hervorragend gegen Kälte isoliert.

Filz ist überhaupt das ideale Iso-Material für Stiefel, auch wenn es zu Unrecht immer noch das Stigma des Hausbackenen trägt. Das teure und vielgepriesene Lammfell wird nach kurzer Zeit plattgetreten und büßt seine Isolierfähigkeit ein. Geeignete Stiefel kann man auch wiederum in Berufsbekleidungs- und Jagdgeschäften erstehen. Dort gibt es unter anderem die klassischen Knobelbecher mit Filzeinsatz.

In den Stiefeln erfüllen die meist getragenen Norwegersocken aus grober Schafwolle die an sie gestellten Erwartungen nicht. Nach kurzer Tragezeit scheuern diese Strümpfe besonders im strapazierten Fersen- und Zehenbereich durch, es verbleibt lediglich ein grobmaschiges Wollnetz ohne jeglichen Isoliereffekt.

Weitaus besser sind dicke Strümpfe mit innenseitigem Plüsch, die in Berufsbekleidungsgeschäften verkauft werden. Sie verfilzen nach erstmaligem Tragen leicht und bilden dann ein dickes, warmes und festes Gewebe.

Handschutz

Besonders exponiert sind beim Motorradfahren die Hände, schon in normalen mitteleuropäischen Sommern können sie schnell auskühlen. Der Winterfahrer benötigt also einen besonders guten Schutz der Hände vor Kälte.

Normale Fingerhandschuhe sind für diesen Zweck fast ausnahmslos ungeeignet. Selbst Handschuhe, die als Winterhandschuhe angeboten werden, verdienen selten diese Bezeichnung, daran ändern auch blumige Beinamen wie Polar nichts.

Erfahrungsgemäß eignen sich Fäustlinge am besten für Winterfahrten, weil die Finger sich hier gegenseitig wärmen können. Leider gibt es, von ein paar Dreifingerhandschuhen abgesehen, selten brauchbare Fausthandschuhe auf dem Markt.

Geeigneten Ersatz kann man unter Umständen bei Skihandschuhen finden, die allerdings kaum den Sicherheitsansprüchen des Motorradfahrers in bezug auf Abriebfestigkeit entsprechen dürften. Glücklicherweise sind Gespannfahrer aber nicht in gleicher Weise sturzgefährdet wie Solopiloten. Skihandschuhe haben meist auf der Innenhand eine Lederauflage, die übrige Außenhaut besteht aus Nylongewebe.

Fausthandschuhe haben den entscheidenden Nachteil, daß das Tastvermögen der Hände erheblich leidet. Lenkerarmaturen lassen sich mit dickem Daumen unter Umständen nur schwer bedienen. Im Zweifel sollte man dieses vor dem Kauf am eigenen Motorrad testen.

Fingerhandschuhe lassen sich auch im Winter benutzen, wenn man lenkerfeste Stulpen montiert. Sie schützen die Hände vor dem kühlen Fahrtwind. Beim Kauf sollte man darauf achten, daß die Stulpen nicht mit Verkleidungsteilen kollidieren und sich der Ausgleichsbehälter für die Bremsflüssigkeit problemlos darin unterbringen läßt. Es gibt Stulpen, die verfügen über einen Ausschnitt eigens für den Ausgleichsbehälter. Manche Stulpen sind innen mit Webpelz gefüttert, eine Spielerei, die Wärme vortäuschen soll, in der Praxis aber untauglich ist; im Webpelz sammeln sich Dreck und Feuchtigkeit. Überhaupt besteht der größte Nachteil lenkerfester Stulpen darin, daß sie bei Schnee und Regen feucht werden, sich vollsaugen, dann nur schwer wieder trocknen und so natürlich nicht mehr wärmen.

Kühler Kopf

Die stoßabsorbierende Styroporschicht des Helms sorgt in der Regel für genügend Isolation, um ein Auskühlen des Kopfs zu verhindern. Stirn und Gesicht lassen sich durch Verwendung der einschlägigen Sturmhauben schützen.

Problematisch wird der Schutz des Gesichts für die ganz harten Zeitgenossen, die auch im Winter auf Jethelme schwören, obgleich dies im Zeitalter der heizbaren Visiere eigentlich unnötig ist. Eigens für sie liefern manche Versender für Motorradbekleidung unglaublich scheußliche Gesichtsmasken für Panzerfahrer.

Die Übergangszone am Hals zwischen Helm und Thermokombi ist ein Problembereich. Tücher und Schals lassen den eisigen Wind immer wieder Ritzen finden. Böse Erkältungen und ein steifer Nacken können die unangenehme Folge sein.

Eine überzeugende Abhilfe ist die Sturmhaube aus Faserpelz des norwegischen Herstellers Helly-Hansen. Diese Sturmhaube reicht weit unter die Thermokombi. In der Regel ist kein weiterer Schutz des Halses notwendig, so daß er gut bewegt werden kann. Allerdings trägt diese Sturmhaube am Kopf sehr auf, so daß man eventuell einen größeren Helm tragen muß.

Heizungen

Die beste Lösung scheint, so schlägt der angehende Winterfahrer vor, eine Heizung im Gespann. Diese Lösung kann aber nur bedingt richtig sein. Man muß unterscheiden zwischen Heizvorrichtungen, die bestimmte Körperteile erwärmen und Seitenwagenheizungen. Heizvorrichtungen für bestimmte Körperteile werden meist elektrisch betrieben und können an Händen und Füßen sinnvoll sein.

Elektrische Heizvorrichtungen

Die zusätzliche Erwärmung von Händen und Füßen ist durchaus kein Luxus, sondern im Winter eine vernünftige Angelegenheit. Wer warme Hände und Füße hat, friert meist auch an den übrigen Körperteilen weniger.

Bei der Installation elektrischer Heizgeräte sollte man genau auf den jeweiligen Strombedarf achten, damit man nicht unversehens im Dunkeln steht. Es ist daher zweckmäßig, sich einen Überblick über den Leistungsbedarf aller angeschlossenen Stromverbraucher zu verschaffen und zu überprüfen, ob die Lichtmaschinenleistung ausreicht.

Grob vereinfacht kann man dazu folgendermaßen vorgehen: zunächst addiert man die Leistungsaufnahme (in Watt) aller ständig in Betrieb befindlichen Verbraucher (zum Beispiel Zündung, Abblendlicht, Schlußlicht und Instrumentenbeleuchtung) und erhält so die Leistung, die die Lichtmaschine im Leerlauf liefern muß. Dann addiert man die Leistungsaufnahme aller zusätzlichen Verbraucher, die nur zeitweilig in Betrieb sind (Blinker, Bremsleuchte, Heizgriffe und andere) hinzu. Die Gesamtsumme muß mindestens der Leistung der Lichtmaschine bei Nenndrehzahl entsprechen.

Heizgriffe

Heizbare Handgriffe sind in unterschiedlichen Ausführungen im Handel. Die einfachste Form sind Lederflicken mit integrierten Heizdrähten, die um die Lenkergriffe gewickelt werden. Sehr haltbar sind sie allerdings nicht.

Besser sind Handgriffe mit eingegossenen Heizdrähten, die anstelle der originalen Handgriffe angebaut werden. An ihnen stören nur noch die frei verlaufenden Drähte, die zuweilen am Gasgriff duch Materialermüdung abreißen.

Perfekt sind die Heizgriffe, die BMW für alle bayerischen Modelle liefert. Der Spaß hat zwar seinen Preis, der aber in Anbetracht des Gegenwerts gerechtfertigt ist.

Eine Alternative zu heizbaren Griffen sind heizbare Handschuhe, die in eine Bordsteckdose gestöpselt werden. Ihr Vorteil besteht darin, daß man sie wirklich nur in der kalten Jahreszeit benutzt und sie den Sommer über schont. Zudem wärmen sie die Finger dort, wo es wirklich nötig ist, nämlich außen und nicht wie bei den Heizgriffen innen. Ähnlich praktisch sind lenkerfeste Stulpen mit integrierter elektrischer Heizung.

Was den Händen gut tut, kann auch für die Füße nicht schlecht sein. Leider sind beheizbare Einlegesohlen nur selten erhältlich. Hier ist man auf Selbstbau angewiesen. Doch auch elektrotechnisch unbedarfte Gespannfahrer kommen vergleichsweise einfach zu beheizbaren Fußsohlen. Man erwirbt die oben erwähnten Lederflicken, die eigentlich für die Handgriffe gedacht sind. An diesen Flicken befestigt man Ringe aus Wäschegummi, so daß man sie über die Füße streifen kann. Das Kabel für die Stromversorgung führt man seitlich am Stiefel heraus - fertig ist die heizbare Fußsohle.

Heizvisiere

Sinken die Außentemperaturen unter Null, so beginnt der Atem des Fahrers auf der Innenseite des Visiers zu gefrieren. Es dauert nicht lange, und die Sicht nimmt mehr und mehr ab. Hier helfen keine ausgeklügelten Belüftungssysteme, Abhilfe schafft nur eine elektrische Beheizung des Visiers.

Seitenwagenheizungen

Beim Thema Seitenwagenheizungen muß man selbstkritisch die Frage stellen, ob eine solche Heizung überhaupt erforderlich ist. Sinn macht die Heizung nur, wenn der Seitenwagen über eine Kabine verfügt, in der sich die Wärme hält. Ohne Zweifel muß für eine Beheizung des Seitenwagens ein erheblicher Bastelaufwand getrieben werden. Bei der Mitnahme von Kleinkindern kann die Heizung aber durchaus sinnvoll sein.

Mehrere technische Lösungen zur Beheizung sind denkbar und können auf Wintertreffen, insbesondere in Skandinavien, immer wieder bestaunt werden. Naheliegend ist es, die Motorwärme zur Beheizung auszunutzen. Bei luftgekühlten Fahrzeugen leiten findige Bastler die warme Luft vom Krümmer über ein ausgeklügeltes Rohrsystem in den Seitenwagen. Bei wassergekühlten Fahrzeugen könnte man den Kühlkreislauf anzapfen, das Kühlwasser über Schläuche in den Seitenwagen leiten und dort durch einen Wärmetauscher schicken. Naheliegend erscheint es auch, einen elektrischen Heizlüfter zu verwenden, wie es ihn im Autozubehörhandel gibt. Doch Vorsicht, die meisten Lichtmaschinen dürften damit überfordert sein.

Wenn man schon auf eine Beheizung des Seitenwagens nicht verzichten mag, so erscheint die Verwendung eines Katalytheizofens am sinnvollsten. In diesen Öfen wird speziell gereinigtes Benzin katalytisch, das heißt ohne offene Flamme, verbrannt. Die Verwendung eines Katalytofens erfordert keinerlei Installations- oder Bastelarbeiten. Bei Nichtbedarf wird er einfach aus dem Boot herausgenommen.